学前儿童健康教育与活动

苑海燕　主编

李　雪　冯　璐　吴明宇　蔡新颖　副主编

清华大学出版社

北　京

内 容 简 介

本书是一本介绍学前儿童健康教育与活动理论及实践的专业书籍。在阐述学前儿童健康教育的相关概念、意义与任务等内容的基础上，从身体保健与生活自理能力教育、体育教育、安全教育、饮食营养教育与心理健康教育 5 个维度展开，详细介绍了相关理论及活动的具体实施原则与方法。本书以教育部对师范类专业认证的标准为导向，设置了学前儿童健康教育活动的说课与评课的相关内容，为全面地培养学前儿童教师做出创新尝试。

本书可作为学前教育专业学生的基础教材，也可供幼儿教师及家长、教育工作者和学前教育爱好者阅读。

图书在版编目(CIP)数据

学前儿童健康教育与活动 / 苑海燕 主编 . —北京：清华大学出版社，2020.7 (2022.9重印)
ISBN 978-7-302-55228-4

Ⅰ. ①学… Ⅱ. ①苑… Ⅲ. ①学前儿童—健康教育 Ⅳ. ① G613.3

中国版本图书馆 CIP 数据核字 (2020) 第 046011 号

责任编辑：施 猛
封面设计：常雪影
版式设计：方加青
责任校对：牛艳敏
责任印制：宋 林

出版发行：清华大学出版社
网 址：http://www.tup.com.cn，http://www.wqbook.com
地 址：北京清华大学学研大厦 A 座 **邮 编：**100084
社 总 机：010-83470000 **邮 购：**010-62786544
投稿与读者服务：010-62776969，c-service@tup.tsinghua.edu.cn
质 量 反 馈：010-62772015，zhiliang@tup.tsinghua.edu.cn
印 装 者：北京国马印刷厂
经 销：全国新华书店
开 本：185mm×260mm **印 张：**15 **字 数：**346 千字
版 次：2020 年 7 月第 1 版 **印 次：**2022 年 9 月第 3 次印刷
定 价：46.00 元

产品编号：082850-01

前　　言

2017年教育部关于印发《普通高等学校师范类专业认证实施办法(暂行)》的通知中提及，为贯彻落实党的十九大精神，培养高素质教师队伍，按照国家教育事业发展“十三五”规划工作要求，推进教师教育质量保障体系建设，提高师范类专业人才培养质量，决定开展普通高等学校师范类专业认证工作。认证以“学生中心、产出导向、持续改进”为基本理念。学生中心，强调遵循师范生成长成才规律，以师范生为中心配置教育资源、组织课程和实施教学；产出导向，强调以师范生的学习效果为导向，对照师范毕业生核心能力素质要求，评价师范类专业人才培养质量；持续改进，强调对师范类专业教学进行全方位、全过程评价，并将评价结果应用于教学改进，推动师范类专业人才培养质量的持续提升。该决定对学前教育专业的教材也提出了新的要求。

本书定位于学前教育专业的本科与专科层次，立足教育部师范类专业认证的思想与原则进行编写。本书第1章从相关概念、意义、原则与途径等方面进行概述，并尝试从《幼儿园教育指导纲要(试行)》(书中统称《纲要》)与《3～6岁儿童学习与发展指南》(书中统称《指南》)两个权威文件材料的视角去审视学前儿童健康教育；第2章到第6章分别从学前健康教育五大方面的内容，即身体保健和生活自理能力教育、体育、安全教育、饮食营养教育和心理健康教育的方面阐释教育活动的目标、内容、设计与实施；第7章与第8章为本书的创新点，以教育部对师范类专业认证的标准为导向，增加了学前儿童健康教育活动的说课与评课的相关内容。本书编写体例新颖，结构清晰，形式活泼，内容贴近实际，理论联系实践，体现了应用性和实践性的特色，既便于学生在教师指导下学习，又有利于学生自学。

本书由沈阳大学师范学院苑海燕担任主编，负责全书大纲的拟定和书稿的统筹。具体分工如下：苑海燕负责第1章、第7章、第8章；蔡新颖负责第2章；冯璐负责第3章；李雪负责第4章、第6章；吴明宇负责第5章。在书籍的编写过程中，马露露、杨慧杰、杜梦怡和赵月也做了大量的文献查阅和统稿工作，在这里对她们的付出表示感谢。

最后，对本书涉及以及参考的诸多资料与研究成果的作者表示衷心的感谢。由于编者水平有限，书中难免存在一些疏漏，希望专家、学者、同仁给予批评指正。反馈邮箱：wkservice@vip.163.com。

编者

2020年1月

目 录

第1章 学前儿童健康教育概述

本章介绍学前儿童健康的含义、特性、标志以及影响因素，详细解读学前儿童健康教育的意义与任务以及学前健康教育评价的内涵、原则、内容、类型与方法；从《学前教育指导纲要》和《3～6岁儿童学习与发展指南》两个重要文件的角度解读了学前健康教育领域的相关内容，使读者对学前儿童健康教育的相关内容有比较全面而系统的认识和了解。

1.1 健康与学前儿童健康

健康是人类生存和发展的基础，是人类永远追求的目标之一，也是人类的基本需要和权利。没有健康，人生的一切都会黯然失色，这就要求人们重视健康、维护健康，而这一切都要从正确认识健康的内涵做起。

幼儿期是身体和心理发育、发展的重要时期，维护和促进幼儿身心健康，不仅关系幼儿当前的健康状况，也将对其未来的发展产生重要、深远的影响。树立正确的健康观念是开展幼儿园健康领域工作、促进幼儿健康成长的认识基础。

1.1.1 健康的含义与标志

每个人都希望自己能拥有健康。从古至今，任何时代和民族无不把健康视为人生的第一需要。古希腊哲学家苏格拉底说：“健康是人生最可贵的。”美国思想家爱默生说：“健康是人生第一财富。”马克思也认为：健康是人的第一权利，一切人类生存的第一前提，也是一切历史的第一前提。可见健康作为人类的共同追求目标由来已久。

1. 健康的含义

20世纪30年代，美国健康教育家鲍尔和霍尔就给健康下过一个较完整的定义：“健康是人们在身体、心情和精神方面都自觉良好、精力充沛的一种状态，其基础在于机体器官组织机能正常，并掌握和实行适应物质、精神环境和健康生活的科学规律。”1948年，世界卫生组织(World Health Organization，WHO)在宪章中指出：“健康不仅是没有疾病或虚弱，而是身体上、精神上和社会适应方面的完美状态。”美国社会学家帕森斯则从社会文化学角度定义健康：“健康可以理解为社会化的个人完成角色和任务的能力处于最适当的状态。”这些关于健康的定义，把人的健康从生物学的意义，扩展到精神和社会关系(社会相互影响的质量)方面的健康状态，把人的身心、家庭和社会生活的健康状态均包括在内。

20世纪后半叶，人们发现，由理化、生物刺激所导致的疾病的死亡率已退居次要地位，而与心理、社会因素密切相关的高血压、冠心病、癌症、溃疡和精神疾病等心身疾患的发病率和死亡率则明显提高。据统计，上述这些心身疾病的死亡率已进入人类疾病死亡谱的前三名。另外，政治、经济、战争、教育、居住、职业等社会因素以及冲动、孤独、紧张、恐惧、忧虑等心理因素对健康的影响也日趋严重。

1978年，国际初级卫生保健大会发表的《阿拉木图宣言》对健康的含义作了进一步重申："健康不仅是疾病与体弱的匿迹，而且是身心健康、社会幸福的完美状态。"到了1990年，世界卫生组织又进一步深化了健康的概念，认为健康包括身体健康、心理健康、社会适应良好和道德健康四个方面皆健全。其中，身体上的健康是指躯体、器官、组织、细胞等形态、机能，生长发育良好、生理反应正常，承担负荷后的适宜反应；心理上的健康是指在各种环境中能保持一种良好的心理效能状态，内心世界丰富充实，适应外界的变化；社会适应上的健康是指与他人及社会环境相互作用下，有良好的人际交往关系和实现社会角色的能力，这种角色包括职业角色、家庭角色及学习、工作、娱乐、社交中的角色转换；道德上的健康是指不能损坏他人利益来满足自己的需要，能按照社会认可的道德行为规范准则约束自己及支配自己的思维和行为，具有辨别真伪、善恶、荣辱的是非观念和能力。我们认为，这是目前为止人们对健康的概念所做的较全面、完整的阐释。

2. 健康的标志

怎样才算是健康的呢？世界卫生组织对健康下的定义中包含三个层次的含义：一是身体健康，即生理状态良好，人体各器官、系统的功能正常，没有疾病和身体残缺，精力充沛。二是心理健康，表现为三个方面的良好状态：①良好的个性：情绪稳定，性格温和，意志坚强，感情丰富，胸怀坦荡，豁达乐观；②良好的处世能力：观察问题客观现实，具有良好的自控能力，能适应复杂的环境变化；③良好的人际关系：助人为乐，与人为善，有好人缘，保持心情愉快。三是社会健康，即对周围环境、社会生活各个方面都能很好地适应，自己的思想、情感和行为能与社会环境的要求保持协调，能适应生活的各种变化。

(1) 健康十条标准

1978年，世界卫生组织(WHO)提出了健康的十条标准，来衡量一个人是否健康。

① 精力充沛，对承担日常生活和繁重的工作不感到过分紧张和疲劳。

② 处事乐观，态度积极，乐于承担责任，不挑剔。

③ 善于休息，睡眠良好。

④ 应变能力强，能适应环境的各种变化。

⑤ 能抵抗一般性感冒和传染病。

⑥ 体重适当，身体匀称。

⑦ 眼睛明亮，反应敏锐。

⑧ 牙齿清洁，无龋齿，无痛感；牙龈颜色正常，无出血现象。

⑨ 头发光泽，无头皮屑。

⑩ 肌肉丰满，皮肤富有弹性。

(2) 新健康标准

1999年，世界卫生组织提出了新的健康标准，即“五快三良好”。

躯体的健康标准：“五快”，如下所示。

① 吃得快：进餐时，有良好的食欲，不挑剔食物，并能很快吃完一顿饭。

② 便得快：一旦有便意，能很快排泄完大小便，而且感觉良好。

③ 睡得快：有睡意，上床后能很快入睡，且睡得好，醒后头脑清醒，精神饱满。

④ 说得快：思维敏捷，口齿伶俐。

⑤ 走得快：行走自如，步履轻盈。

心理的健康标准：“三良好”，如下所示。

① 良好的个性人格。情绪稳定，性格温和；意志坚强，感情丰富；胸怀坦荡，豁达乐观。

② 良好的处世能力。观察问题客观、现实，具有较好的自控能力，能适应复杂的社会环境。

③ 良好的人际关系。助人为乐，与人为善，对人际关系充满热情。

由此看来，健康是立体的、全方位的概念。首先，就个体发展而言，其生物性、社会性展开的过程正是有赖于健康所维系着的。从婴儿诞生之日起，对周围环境和抚养人的高度依赖性，童年早期机体各器官功能的逐渐成熟性，日后身体各部位生长发育所需的保护性，都与健康密切相关。其次，人的社会性决定了随着年龄的增长，个体必然会受到来自家庭、邻里、集体生活机构、社区和国家等因素的影响，这些因素都可以直接或间接地对其行为产生作用，从而社会因素与生物、心理因素交织在一起，影响和制约着人的心理健康。再次，处于信息时代的儿童往往可能处于相互矛盾的生存环境之中，一方面高度发达的科技创新和日益丰富的物质产品为儿童提供了无限广阔的生活平台，另一方面这个生活平台也因某种利益驱动变得不那么纯粹，不那么优质。为此，主体与客体的平衡性、与人交往的协调性、面对环境变化的适应性都必须以健康为前提条件。

1.1.2　学前儿童健康

学前儿童是指0～6岁的儿童。他们的身体和心理都处于不断生长发育的过程中，他们也在与周围环境和人的相互作用中不断地社会化，因此，我们不仅要将他们看作身体各系统不断生长，功能不断完善的生物人，更要将其作为心理不断发展，不断与环境、人相互交往、相互作用的社会人来看待。

1. 学前儿童健康的含义与特性

学前儿童健康是指学前阶段儿童的身体各个器官、组织的生长发育正常，没有生理缺陷，能有效抵抗各种急、慢性疾病，体质不断增强，同时其心理发展达到相应年龄组儿童的正常水平，情绪积极、性格开朗、无心理障碍，对环境有较快的适应能力。学前儿童健康的特性主要表现在以下五个方面。

(1) 学前儿童的健康主要包括身体、心理和社会性的健康发展

在以往的学前教育实践中，出于历史的原因，在学前儿童的健康问题上往往只关注身体健康，对于其心理健康与社会性的良好发展的问题则缺乏必要的重视。随着社会的发展和科技的进步，人们已经逐步认识到心理健康与身体健康是密不可分的。学前儿童心理因素对于健康所起的作用甚至在一定意义上超过生理因素。身体健康是学前儿童健康的基础，良好的心理状态是保证健康的基本条件。社会性适应的健康则反映和保障着儿童的心理健康发展。学前儿童的健康是由身体健康、心理健康和社会性健康发展三个方面所构成的，是不可分割的。

(2) 学前儿童的健康首先意味着持续正常的生长发育，应当呈永恒上升趋势

从学前儿童健康的内涵来看，解剖结构的完整和生理机能的正常是身心良好发育的物质基础。持续正常的生长发育是指身体器官组织的构造正常，各个生理系统的主要功能的发挥良好，能够有效抵抗各种疾病，体质不断增强。从学前儿童发展的总体看，随着年龄的增长，其生长发育是沿着“幼稚—成熟—完善”的方向逐步发展的；从学前儿童发展的整体趋势看，无论身体发育、心理的发展，还是社会性发展都应当呈永恒上升趋势。良好的身体基础来源于优生优育及后天的培养锻炼，这也正是平时提到的提高人口素质的“三优”，即优生、优育、优教。

(3) 学前儿童身心发育水平存在个体差异，但总体发展水平必须保持在正常范围内，与同年龄儿童的发展水平接近

由于个体的遗传、生活环境等条件的不同，学前儿童在身体发育和心理发展上往往表现出一定的个体差异，这种个体差异即使在相同年龄、相同性别的儿童群体中，也是存在的，如学前儿童在身高、体重、机能以及认知、情感、意志等方面的发展，往往表现出发展水平上的差异。我们应当看到，这种发展水平的个体差异虽然客观存在，但只要学前儿童的发展水平未超出这一年龄段应有的水平范围，都可以视作健康。

(4) 学前儿童心理健康的重要前提是认知能力的发展，特别是智力的正常发展

这些是学前儿童生活、学习、交往的基本条件。从心理学的角度来讲，人的心理的健康发展依赖于良好的认知，儿童在社会生活中通过不断的认知，体会真挚的情感，培养基本的意志品质，影响着良好的个性发展。总之，学前儿童只有认知得到良好的发展，才能进行正常的心理活动，心理方能健康发展。就学前儿童而言，学前儿童心理健康意味着认知能力发展正常，情绪反应适度，社会适应良好，人格健全。

(5) 学前儿童社会性健康发展是学前儿童健康不可分割的组成部分

学前儿童的社会性健康包括正确的社会认知与社会情感、良好的自我意识、熟练的社会技能和高尚的道德品质、良好的社会适应性。随着社会的发展和人们认识水平的提高，幼儿社会教育受到越来越多的关注，社会性健康发展是学前儿童健康的重要组成部分，是学前教育的基本任务。《纲要》对于幼儿的社会健康的标准做出了详细的阐释。儿童的社会性健康发展可以有效地促进心理健康和身体健康。学前阶段是儿童社会性发展的关键期，儿童的自我意识、交往、人际关系和对社会环境的认识与适应是学前儿童社会健康应当关注的重点，它们会对儿童一生的身心健康产生深远的影响，关于这一点，已经成为当

今全社会的共识。

2. 学前儿童健康的标志

学前儿童健康是一个动态的过程，只有及时了解、准确评价学前儿童的健康状态，才能更积极地改进和完善学前儿童健康教育工作。《指南》中指出，有良好的身体、愉快的情绪、强健的体质、协调的动作、良好的生活习惯和基本生活能力是幼儿身心健康的重要标志。

(1) 身体健康

① 身体健康，生长发育良好。身高、体重、头围、胸围等各项体格发育指标、生理机能指标和生化指标符合健康标准。食欲良好、睡眠好、精力较充沛等。

② 机体对内外界环境有一定的适应能力。具有一定的抵抗疾病的能力，较少得病；对冷热等环境的变化具有适应能力，能适应多种体位(模动、旋转等)的变化。

③ 体能发展良好。学前儿童的活动能力发展正常，各种基本动作(抬头、翻身、坐、爬、站立、走路)适时出现；肌肉较有力，身体动作较平稳、准确、灵敏、协调，手、眼的能力发展良好等。

(2) 心理健康

① 动作发展正常。动作发展与脑的形态及功能的发育密切相关，学前儿童躯体大动作和手指精确动作的发展水平处于正常范围是心理健康的基本条件。

② 认知发展正常。一定的认知能力是学前儿童生活与学习的重要条件。学前期是儿童认知发展极为迅速的时期，所以应避免出于各种原因造成的脑损伤或不适宜的环境刺激，防止学前儿童产生不健康的心理。

③ 情绪健康，反应适度。情绪健康是心理健康的重要组成部分，积极的情绪状态可以提高儿童活动的效率，同时，积极的情绪状态反映了中枢神经系统功能的协调性，亦表明个体的身心处于良好的平衡状态。学前儿童的情绪具有很大的冲动性和易变性，但随着年龄的增长，情绪的自我调节能力会有所增强，稳定性逐渐提高，并开始学习合理地发泄消极的情绪。

④ 人际关系融洽。学前儿童之间的交往是维持心理健康的重要条件，也是获得心理健康的必要途径。心理健康的学前儿童乐于与人交往，能与同伴合作，在游戏中能够谦让待人。

⑤ 性格特征良好。性格是个性最核心、最本质的表现，它反映在对客观现实的稳定态度和习惯化了的行为方式中。心理健康的学前儿童，一般具有热情、勇敢、自信、主动、合作等性格特征。

⑥ 没有严重的心理卫生问题。学前儿童由于发育不完善，极易产生心理问题。学前儿童不健康的心理往往以各种行为方式表现出来，诸如吮吸手指、遗尿、口吃、多动等。心理健康的学前儿童应没有严重的或复杂的心理卫生问题。

(3) 社会性发展良好

良好的社会性是学前儿童智力发展的基础，是儿童终身发展的需要。学前儿童社会性是指儿童在生物特性的基础上，在与环境相互作用过程中，掌握社会规范，形成社会技能，学习社会角色，获得社会性需要、态度、价值，发展社会性行为，并以独特的个性与人相互交往、相互影响，适应周围的社会环境，由自然人发展为社会人的社会化过程中所形成的心理特性。良好的社会适应性是学前儿童智力发展的基础，是儿童终身发展的需要。

3. 学前儿童健康的影响因素

20世纪70年代中期，布拉姆提出了考量个体或群体健康状态的公式：HS=*f*(E)+AcHS+B+LS，其中，HS表示健康状态，E表示环境，AcHS表示保健设施的易获得性，B表示生物学因素，LS表示生活方式。健康是这4类因素相互交叉、渗透、影响、制约等综合作用的结果。

霍门将理想健康看成是遗传、环境、自身和经验交互作用的结果，并提出了健康的生态模型。

人的身体、心理和社会适应的健全状态有赖于他自身的遗传素质、发展状况，也和他所处的环境密切相关。世界卫生组织经研究发现：影响个人健康和寿命的四大因素中，生物学因素占15%，环境因素占17%，卫生服务因素占8%，行为与生活方式因素占60%。

(1) 生物学因素

生物学因素包括遗传和心理。影响健康的生物学因素包括由病原微生物引起的传染病和感染性疾病；某些遗传或非遗传的内在缺陷、变异、老化而导致人体发育畸形、代谢障碍、内分泌失调和免疫功能异常等。遗传还与高血压、糖尿病、肿瘤等疾病的发生有关。过去几十年，由于传染病发病率的降低和环境条件的改善，遗传因素在许多疾病病因中的作用，相对来说变得更为重要。遗传疾病也越来越凸显，目前已知由遗传因素直接引起的人类遗传性缺陷和遗传疾病近3000种，占人类各种疾病的1/5以上。在社区人群中，特定的人群特征如年龄、民族、婚姻对某些疾病的易感性、遗传危险性等，是影响该社区健康水平的生物学因素。遗传不是可改变的因素，但心理因素可以改变，保持一个积极的心理状态是保持和增进健康的必要条件。身体健康是心理健康的基础，而心理健康又是身体健康的必要条件。生理活动与心理活动是相互联系、互相影响的。

(2) 环境因素

环境因素包括自然环境与社会环境。

① 自然环境。自然环境是指围绕人类周围的客观物质世界，如水、空气、土壤及其他生物等。自然环境是人类生存的必要条件。在自然环境中，影响人类健康的因素主要有生物因素、物理因素和化学因素。

自然环境中的生物因素包括动物、植物及微生物。一些动物、植物及微生物为人类的生存提供了必要的保证，但另一些动物、植物及微生物却通过直接或间接的方式影响甚至危害人类的健康。

自然环境中的物理因素包括气流、气温、气压、噪声、电离辐射、电磁辐射等。在自然状况下，物理因素一般对人类无危害，但当某些物理因素的强度、剂量及作用于人体的时间超出一定限度时，会对人类健康造成危害。有报道称，当儿童长期在高压电线附近活动时，儿童患白血病的危险性增加50%。

自然环境中的化学因素包括天然的无机化学物质、人工合成的化学物质及动物和微生物体内的化学元素。一些化学元素是保证人类正常活动和健康的必要元素；一些化学元素及化学物质在正常接触和使用的情况下对人体无害，但当它们的浓度、剂量及与人体接触的时间超出一定限度时，将对人体产生严重的危害。

保持自然环境与人类的和谐，对维护、促进健康有着十分重要的意义。若破坏了人与自然的和谐，人类社会就会遭到大自然的报复。

② 社会环境。社会环境涉及政治制度、经济水平、文化教育、人口状况、科技发展等诸多因素。社会制度确定了与健康相关的政策法律、法规；社会经济是提高人民健康水平和卫生事业发展的根本基础；文化教育影响人们的健康观念和生活方式。良好的社会环境是人民健康的根本保证。

学前儿童生活的社会环境大到国家、社区，小到幼教机构、家庭，都对儿童的健康产生重要的影响。如政治制度、社会经济、文化、人际关系等都以不同的形式影响着儿童的健康。从孩子出生到上小学来看，对他们影响较大的社会环境主要有家庭、托幼机构和社区。

家庭是幼儿早期生活的基本的社会环境。家庭经济和营养状况、家庭结构、家庭氛围、家庭的教养方式、家长的身心素质、生活方式等都与幼儿的生长发育和身心健康密切相关。比如家庭气氛对儿童心理健康会产生影响，在气氛紧张、父母关系不和谐的家庭里，父亲和母亲常常是烦恼不安、性情暴躁、言语粗鲁，孩子长期处在这种情绪中，又缺少温暖和关爱，容易情绪紧张，从而形成孤僻、自私、玩世不恭等不良品质，对自身的心理健康产生负面影响。

托幼机构是幼儿生活的又一个重要的社会环境，也是影响其身心健康的重要因素。托幼机构是对幼儿实施保育和教育的机构，承担着对幼儿提供保健服务的任务。托幼机构的教育要求、教师的观念行为、保健设施的完善程度和服务质量等直接影响着幼儿的健康状况。

社区是由生活在一定地域范围内的人所形成的一种社会生活共同体，它既是人们聚集、生活的一定地域，也是社会成员参与社会活动的基本场所。它是具体的地方社会，是大社会的缩影。社区的地理位置、生态环境、住房条件、基础卫生设施、就业、邻居的和睦程度等都不同程度地影响着社区的健康。幼儿周围的人口、地理、环境、经济、文化、社会组织等资源，都将对其身心健康产生影响。

(3) 卫生医疗服务与保健设施

随着社会的发展与经济水平的提高，社会逐步增加医疗卫生资源的投入，健全医疗机构，逐步完善医疗卫生服务，使医疗卫生服务的覆盖面越来越广泛。2012年，卫生部、国家中医药管理局联合印发的《关于加强卫生信息化建设的指导意见》中提出，到2020年，建立完善实用共享、覆盖城乡的全国卫生信息化网络和应用系统，为实现人人享有基本医疗卫生服务目标提供有力的技术支撑。医疗卫生服务的量与质的提高，有利于保障居民群众的健康水平。

此外，公共保健设施的普及，诸如社区公共健身场所、社区活动中心的健身器械等，对于人们强健体魄、预防疾病也具有重要意义。

(4) 生活方式因素

20世纪50年代以后，人类的疾病谱和死亡谱都发生了根本性的变化，传染性疾病和营养不良疾病的患者越来越少，而由慢性病，即病史较长的退行性疾病引起的痛苦和死亡则越来越引人注目。在慢性病的发生、发展和防治中，行为习惯和生活方式的作用尤为突出。

现有的统计表明，幼儿哮喘、过敏等慢性病的发病率呈上升趋势。而幼儿的行为习惯和生活方式等，很多时候都受到成人的影响。例如，成年人吸烟，使幼儿蒙受二手烟的侵害。据世界卫生组织评估，二手烟对儿童健康的危害主要有：引发儿童哮喘、幼儿猝死综合征、气管炎、肺炎和耳部炎症等。二手烟是引发儿童哮喘的主要刺激因素。它导致20万到100万患哮喘病的美国儿童的发病次数增加，症状加重；有15万到30万18个月以下的婴幼儿所患的呼吸道疾病，以及一种中耳积液的儿童病流行等都与二手烟有关，其中，每年有7500人到1.5万人需要住院治疗；另外，美国每年有1900到2700例的婴儿猝死综合征也被认为与二手烟的污染有关。

1.2 学前儿童健康教育的意义与任务

学前儿童健康教育是学前儿童教育的重要组成部分。学前儿童健康教育既要遵循学前儿童教育的一般理论与方法，又要以医学、心理学知识为理论基础，还与行为学、传播学等诸多学科有关，是一门必须采用多学科的理论和方法进行研究的综合学科。

1.2.1 健康教育的基本概念

关于“教育”，一般界定为“培养人的活动”，泛指“一切增进人们知识、技能、身体健康以及形成或改变人们思想意识的活动”[①]，从“教育”出发思考“健康教育”，似乎也非易事。不同国家的文化、政治及经济的差异导致人们对健康教育的不同理解，对健康教育的认识本身也有一个逐步深化的过程。一直以来，对健康教育主要存在以下几种认识。

1. 健康教育是一门研究如何促进健康行为形成的学科

有研究者认为，健康指个人在生理、心理、社会三个方面综合表现出来的一种最佳状况，而教育的最终目标是使每位受教育者能发挥其最佳的潜能，要达到健康的境界必须以教育为基础。健康教育是研究人类健康行为，企图了解如何维护自身健康的一门独立学科。[②]它不是过去的生理学、解剖学、生物学或体育。[③]中国台湾学者黄松元认为，健康教育是研究人类健康行为的科学，其最终目标在于增进全民的健康。美国总统健康教育委员会(The President's Committee on Health Education)认为，健康教育是借教育的方法，把健

---

① 南京师范大学教育系. 教育学[M]. 北京：人民教育出版社，1985：1.

② 晏诵文. 健康教育：健康教学与研究[M]. 台北：心理出版社，1994：16.

③ 晏涵文. 健康教育：健康教学与研究[M]. 台北：心理出版社，1994：37.

康知识转变为个人与社会所需的行为模式，健康教育也就是沟通健康知识和健康行为的教育过程。自然科学(生物学、化学、生态学等)、健康科学(解剖学、生理学、微生物学、流行病学等)及行为科学(社会学、心理学、社会心理学、人类学、文化人类学、精神医学等)是构成健康教育的基础。另有一些学者认为，健康教育是包括生物科学、健康科学及行为科学的综合学科。

2. 健康教育是经验总和或是提供经验的过程

有人认为，健康教育是促使人们自愿选择健康行为的所有学习计划的总和；有人认为，健康教育是一切影响个人的、社会的及种族的健康习惯、态度以及知识的经验总和；有人认为，健康教育是提供学习经验的过程，其目的在于影响有关个人及社会的健康习惯和态度。中国协和医科大学流行病学家黄建始教授在谈到预防“非典”时认为：“健康教育是一种动态的说服过程，它通过信息传播和行为干预，帮助个人和群体掌握卫生保健知识，树立健康观念，自愿采纳有利于健康行为和生活方式的教育活动与过程。”①

3. 强调健康教育的目的是增进知识、激发情感，尤其是养成行为

有人认为，健康教育可以激发人们接受并利用健康信息，形成有益的习惯，避免有害的行为，从而使自己更健康；有人认为，健康教育是借助教育方法，把健康知识转变为个人与社会所需的行为模式；1954年，世界卫生组织健康教育委员会的报告指出，健康教育和一般教育一样，关系到人们的知识、态度和行为的改变，它致力于引导人们养成有益健康的行为，使之达到最佳的健康状态；世界卫生组织在1969年提出，健康教育工作的着眼点在于民众和他们的行为，在于诱导并鼓励人们形成并保持有益于健康的生活习惯，合理而明智地利用已有的保健设施，并自觉地实行改善个人和集体健康状况或环境的活动；1981年，世界卫生组织的慕沃勒菲(A. Moarefi)提出了被人们广为重视的观点，即健康教育帮助并鼓励人们有达到健康状态的愿望，知道怎样做以达到这样的目的，每个人都尽力做好本身或集体应做的努力，并知道在必要时如何寻求适当的帮助。

4. 将健康教育的目标定位于“个人健康”及“社会健康”

美国学者登恩(H. L. Dum)提出，健康教育最为重要的一个目的就是要刺激人们对个体和社会健全状态的兴趣和关心，而不是主要考虑疾病的问题，这样，人们就有能力自己预防需要治疗或矫正的各种情况。有人认为，健康教育是通过影响人们的认识、态度和价值观，促进大众学习并运用医学知识与技能，提高自我保健能力，从而创造健康的社会环境；有人认为，健康教育是通过促进健康的生活方式，推动社会健康活动，改善有益于健康生活的条件，从而增进健康。虽然目前对健康教育的内涵有着不同的见解，但在1988年、1991年召开的第13届、第14届世界健康教育大会上，100多个国家的健康教育专家一致认为，健康教育绝不是一般卫生知识的传播、宣传和动员，它的着眼点是行为问题，即帮助人们建立和形成有益于健康的生活方式和行为。基于上述认识，我们认为，健康教育是传播知识，改善态度，促使人们自愿地采取有利于健康的行为，从而提高生命质量的教育活动。健康教育的出发点和归宿都是促进个体及群体健康行为的产生。

---

① 黄建始. 筑起公共卫生这道墙[N]. 文汇报，2003：9-14.

1.2.2 学前儿童健康教育的意义

《纲要》明确要求："幼儿园必须把保护幼儿的生命和促进幼儿的健康放在工作的首位。"向学前儿童进行健康教育是人类进步的必然要求，是学前儿童身心发展的需要，也是学前儿童教育必不可少的组成成分，无论从社会的发展，还是从儿童个体的发展来看，都具有十分重要的意义。

1. 学前儿童健康教育是保证儿童身心健康发展的特殊需要

陈鹤琴先生认为"幼稚园第一要注意的是儿童的健康"。夸美纽斯认为，学前教育的目的在于培养儿童体力、智力和道德的初步基础，特别要重视儿童的健康。婴幼儿时期正处于一个人生命刚刚起步的开始阶段，身体各个器官、系统的发育和功能尚未完善，自我保护意识和对疾病的抵抗能力较弱，对外界环境的适应能力差，容易受到各种伤害；幼儿心理发展迅速，易受多种因素影响，发生多种行为问题和心理异常。因此，让幼儿主动参与一些力所能及的健康教育活动，可以消除危害因素，纠正不良的生活卫生习惯，减少发病率。在接受健康教育的过程中，幼儿还能够学到许多健康知识，改变幼儿对健康的态度，形成有利于自己和他人健康的行为。

2. 学前儿童健康教育是对儿童进行全面素质教育不可缺少的教育内容

学前儿童身心健康是其全面和谐发展的基本条件，是培养智能素质、品德素质和审美素质的基础。健康既是学前儿童身心和谐发展的结果，也是学前儿童身心充分发展的前提。健康的身体是个体求得生存并获得良好的社会化发展的必备条件。学前儿童健康教育在促进其身体健康发育的同时，对儿童道德的发展也有积极的影响。丰富多彩的健康教育活动不仅能够满足儿童活泼好动的心理需要，同时有助于学习自我服务技能，也能改变儿童的某些不良习惯，培养儿童讲究文明和遵守社会公德的行为，学会与同伴和谐相处，感受和创造健康美，这些都有利于学前儿童身心和谐、全面发展。

3. 学前儿童健康教育将为儿童一生的健康和生活奠定良好的基础

19世纪，英国伟大的哲学家和启蒙思想家约翰·洛克认为，"人生幸福有一个简短而充分的描述：健全的心智寓于健全的身体，凡身体和心智都健全的人就不必再有什么别的奢望；身体和心智如果有一方面不健全，那么即使得到了别的东西也是枉然。"人的生命历程的每一个阶段都必须高度重视健康问题，都必须获取健康信息，任何时候放松对健康知识的学习和应用，健康就会远离自己。0～6岁是每个人自身发展的最佳时期，也是人生的奠基时期，因此，在该阶段健康显得尤为重要。学前儿童时期的健康不仅能提高儿童的生命质量，而且为一生的健康赢得时间。学前儿童健康教育是终身健康教育的基础阶段，所以对学前儿童进行健康教育，培养其健康的生活信念和生活方式，对提高他们一生的生活质量和生命质量是十分必要的。

4. 学前儿童的身心健康是国家、民族发展的需要

《中共中央国务院关于深化教育改革，全面推进素质教育的决定》指出："健康体魄是青少年为祖国和人民服务的基本前提，是中华民族旺盛生命力的体现。"陈鹤琴先生认为："健全的身体是一个人做人、做事、做学问的基础。""强国必先强种，强种必先强

身，要强身先要注意幼年的儿童。”也就是说，关注人类早期的健康教育是国家和民族发展的需要。人类的发展、社会的进步，需要一代又一代人的不断努力和创造。而科学技术的进步、国家经济的发展乃至整个社会文明的进步，在根本上都取决于一个国家下一代的素质和竞争力，因此，学前儿童的健康是提高人口素质、民族素质的重要保证。只有个体的身心健康，才能促进整个社会的健康发展，才能建设强大而繁荣的国家。

1.2.3　学前儿童健康教育的任务

健康教育主要涉及人们对健康的认识、态度和行为。学前儿童健康教育的任务也体现在以下三个方面。

1. 帮助儿童获得健康知识

儿童对于健康的态度以及健康行为、习惯的养成，建立在对健康正确认识的基础之上。应该设法使儿童懂得“我应该怎么做”“我不应该怎么做”“如果这样做了会出现什么后果”等。

为儿童选择健康知识，既要考虑适合儿童身心发育和发展的特点，又要考虑他们的理解能力和接受能力。选择的内容应该与儿童的日常生活密切相关，注重科学性和可接受性。对于年龄较小的儿童，不必要求知识的系统性，可以根据儿童所处环境的特点以及他们发展的需要进行相关的教育。对于年龄较大的儿童，可以适当地帮助他们进行知识的归纳与概括，使其获得较系统、较全面的健康知识，不断提高分析、综合和解决问题的能力。

2. 帮助儿童树立正确的健康态度

个体的健康态度，不仅表明他的行为倾向，还能对其行为起到直接的干预作用。儿童正确的健康态度的形成，是促使他们将有关健康的知识转化为健康行为和习惯的动力。

要帮助儿童学会关心自己的健康，树立起“我要爱护自己”“我要做健康的小主人”的意识和态度，要使他们相信：只要掌握必要的知识与技能，养成良好的行为与习惯，注意自我保健和自我保护，就能照顾好自己，就能成为健康的小主人。一旦儿童形成了较为稳定的、正确的健康态度，将会对其一生的行为产生持久性的影响。

3. 帮助儿童形成健康的行为习惯

健康教育的主要任务和最终目的就是要促使人们建立和形成有益于健康的行为习惯。只有将健康的知识和对健康的正确态度转化为健康的行为，才能真正地达到维护和促进健康的目的。应该使儿童逐步认识到：只有掌握一定的健康知识，按照正确的方法去做，才能获得真正的健康。幼儿园教师应努力帮助儿童在日常生活中逐步改掉不利于健康的行为习惯，使其形成良好的行为习惯。

学前阶段是行为习惯形成的关键时期。学前儿童健康教育应注重在儿童尚未受到不良的生活、行为影响之前，就予以适时、适当的健康教育，这对儿童健康行为的形成将起到事半功倍的效果。在日常工作中，幼儿园教师和家长要经常关注儿童的健康行为，及时指出不良的行为习惯，帮助他们建立起比较稳固的动力定型，从而形成健康的行为习惯。

健康知识、健康态度、健康的行为习惯是相互联系、相互作用的，健康知识的获得是健康教育的基础，正确的健康态度是形成健康行为的动力，而养成健康的行为习惯则是最终的目的。在对儿童进行健康教育的过程中，要处理好三者之间的相互关系，把它们有机地结合起来，相互渗透、相互促进，最终达到促进儿童身心健康的目的。

1.3 学前儿童健康教育评价

《幼儿园教育指导纲要》中指出：教育评价是幼儿园教育工作的重要组成部分，是了解教育的适宜性、有效性，调整和改进工作，促进每一个幼儿发展，提高教育质量的必要手段。

1.3.1 学前儿童健康教育评价的内涵与原则

1. 教育评价的内涵

教育评价是根据一定的教育价值或教育目标，运用可行的科学手段，通过系统地搜集信息资料和分析整理，对教育活动、教育过程和教育结果进行价值判断，从而不断自我完善和为教育决策提供依据的过程。现代教育评价的本质特征，是对教育活动、教育过程和教育结果进行价值判断，而教育价值观则是教育评价思想的核心，对教育评价起着决定性作用。

2. 学前儿童健康教育评价的内涵

学前儿童健康教育评价是指对学前儿童健康教育实施过程及其效果的全面审核，包括对幼儿发展状况与健康状况的评价、对幼儿健康教育活动的评价、对教师的评价、对卫生保健工作状况的评价等。

学前儿童健康教育评价有利于了解学前儿童健康教育计划是否符合幼儿健康发展的需要，是否明确了幼儿的主要健康问题。它可以检验是否激发了幼儿学习健康知识的积极性，是否促进了幼儿态度和行为的改变，是否达到了预期目的。它还可以为改进教育设计方案提供依据。

3. 学前儿童健康教育评价的原则

(1) 实效性原则

注重实际效果是学前儿童健康教育评价的最大特点。它的重点有两个：一是通过健康教育活动的开展，重点评价学前儿童的知识、态度、行为习惯的改善情况；二是注重评价学前儿童生长发育水平、身心健康状况、疾病的控制情况等，从而分析健康教育的效果。

(2) 方向性原则

方向性原则是指确定健康教育评价目的，构建健康教育评价指标体系以及进行评价活动，要与健康教育总目标相一致，要与党和国家的教育方针、政策和法律法规中的规定相一致。健康教育总目标是评价的依据和出发点，没有总目标的评价，是难以想象的。而总目标本身总是要体现为一定的方向性的，总目标的正确与否，取决于所引导的方向是否正确。因此，健康教育评价必须保证正确的方向。从总体上说，评价的方向性体现在学前儿童健康教育要符合国家既定的教育方针，符合《纲要》的总目标。从具体要求上说，对健康教育各个环节的评定、考核，要体现相应的目标要求，体现目标要求的方向与走向。

(3) 发展性原则

学前儿童健康教育评价的目的不仅是鉴定幼儿园健康教育的水平，更重要的是要以促进学前儿童健康教育质量的不断提高和幼儿的发展为最终目的。依据目标，重视评价过程，充分发挥教育评价的反馈调节功能，及时发现成绩和不足，并对存在的问题做出适当调整和改进，才能不断改进健康教育活动。

(4) 客观性原则

学前儿童健康教育评价的客观性原则是指评价时必须把握健康教育的客观规律，实事求是，以客观事实为依据，从客观实际出发获取真实信息，依据科学的标准，对健康教育活动的过程和结果进行分析和判断。贯彻客观性原则，要求评价者确定的评价指标必须符合评价目的的要求，反映被评价对象的本质特征，评价标准要合理。客观性原则还要求评价者要正确理解和把握评价标准，克服主观随意性和感情因素的影响。在评价方法的选择上，客观性原则要求评价方法要与评价内容的性质相适应，要多种方法相结合，这样才能使所收集的评价信息更为全面准确，所做出的评价结论更为客观可靠。

(5) 定量评价和定性评价相结合的原则

要使健康教育评价尽量客观、科学，就必须对健康教育状况进行定量分析。但是教育现象异常复杂，有的可以定量测量，有的只能定性描述，有的需要先定性再定量，有的可以直接定性，所以必须将定量与定性评价结合起来，才能科学有效地对健康教育做出评价。

(6) 评价与指导相结合的原则

在学前儿童健康教育评价中，评价与指导应是相结合的，有对什么问题的评价，就有对什么问题的指导。从评价到指导、从再评价到再指导，只有循环反复，才能促进学前儿童健康教育质量的不断提高。

(7) 尊重幼儿发展的个体差异原则

对幼儿进行健康评价要尊重幼儿的个体差异，不能搞“一刀切”。《指南》中指出，幼儿的发展是一个持续、渐进的过程，同时也表现出一定的阶段性特征。每个幼儿在沿着相似进程发展的过程中，各自的发展速度和到达某水平的时间不完全相同，要充分理解和尊重幼儿发展进程中的个别差异，支持和引导他们从原有水平向更高水平发展，按照自身的速度和方式到达《指南》中呈现的发展“阶梯”，切勿用一把“尺子”衡量所有幼儿。

1.3.2　学前儿童健康教育评价的内容

学前儿童健康教育评价涉及的范围较广、内容很多。从宏观层面，它包括对学前儿童健康教育的整体规划的评价，对学前儿童健康教育目标、内容、组织形式和方法的评价，对进行健康学习的学前儿童的评价，对进行健康指导的幼儿园教师及其他相关人员的评价；从中观层面，它包括对学前儿童健康教育活动的评价，对幼儿本身生长发育和发展状况的评价，对卫生保健工作状况的评价；从微观层面，它则主要涉及学前儿童在健康认知水平、健康意识与态度、健康行为与习惯三个方面的评价。

根据学前儿童健康教育的实际，我们可以从以下几个维度讨论学前儿童健康教育的评价内容。

1. 从教育系统所包含的对象来看，包括对幼儿、教师和环境的评价

(1) 对幼儿的评价

对幼儿的评价从依从性评价向独立性评价发展，从个别评价向多方面评价发展，健康状况观察、测量是幼儿健康领域的主要评价方式。对幼儿的评价具体来说包括以下几方面。

① 具有初步的生活习惯与自理能力，具有一定的安全意识和自我保护意识，保持良好的心理状态。

② 经常对幼儿身体发育情况及基本活动能力进行调查。

③ 充分发挥幼儿在活动中的主体作用，积极主动参与健康领域内的活动，在活动过程中用探索、发现去建构知识与技能，体育活动中能主动配合教师放置、收拾器材和场地。

④ 体育活动中，幼儿能随教师的预设，积极探索，有愉快地投入动作的体验，情绪愉快高涨，有成功感。

(2) 对教师的评价

健康领域中对教师的评价应以自评为主，园评应以自评为依据，在广泛听取各方面意见及日常保育岗位检查、幼儿健康状况及家长反馈的基础上进行全面评价。

① 教师能关注多数孩子的健康状况，同时能注意幼儿的个体差异，能满足个别孩子的合理需求，使每位幼儿在原有的基础上得到提高。

② 教师在健康教育活动中是启发者、引导者、观察者、合作者的多重角色。虽然教师在活动中直接灌输的东西减少了，甚至取消了，但教师事先对环境、材料的准备工作、组织工作都大大增加，所以对教师的作用不应有丝毫的忽视。

③ 贯彻保教结合原则，充分利用日常生活、体育活动等各环节，培养幼儿良好的生活卫生习惯、自理能力和自我保护能力。

④ 教师应主动培养自己对体育活动的兴趣，不断提高自己的动作能力和身体素质，使自己的动作规范，充满活力，为幼儿起示范作用。

⑤ 健康教育活动中，教师应在可能的条件下，组织或创设合作活动的环境，并对幼儿合作过程进行引导。

(3) 对环境的评价

① 幼儿生活、活动的物质环境安全，符合幼儿健康卫生要求。房屋、设备、场地安全；周围环境安静、整洁、优美；室内光线充足、通风良好、空气新鲜；桌椅高矮适合幼儿的身材；家具、电器、玩教具、书籍等符合安全卫生要求；幼儿有自己的毛巾、喝水杯

等，并按时消毒；盥洗室保持清洁卫生。

② 通过为幼儿提供、创设丰富的符合健康领域教学内容要求的机会、情景、环境，鼓励幼儿主动思考、推理和解决问题，从而增强健康意识，养成健康习惯。

③ 营造宽松的自由活动、接纳理解、尊重支持的氛围，使幼儿获得安全感，情绪稳定，主动愉快地参与各种活动。

④ 保证幼儿有充足的户外体育活动的时间，通过提供丰富的器材、宽阔的场地及游戏情节的创设，满足所有幼儿运动的需求。器材要体现出层次感，满足幼儿个体差异及对运动需要的不同兴趣爱好，满足幼儿自我评价的需要。

2. 从教育活动的过程和效果来看，是学前健康教育活动的评价

此部分内容将在第8章“学前儿童健康教育活动听课”中详细展开。

3. 从学前儿童的知识—态度—行为的状况进行评价

学前儿童的知识—态度—行为(KAP)状况评价，是通过对学前儿童的健康知识、健康态度和行为习惯的养成状况进行调查，从而评价健康教育的效果，进一步了解学前儿童对健康教育的需求。具体而言，主要包括以下三个方面。

(1) 健康知识

对学前儿童健康知识水平的评价，通常采用前后对照测试的方法。对学前儿童来说，考虑其认知水平的特点，一般通过口头测试来了解他们对健康知识的掌握情况。

(2) 健康态度

对学前儿童健康态度的评价，主要是指对学前儿童执行和保持健康行为的积极态度进行评价。

促进学前儿童的健康发展，离不开成人的健康指导，同时也需要学前儿童力所能及地主动参与。因此，对学前儿童健康态度的评价，也是健康教育评价的重要一环。

对学前儿童进行健康态度的评价，通常主要考察学前儿童是积极主动还是消极被动地执行和保持某健康行为。

(3) 健康行为

对学前儿童健康行为的评价，主要是指对学前儿童良好的生活、卫生、品德行为习惯等的形成率进行评价。

总之，为了促进学前儿童的健康发展，应该让学前儿童积极地发挥其健康潜能，主动地参与健康评价的过程，通过这样的自我评价有助于其健康态度的培养和健康行为的形成。

4. 学前儿童生长发育与动作发展情况的评价

(1) 儿童身体健康生长

儿童身体生长主要指儿童在生理方面的发展状况，通常包括以下几个方面。

① 生长发育形态指标用以评价儿童生长发育的水平和速度，包括身高、体重、围度(头围、胸围)、坐高等。

② 生理功能指标用以评价儿童身体各系统器官的生理功能，包括血压、脉搏、肺活量、握力和呼吸差等。

③ 疾病或缺陷，包括有无贫血、佝偻病、龋齿、斜视、弱视、脊柱弯曲等常见缺陷等。

(2) 儿童动作发展

儿童动作发展评价涉及两个方面：大肌肉动作和小肌肉动作。

大肌肉动作是由大肌肉群组成的随意动作，常伴有强有力的大肌肉的收缩、全身运动神经的活动以及肌肉活动的能力消耗。儿童时期，比较常见的大肌肉动作有走、跑、跳跃、钻、爬、踢球等。

小肌肉动作也称精细动作，是由小肌肉群组成的随意动作。儿童的小肌肉动作主要是手的动作，包括指尖动作、手指屈伸以及眼手协调。

(3) 创造性运动能力

创造性运动强调培养儿童在运动中的创造性，主要关注运动的节奏和表现力。它主要包括对节奏的敏感性、动作表现力、动作创意等方面。

1.3.3 学前儿童健康教育评价的类型

学前儿童健康教育评价按照不同的划分标准，可以分为以下类型。

1. 按评价的基准划分类型

(1) 相对评价

相对评价是在被评价对象的集合总体中选取一个或若干个对象作为基准，然后将其余评价对象与基准加以比较，也可以是用某种方法将所有被评对象排列成先后顺序的评价。譬如进餐时，有的学前儿童吃得快或吃得多或吃得干净，而有的学前儿童则吃得慢或吃得少或吃得不太干净，这里的“快”与“慢”、“多”与“少”、“干净”与“不太干净”，都是因班而异的相对评价。相对评价标准一般是通过在评价对象之间进行比较而获得有利于确定个体对象在集体中的相对位置，但容易因评价对象的具体情况而出现标准的高低变化。

(2) 绝对评价

绝对评价是在被评价对象的集合之外确定一个客观的标准，将被评价对象与该客观标准进行比较，并做出价值判断。学前儿童健康教育的绝对评价标准往往按照托幼机构卫生保健制度、托幼机构管理条例、托幼机构健康教育目标等加以确定，不以被评价者的具体情况为转移。所有被评价对象都与客观标准对照比较。譬如，对身高、体重、血色素、心率等反映学前儿童生长发育及生理功能的评价就是绝对评价，其中的评价标准都有相应的科学规定。绝对评价具有科学准确、可以信赖的客观标准，因此较为公正合理，并且因揭示了评价对象与客观标准之间的绝对差距而有助于评价对象明确努力方向。但由于绝对评价标准是由人制定的，评价过程也是由人掌握的，故很难做到绝对公正。尽管如此，绝对评价仍然是健康教育评价中最重要的评价方法。

(3) 个体内差异评价

个体内差异评价是将评价者集合总体中的各个对象的过去和现在进行比较，或者将某一个对象的若干侧面相比较的评价方法。譬如，评价一个幼儿园的健康教育水平，可以从学前儿童健康行为的形成、健康知识的掌握及健康态度的改善等方面加以评定，对于某学前儿童而言，有可能通过评价发现其健康知识得分偏高、健康态度得分居中、健康行为得分偏低，这会启发教师和家长需要在后两个方面加强教育。由此可见，个体内差异评价能够顾及个体之间的差异，在充分考虑个体原有水平的基础上进行个体发展变化的评价，因此一般不会对被评价者构成压力，但弊病在于可能因既不与客观标准比较，又不与其他被评价者比较而缺乏进一步改善目前状况的动力。

在学前儿童健康教育评价中，我们更倾向将相对评价、绝对评价及个体内差异评价结合起来使用。

2. 按评价的功能及运行的时间划分类型

(1) 诊断性评价

诊断性评价又称前期评价，是在开展健康教育活动之前进行的预测性的评价，或者对评价对象的发展基础和条件加以测定。诊断性评价的目的在于了解评价对象的基本情况，发现存在的问题，譬如，制订健康教育计划前，要对学前儿童发展情况、健康需求及兴趣有所了解，否则无法确定健康教育的内容及重点。将来在充分地认识学前儿童的兴趣和需要的基础上，再行制订新的健康教育计划。

(2) 形成性评价

形成性评价又称中期评价，是在健康教育活动中针对活动效果而进行的持续性的评价，其目的在于及时获取反馈信息，适时调整教育进程、方法、手段，以便达成教育目标。譬如，学前儿童的健康知识是否因为健康教育计划干预后产生有利的改变，这是健康教育效果的即时评价，根据即时评价结果考虑继续实施计划或修改计划。另外，教育策略的方方面面，如健康教学的艺术、环境的创设、学前儿童的反应等都是评价的内容。

(3) 总结性评价

总结性评价又称终期评价，是在健康教育计划实施后对其终极结果所进行的评价，它以预先设定的健康教育目标为依据，判断评价对象达成目标的实际水平，包括是否进一步解决了学前儿童的健康问题、是否提高了学前儿童的生活质量等学前儿童健康教育工作者关心的问题。总结性评价既是最终的评价结果，也是制订新的健康教育计划的依据。由于学前儿童的身心健康还受到非行为因素和非健康因素的影响，因此，总结性评价中应实事求是，既充分肯定已取得的健康教育效果，又不要有意掩盖教育中的不足之处。

3. 按评价对象的复杂程度划分类型

(1) 单项评价

单项评价是指对健康教育某一方面的评价，譬如，健康教学活动的组织水平、日常健康教育的水平、学前儿童生长发育的水平、托幼机构膳食管理制度等。

(2) 综合评价

综合评价是指对学前健康教育的全面评价，评价范围可以涉及一个国家、一个地区或某一幼儿园。

4. 按定量或定性的评价方法划分类型

(1) 定量评价

定量评价是指在学前儿童健康教育评价中采用数学方法进行定量计算或数字描述的评价。譬如，每年六月前后，幼儿园都要对学前儿童进行身体检查，从而对学前儿童的生长发育水平进行定量评价。学前儿童生长发育最常用的评价指标是形态指标，即身体及其各部分在形态上可测出的各种量度，如长、宽、围度及重量等。形态指标有体重、身高、头围、胸围、臀围、坐高、皮下脂肪、上下部量及指距等项目，其中，身高、体重及头围这三项指标不仅测试方便，而且能为准确评价学前儿童生长发育的水平提供重要信息。学前儿童生长发育评价标准参照国际通用的由世界卫生组织推荐的0～6岁学前儿童体格发育标准。以上评价指标均可用数字表述。

(2) 定性评价

定性评价是指对不便量化的评价对象，采用定性的方法做出价值判断。譬如，学前儿童健康教育评价中使用的生长发育五等级评价法、对学前儿童体格生长偏离的鉴定(有低体重、消瘦及肥胖之分)、对学前儿童生活自理能力的评语等都属于定性评价。

在具体实施学前儿童健康教育评价时，应注意将定性评价与定量评价相结合。定量评价不以人们的主观意志为转移，而以收集来的客观资料为依据进行科学统计，因而较为公正，但有时简单化，容易掩盖健康教育过程中的复杂性；定性评价能够考虑到健康教育过程中作为主体的学前儿童的生物、心理、社会等方面的多元因素，常常通过自然情境下的观察和谈话来获得有价值的信息，因而往往不同的评价者会得出相异的结论。如何在学前儿童健康教育评价中将定量分析的方法和定性分析的方法结合起来综合运用是需进一步探讨的问题。

5. 按参与评价的主体划分类型

(1) 自我评价

自我评价是指评价者参照一定的指标对自己的健康教育工作做出的价值判断。作为一名普通的幼儿教师，平时要开展自我总结和自我评定。作为一名研究型幼儿教师，在教育过程中也要不断进行自我反思和总结。因此，自我评价是容易开展的一种评价类型，并且由于被评价者就是评价主体，只要评价态度端正，评价中各方面实际情况掌握的准确性会更高。自我评价由于缺乏外界参照体系，对评价标准的把握主观性较大，易出现评价过高或过低的情况。

(2) 他人评价

他人评价是指评价主体不是被评价者自身的评价，也即来自外部的评价。譬如，上级业务指导人员、幼儿教师观摩健康教育活动后的评价，园长、教师对学前儿童生长发育情况的总体评价，教师、家长对幼儿园环境安全性的评价，教师对家长配合幼儿园进行健康教育的观念与水平的评价，等等。外部评价一般较为慎重，有时也需要较多的人力和物力才能完成。

1.3.4　学前儿童健康教育评价的方法

学前儿童健康教育评价常用的方法有测验法、问卷法、观察法、访谈法等，一般要根据实际需要选择适宜的评价方法。

1. *测验法*

测验法是根据评价内容编制一定的等级量表和标准的试题用以收集评价信息的方法。它主要用于易量化的评价对象和形成性评价，如收集教师教学效果、幼儿掌握知识与技能情况、幼儿各项体能发展状况、幼儿心理发展状况等信息。

2. *问卷法*

问卷法是通过对评价对象进行书面调查而获取评价信息的方法，主要适用于对范围广的问题进行大规模调查。调查者可以直接填写问卷，也可以通过通信方式将问卷寄发给调查对象。采用问卷法可以在短时期内获取大量的信息，但编制科学合理的问卷和获取真实的统计结果是一项技术性强、要求高的工作。

3. *观察法*

观察法是评价者根据评价对象的特点和指标内涵的要求，有目的、有计划地在自然状态下(自然观察法)或控制条件下(试验观察法)观察评价对象并获取评价信息的方法。观察法主要是听和看，可充分利用录像机、照相机等仪器作为辅助工具。观察法适用面广，收集资料的机会较多，目前主要运用于了解评价对象的行为表现、情感改变和意志特点。如通过听课，可以收集教师课堂教学的资料，了解幼儿的活动情况，也可以在一定程度上了解教师的备课情况。例如，幼儿生活自理能力的发展状况、同伴交往情况、教师和幼儿在健康教育活动中的表现，都可以用观察法收集资料。

4. *访谈法*

访谈法是一种口头调查法，是评价者按照访谈提纲，通过与评价对象面对面谈话或以小组座谈会的方式直接收集信息的一种方法。访谈法适用于了解评价对象的心理状态，它不受文字能力的限制。访谈时，可以根据评价对象的心理适应状况，把人群进行分类，从而较深入地了解问题。如对幼儿心理发展中的常见问题进行访谈，以便找到问题背后的原因。

5. *小组讨论法*

小组讨论法是指让学前儿童在小组成员面前就某话题发表自己的看法或与他人一起讨论，评价者借机从中了解信息的方法。如想了解幼儿对健康教育知识的掌握情况，就可以采用此方法。

6. *文献法*

文献法是指通过查阅与评价对象有关的材料来收集评价资料的方法。文献内容包括各种文字与数字资料，如教学计划与总结、活动教案、幼儿成长记录袋等。应根据评价内容查阅文献，可以几种文献相互印证，也可与其他收集信息的方法结合使用。

1.4 《纲要》中健康教育领域的内容与解读

1.4.1 《纲要》中健康教育的目标与解读

2001年颁布的《纲要》标志着我国学前教育的发展进入了一个新的历史时期。《纲要》中明确要求“幼儿园必须把保护幼儿的生命和促进幼儿的健康放在工作的首位”。同时《纲要》也对幼儿园健康教育的总目标作了明确的表述：①身体健康，在集体生活中情绪安定、愉快；②生活、卫生习惯良好，有基本的生活自理能力；③知道必要的安全保健常识，学习保护自己；④喜欢参加体育活动，动作协调灵活。

南京师范大学顾荣芳认为，《纲要》中对于健康领域的总目标体现出三种价值取向：第一，身心和谐。学前儿童健康应包括身体健康和心理健康两个主要方面：学前儿童的身体健康以发育健全、具备基本的生活自理能力为主要特征；学前儿童的心理健康以情绪稳定、心情愉悦、适应集体生活为主要特征。由于学前儿童的身体健康与心理健康是密不可分的两个方面，因此有的目标如“生活、卫生习惯良好”既包含日常生活中的盥洗、排泄等生理意义的卫生习惯，也包含没有吮吸手指等心理意义的问题行为。只有身心和谐发展，才能真正保证身体和心理的健康。第二，保护与锻炼并重。目标既重视掌握必要的保健知识，提高儿童保护自身的能力，又强调通过体育活动提高身体素质。其中了解必要的安全保健知识并提高相应技能是保健教育的主要目标，培养对体育活动的兴趣、增强动作的协调性和灵活性是幼儿园健康教育的主要目标。第三，注重健康行为的形成。探讨学前儿童健康行为建立、改变和巩固的一般规律是学前儿童健康教育研究的重点，虽然提高健康认识、改善健康态度、培养健康行为都是学前儿童健康教育的目标，但学前儿童健康行为的形成是学前儿童健康教育的核心目标。对于幼儿园健康教育工作者来说，最大的挑战就是如何鼓励、说服儿童养成对健康有益的行为习惯。①

在健康领域目标表述的三大价值取向中，维护学前儿童身心和谐健康和健康行为的养成都直接与健康相关，与幼儿园保育目标相一致。而保护与锻炼并重实际上隐含着幼儿园健康教育包括幼儿园体育，这与许多关于教育或体育的专著中将健康教育纳入体育之中有所不同，与目前基础教育相关科目的界定也不完全一样。幼教工作者应遵照《纲要》的基本精神来开展工作。因此，我们可以从保育和体育两个方面对《纲要》健康领域的总目标进行解读。

1. 学前儿童健康教育中的保育目标

学前儿童保育是指成人为学前儿童提供生存与发展所必需的、良好的环境与条件，给予学前儿童精心的照顾和养育，以保护和促进学前儿童的正常发育和良好的发展，其中包括身体保育和心理保育两个方面。②《纲要》中与保育有关的总目标主要是前三条：

① 教育部基础教育司. 幼儿园教育指导纲要(试行)解读[M]. 南京：江苏教育出版社，2002：113-114.

② 朱家雄，等. 学前儿童卫生学[M]. 上海：华东师范大学出版社，1999：184.

①身体健康，在集体生活中情绪安定、愉快；②生活、卫生习惯良好，有基本的生活自理能力；③知道必要的安全保健常识，学习保护自己。在这三条中可以明确地看出《纲要》对学前儿童身体保健、生活自理、心理健康及安全自护的教育目标。而在环境对人类健康影响问题日益突出的时代背景下，《纲要》中“生活、卫生习惯良好”“知道必要的安全保健知识”这些目标的阐述又隐含环境教育的内容。因此，学前儿童健康教育中的保育目标又可以分为身体保健和生活自理教育的目标、安全自护教育的目标、环境教育的目标和心理健康教育的目标。

(1) 身体保健和生活自理教育的目标

身体保健和生活自理教育主要是帮助儿童了解基本的人体及营养知识，学习初步的生活自理方法，从而养成良好的生活、卫生习惯，以促进儿童身体健康。在实际划分上可以分为营养与饮食、人体知识与保健、生活习惯三部分目标。营养与饮食部分的主要目标是帮助儿童了解常见食物的营养知识，理解饮食与健康的关系并形成良好的饮食习惯。人体知识与保健方面的目标是要使儿童认识和了解人体主要器官的名称及功能，并在此基础上帮助儿童了解相关保健知识，理解常见的保健措施并主动形成热爱健康、维护健康的行为。生活习惯培养的主要目标涉及生活的方方面面，主要是在儿童已有经验的基础上培养儿童生活自理的能力，帮助儿童形成有益健康的各种生活习惯。

(2) 安全自护教育的目标

学前期是儿童身心成长的奠基期，也是教给儿童有关安全自护的基本知识与技巧的理想时期。安全自护教育的主要目标是帮助儿童了解有关日常生活安全的相关知识，帮助儿童学会区分安全的行为和不安全的行为，了解预防与处理安全问题的方法，初步学会运用处理安全事件的技能。

(3) 环境教育的目标

在环境问题日益尖锐的今天，让儿童了解环境及环境污染的相关问题是十分重要的，有着至关重要的意义。人类赖以生存的环境与人们的健康息息相关，一旦环境发生巨变，或者由人为因素造成环境污染，扰乱或破坏生态平衡，都会严重影响人类的健康和生活。在学前阶段，由于儿童的年龄和认知水平的限制，不可能要求他们学习复杂的科学知识，因此在这一阶段，环境教育的主要目标是让儿童了解简单的环境卫生知识，初步懂得环境卫生的重要性，逐渐产生和形成保护生活环境卫生的责任感，培养儿童保护环境的行为和习惯。

(4) 心理健康教育的目标

学前期是心理发育和发展的重要时期，儿童对于外界环境及其变化十分敏感，极易受到各种因素的影响。近年来，家庭结构、养育方式的改变及生活节奏的加快，都不同程度地增加了儿童成长过程中的紧张因素，因此必须注意儿童的心理健康教育。心理健康教育的主要目标是使儿童了解粗浅的心理健康知识和技能，纠正不良情绪和态度，形成有利于心理健康的行为习惯，预防和矫治心理障碍和行为异常，保证儿童心理健康发展，提高儿童的心理健康水平。

2. 学前儿童体育的目标

学前儿童体育是学前儿童全面发展教育的一个重要组成部分，是增强学前儿童体质最积极有效的因素，也是增进学前儿童健康的一种积极方式。《纲要》中关于学前儿童体育目标的表述主要体现在“身体健康，在集体生活中情绪安定、愉快”和“喜欢参加体育活动，动作协调灵活”两个目标上。具体来看，就是体育首先要保障健康、促进健康，同时让儿童喜欢参加体育活动，并从中发展其运动能力，而且在体育活动中要适应和喜欢集体生活。从这几点出发，学前儿童体育的目标可以分为身体发展的目标、运动能力的发展目标和社会性发展的目标。

(1) 身体发展的目标

身体健康发展是健康的物质基础，因此健康教育必须首先关注儿童的身体发展。一般来说，身体发展主要指人的体格发展状况，包括人体生长发育的水平、体型和身体姿态等多方面的内容。学前期是体格发展最迅速的时期，也容易受到各种因素影响，造成体格发育不完善，这一时期的健康教育需要通过各种途径促进儿童身体健康发展。体育中身体发展的目标主要是让儿童喜爱体育活动，自觉参加体育锻炼，并通过体育活动促使儿童身体正常生长发育，促进其身体机能协调发展。

(2) 运动能力的发展目标

运动能力是指人参加运动和训练所具备的能力，是人的身体形态、素质、机能、技能和心理能力等因素的综合表现。儿童运动能力的发展分成两个部分：一是躯体运动，也叫做大肌肉运动，是负责控制身体的。二是精细运动，也叫作小肌肉运动或随意运动。运动能力的发展可以用走、跑、跳、投掷等动作以及动作的协调、灵敏、速度、力量等作为测量指标。学前儿童运动能力的发展目标就是让儿童学习与年龄相适宜的身体动作，并在体育活动中发展相关运动的基本技能，提高其参加运动的基本能力，从而使儿童喜爱运动、自觉运动。

(3) 社会性发展的目标

世界卫生组织提出的健康概念认为，健康是身体、心理和社会适应的健全状态，而不只是没有疾病或虚弱现象。可见，健康还应该包括社会适应这一重要部分，而在学前阶段常常把健康教育中的社会适应部分与心理健康教育相结合，心理健康教育中包含社会性发展教育的内容。但是，由于体育活动的活动性强、集体性强等特点使得体育活动中不可避免地带有一定的社会性发展目标，即通过体育活动，激发儿童参与集体活动的热情，学习社会交往的技能，并通过体育活动培养儿童良好的意志品质和个性。

教育目标是按照一定的有序结构组织起来的，纵向来看，目标具有一定的层次性。《纲要》中规定的目标可以作为学前儿童健康教育的总目标，在总目标指引下，可以按照内容分类来制定分类目标，也可以按照不同年龄段制定年龄目标。落实到具体的学前教育机构来说，可以根据上级目标要求和具体情况制定学期目标、月目标、单元目标以及具体活动目标。本节主要阐述根据《纲要》中健康领域总目标进行内容分解的分类目标，在具体实施过程中还可以根据学前儿童年龄特点以及本园所、本班级特点编制具体年龄目标、单元目标、活动目标等。

1.4.2 《纲要》中健康教育的内容与解读

《纲要》不仅对幼儿园健康领域的总目标作了明确的表述，还分列出关于幼儿园健康教育的内容与要求，共7条，具体内容如下所述。

第一，建立良好的师生、同伴关系，让幼儿在集体生活中感到温暖，心情愉快，形成安全感、信赖感。

第二，与家长配合，根据幼儿的需要建立科学的生活常规。培养幼儿良好的饮食、睡眠、盥洗、排泄等生活习惯和生活自理能力。

第三，教育幼儿爱清洁、讲卫生，注意保持个人和生活场所的整洁和卫生。

第四，密切结合幼儿的生活进行安全、营养和保健教育，提高幼儿的自我保护意识和能力。

第五，开展丰富多彩的户外游戏和体育活动，培养幼儿参加体育活动的兴趣和习惯，增强体质，提高对环境的适应能力。

第六，用幼儿感兴趣的方式发展基本动作，提高动作的协调性、灵活性。

第七，在体育活动中，培养幼儿坚强、勇敢、不怕困难的意志品质和主动、乐观、合作的态度。

由以上7条可以看出，《纲要》中健康领域的内容与要求主要涉及心理健康教育、身体保健和生活自理教育、生活习惯培养以及环境教育、安全自护教育、体育等内容。从《纲要》所表达出的精神来看，学前儿童健康教育内容要在目标的引领下，充分考虑健康教育领域本身的内容范围，结合学前儿童的身心发展特点以及社会对学前儿童健康教育的需求进行选择，要体现出目标性、适宜性、时代性等特点。实际上，健康教育内容十分广泛，目前根据《纲要》的指导，学前儿童健康教育的内容可以包括保育和体育两大部分，具体内容如下所述。

1. 学前儿童健康教育中的保育内容

为学前儿童提供安全的、适宜的物质环境和心理环境，帮助学前儿童形成良好的、安全的生活行为习惯，以维护和提高学前儿童的身心健康水平是保育的主要内容，也是学前儿童健康教育的重要内容。

(1) 身体保健和生活自理教育的内容

学前期是各种习惯养成的关键时期，这一时期的儿童行为可塑性强，容易形成良好的生活习惯，也容易矫正不良的生活习惯。对儿童进行身体保健和生活自理教育，特别是在相关知识教育的基础上形成良好的个人生活习惯，对于维护和增进儿童身体健康，预防疾病的产生具有重大意义。这部分教育内容主要包括营养与饮食、人体知识与保健和生活习惯三大组成部分。

① 营养与饮食。营养是儿童生长发育和保持身心健康的物质基础，儿童通过饮食，摄入含有多种营养素的食物，以满足机体维持生命和进行各种活动所需要的能量，提供细胞组织生长和修复的材料，保证机体的各种正常的生理和心理活动能够顺利进行。因此，成人必须为儿童提供符合他们需求的食物，以确保儿童对营养的需求，促进儿童的生长发

育和身心健康。与此同时，不可忽视的一个问题就是如何让儿童主动、自觉地摄入有营养的食物，养成良好的饮食习惯，从儿童自身需求的角度保证营养的全面、合理摄入，并为儿童成年以后的健康饮食打下基础。这就必须对儿童进行关于营养和饮食方面的教育，一方面要让儿童懂得常见食物的营养及其对机体生长发育的作用，通过对知识的了解培养儿童对膳食平衡和合理膳食的积极态度。另一方面要养成良好的饮食习惯，如愉快地进餐，定时定量，不挑食、偏食或过食，细嚼慢咽，饭前洗手，吃饭前后不做剧烈运动等。

② 人体知识与保健。人体是由多个器官和组织组成的复杂整体，儿童虽然已经具有人体的基本结构，但是各个器官组织尚未发育完全，人体维护健康的功能较弱，需要特别的保护。不仅如此，学前期是人体各器官组织生长发育最迅速的时期，要尊重其生长发育规律才有助于儿童的身体健康。因此，在做好相应保健工作的同时要积极引导儿童了解自身的器官组织及其保健常识，让其在了解的基础上形成热爱健康的态度，积极、主动维护自身的身体健康。但是我们应该看到有关人体的知识是十分复杂难懂的，要想让认知水平较低、生活经验较少的学前儿童理解这些知识，可以通过接触常见的动物和植物，使他们初步认识生物体简单的结构和功能及其生长和发育特点，在此基础上逐步地且粗略地认识人体各部分的解剖生理特点，学习保护身体的一些方法，逐步建立关心、保护身体健康的意识。

③ 生活习惯。生活习惯的养成可以说是在前两部分基础上的提升，即在儿童了解并掌握一些健康知识和方法之后，最终养成良好的生活习惯，包括基本的生活习惯、规律生活的习惯、清洁卫生的习惯及健康保健的习惯。基本的生活习惯是一种自理的能力与习惯，主要指儿童自己洗脸、洗手、刷牙、穿脱衣服、吃饭以及相应的整理用具的能力与习惯。规律生活的习惯是指儿童按时睡眠、盥洗、饮食等规律性生活的习惯。清洁卫生的习惯即是儿童在日常生活中讲卫生、爱清洁的习惯，如勤洗头、勤洗澡、保持生活用品的洁净、保持生活环境的清洁等各种习惯。健康保健的习惯主要指儿童维护自身健康，爱护自己身体器官的好习惯，如不随意挖耳、抠鼻，不疲劳使用眼睛、嗓子，等等。

(2) 安全自护教育的内容

儿童活泼好动，会对新鲜的、神奇的、特殊的事物感兴趣并做出积极的反应，但儿童缺乏一定的生活知识和经验，因此，他们所面临的来自周围自然与社会环境中的不安全因素相对成人要多。因此在学前阶段要特别注意安全问题，除了做好相关保护措施以外，很重要的一点就是要通过健康教育来培养和提高儿童的安全自护能力，帮助儿童掌握必要的安全知识和技能，使他们能够主动、独立地处理遇到的不安全问题。比起消极的保护(如减少户外活动时间)，这样做更有助于儿童的安全与健康。根据安全问题出现的情境划分，学前儿童安全自护教育可以分为日常生活中的安全自护教育和意外事故中的安全自护教育。

① 日常生活中的安全自护教育。在日常生活中对儿童进行安全自护教育，让他们学习如何注意安全，保护自己避免各种伤害是安全自护教育的重要内容，也是帮助儿童有效避免意外事故发生的重要内容。因此，在安全自护教育中首先要保证日常生活中的安全自护教育的有效开展。日常生活是儿童一日生活的方方面面，所以这部分的安全自护内容的

范围也比较广，主要包括进餐安全、睡眠安全、交通安全、用药安全、用电安全、用火安全、社会交往安全以及各种生活用品使用安全等。总之，日常生活中的安全自护教育的涉及面很广，教师可以结合儿童的实际需要进行多样化选择。

② 意外事故中的安全自护教育。意外事故中的安全自护教育主要是指在意外事故发生时教育儿童如何正确处理，积极应对，避免伤害的相关内容。它主要包括遇到雷电、洪水、地震等自然灾害时的应对，如知道打雷下雨时，不能在大树及高大的建筑物下避雨；了解洪水自救知识，如抓住能浮起来的物品或爬到地势较高的地方；了解地震发生时的一些现象，进行简单的自救训练等。它也包括受伤害时的简单自救方法，如烫伤后迅速用凉水冲洗或浸泡患处，知道火警电话等。它还包括与人交往时遇到伤害的处理办法，如遇到拐骗时，会用电话呼救，知道报警电话等。

(3) 环境教育的内容

人类是生活在一定的自然和社会环境中的，环境与人类的健康息息相关。保障儿童健康仅从人类自身做起而抛却环境因素是不符合现实的。近年来，由于环境变化影响人类健康生活的事件屡有发生，人们也越来越意识到了解环境知识，树立环境保护意识的重要性。对学前儿童进行环境教育也必然成为学前儿童健康教育的重要组成部分，其主要内容就是通过各种途径帮助儿童了解有关环境的粗浅知识，使他们懂得保护环境的方法，从而建立初步的环境保护意识和社会公德意识。关于环境教育的内容在《纲要》中是放在科学领域重点阐释的，但不可忽视的是环境教育与健康教育密切相关，环境教育也是健康领域的重要内容之一。

(4) 心理健康教育的内容

全面的健康观认为，健康不只是身体上没有疾病，应该是身体健康与心理健康的统一，身体健康是心理健康的物质基础，心理健康是身体健康的必要条件，两者相互联系、相互影响。《纲要》中健康领域指导要点明确指出“树立正确的健康观念，在重视幼儿身体健康的同时，要高度重视幼儿的心理健康”。从学前儿童身心发展特点及需要来看，学前儿童心理健康教育可分为以下几个方面。

① 环境适应教育。良好的社会适应是健康的重要内容之一。儿童随着年龄增长，逐渐走出家庭，生活环境越来越广阔。从家庭小环境过渡到外部社会大环境的过程看起来简单而又自然，实际上两者之间还是有较大的差别，对儿童来说，完成这样一个过程是很有挑战性的。适应社会环境的过程顺利与否对儿童心理健康有着很大的影响，因此，必须对儿童进行环境适应教育，让他们逐渐适应幼儿园、青少年宫、图书馆、公园、商场等各种环境。

② 人际关系教育。随着儿童生活环境的扩大，他们面临的人际关系也越来越复杂。如何从身边的人开始，逐渐学会与人交往、喜欢与人交往是社会性发展的重要内容，与身边的人相处得是否融洽也会在很大程度上影响儿童的心理健康及心理功能发展。因此，要对儿童进行人际关系教育，包括亲子关系教育、师幼关系教育、同伴关系教育，等等。

③ 情绪情感教育。很多观察和研究都表明，情绪情感对婴幼儿的心理活动和行为具有非常明显的激发作用。学前儿童心理活动和行为的情绪色彩非常浓厚，情绪直接指导、

调控着儿童的行为，驱动着儿童去做出这样或那样的行为，或者不去做某种行为。同时，学前儿童的情绪情感正处于迅速发展之中，如何发展积极情感，避免消极情感，在活动中发展学前儿童的高级情感是学前儿童心理健康教育的一个重要课题。这部分内容主要包括学习表达和调节情绪的方法，合理、及时梳理不良情绪，保持积极愉快的情绪，让儿童学会感知和理解他人的情感，懂得分享和合作，乐于帮助他人，热爱集体等。

④ 性教育。学前期是个体性别认知发展的关键期。健康教育中有关性教育的内容可以从以下几个方面进行。首先，要让儿童认识自己的性别，并对自己的性别产生正确而恰当的认同，防止“性别混淆”。此外，对儿童提出的性问题，成人要自然、简略、科学地回答，不回避、不说谎、不指责，让儿童懂得男女存在差别是很自然的事，没有什么神秘的。同时还要注意纠正他们的一些不良习惯，如玩弄生殖器。学前儿童受其身心发展水平的制约，对性知识往往表现为纯粹的求知兴趣，关心的也只是自然界和人的因果关系。学前儿童的性教育可以从动植物的生殖现象入手来解释一些关于性和性别以及人类繁衍的粗浅知识。

2. 学前儿童体育的内容

学前儿童体育是使学前儿童身体健康成长和增强体质的教育。学前儿童体育是维护和促进其身体健康的积极举措，是学前儿童全面发展教育的重要组成部分。健康教育中体育的内容主要是进行相应的动作练习，根据学前儿童的身心发展特点，适合学前儿童的动作练习主要包括以下几个方面。

(1) 基本动作

基本动作，即人体的基本活动能力，是指人在日常生活和社会实践中所必需的、最基本的身体运动技能，如走、跑步、跳跃、投掷、攀登、钻和爬等动作。对学前儿童进行基本动作的练习以及发展其基本活动能力是学前儿童体育的重要内容。学前儿童通过基本动作的练习，可以提高身体素质，增强体质，同时也能为他们更好地适应社会生活创造有利条件。

根据动作组成的基本结构与特点，可以将基本动作分为周期型动作和非周期型动作。周期型动作是指不断循环、反复的基本动作，如走、跑步、爬行等动作。这类动作相对比较简单，儿童比较容易学会和掌握。非周期型动作往往是由几个相互衔接的动作连接而成的一个完整的、独立的动作，如跳跃、投掷、侧面钻等。这类动作结构相对复杂，对于学前儿童来说掌握起来有些难度，对他们的注意力、意志力以及身体运动的协调性、敏捷性等方面有综合的要求。非周期型动作对儿童各方面的发展起到综合锻炼的效果。在非周期型动作的教育中一定要充分考虑儿童的身心发展水平以及已有的动作经验，选择适宜的动作进行练习，同时对这类动作的教育内容进行分析时要考虑到其综合性的特点，充分挖掘教育价值，从多个方面、多个角度促进儿童身心健康地发展。

(2) 基本体操

学前儿童的基本体操，是锻炼儿童身体，促进其机体协调发展的一种形式简便、易于普及的动作练习。学前期的体操可以分为婴儿体操和幼儿体操。对于幼儿园来说主要是进行幼儿基本体操的练习。幼儿基本体操是由体操动作练习以及排队和变换队形两部分组成。

① 体操动作练习。体操动作练习主要是活动和锻炼儿童肌肉、关节和韧带，促进儿童力量、柔韧性、平衡能力和协调能力发展的一种活动。这种活动还可以培养儿童的正确身体姿态和节奏感，发展儿童的空间知觉和时间知觉。一般来说，幼儿园的体操动作有徒手体操和器械体操两种类型。徒手体操不需要任何器械和材料，是以肢体动作按照一定程序组合而成的活动，其基本形式包括模仿操、拍手操、韵律操、武术操等。徒手体操应该根据学前儿童身心发展水平和特点专门设计和创编。器械体操主要是需要借助一定的器械或材料来进行的体操活动，包括轻器械体操和辅助器械操两种。轻器械体操是幼儿园使用比较多的一种器械体操，常见的有哑铃操、红旗操、棍棒操等。辅助器械操常见的有椅子操、垫子操等。

② 排队和变换队形。排队和变换队形也称基本的队列队形练习，主要是让儿童按照统一口令，站成一定的队形，从事协同一致的队列动作。排队和变换队形练习是保证儿童体育活动和其他集体活动顺利进行的前提，同时在这种练习中还能够培养儿童一定的组织纪律性及在集体活动中能协调一致、顾全大局的良好习惯，对于儿童的正确身体姿势以及空间知觉的发展也有重要作用。排队和变换队形练习时要让儿童能够听懂口令，并按照口令做出相应的动作。排队练习主要有“立正、稍息、向右看齐、向前看、齐步走”等口令。学前期的基本队形变化包括走圆圈队形、一路纵队、分队走、并队走等练习。具体的排队和变换队形内容应该视具体年龄班的儿童发展水平而定。

(3) 体育游戏

《纲要》的总则中明确提出“幼儿园教育应尊重幼儿的人格和权利，尊重幼儿身心发展的规律和学习特点，以游戏为基本活动，保教并重，关注个别差异，促进每个幼儿富有个性的发展”。从儿童的权利以及身心发展特点和学习特点出发，幼儿园教育应该以游戏为基本活动。作为健康领域中重要的一部分，体育游戏是一种以游戏为基本形式，以各种身体动作练习、提高身体素质的练习以及运动技术和能力练习为主要内容的活动。体育游戏兼有体育性和游戏性，体育游戏除了对儿童的身体发展有重要作用之外，还对儿童的认知发展、社会性及情绪情感的发展起着重要的促进作用。

幼儿园的体育游戏内容十分丰富，可以结合身体基本动作练习进行走的游戏、跑的游戏、跳的游戏、钻的游戏等，也可以结合身体素质的练习进行力量游戏、耐力游戏和速度游戏等，还可以结合一些材料和器械进行球类游戏、绳的游戏、木棒的游戏等。

(4) 运动器械活动

运动器械活动是儿童借助某些器械和材料开展的综合运动。可以利用的运动器械多种多样，如滑梯、秋千、木马、跷跷板、攀岩墙、爬网、钻圈、蹦蹦床、脚踏车、球类以及各种自制的活动器材，如毽子、沙包、竹马等。不同的运动器械会产生不同的身体活动，有不同的发展价值，如攀爬类的器械可以强壮儿童的肌肉，发展身体控制力，对空间知觉发展以及心理品质的发展有很好的促进作用；球类运动主要可以发展四肢肌肉、韧带的力量和关节的柔韧性，提高儿童视觉运动能力以及动作的灵敏性、协调性和准确性。《纲要》中“健康领域指导要点”指出“培养幼儿对体育活动的兴趣是幼儿园体育的重要目标，要根据幼儿的特点组织生动、有趣、形式多样的体育活动，吸引幼儿主动参与”。由于运动器械本身的多样性及其教育价值的多样性，教育者可以根据一定的教育目标，结合本地区、本园所的具体条件和特点，因地制宜地选择最适宜的运动器械来开展活动，同时也可以创造性地使用传统运动器械开展新奇的、有趣的、为儿童所喜爱的健康教育活动。

随着时代的发展，学前教育不断发展出新的内容，现阶段除了以上提及的幼儿园教育中常见的体育内容外，很多地区还出现了符合市场需求和儿童兴趣需要的特色体育活动，如篮球、足球、跆拳道、轮滑及定向越野等。这些活动作为兴趣和体育的结合，对儿童的身心健康同样起到很好的促进作用，因此成为学前儿童体育中的新内容，越来越受到教育者的关注。

总之，学前儿童健康教育的内容非常丰富，虽然可以根据一定的标准分成各种不同的类型，按照不同的部分来进行介绍，但实际上很多内容之间是相互渗透、相互联系、不可分割的。教育者在教育内容的选择上要结合一定的教育目标、儿童身心发展的具体状况以及地区和园所的具体条件等多方面因素进行综合考量。教育者对内容的筛选、改造是一个创造性过程，既可以是对传统教育内容的利用和改进，也可以是结合时代特点的新的教育内容的发现与创造。

1.5 《指南》中健康教育领域的要点与解读

1.5.1 《指南》中健康教育领域所包含的子领域

《指南》在健康教育领域中，按照幼儿学习与发展最基本、最重要的内容划分为“身心状况”“动作发展”以及“生活习惯与生活能力”三个子领域。在每个子领域下，包含若干个幼儿学习与发展的目标(见表1-1)。

表1-1 健康教育领域学习与发展目标

领域	子领域	目标
健康	身心状况	1. 具有健康的状态
		2. 情绪安定愉悦
		3. 具有一定的适应能力
	动作发展	1. 具有一定的平衡能力，动作协调、灵敏
		2. 具有一定的力量和耐力
		3. 手的动作灵活协调
	生活习惯与生活能力	1. 具有良好的生活与卫生习惯
		2. 具有基本的生活自理能力
		3. 具备基本的安全知识和自我保护能力

“身心状况”子领域首先表明幼儿在健康领域的学习与发展应包括身体和心理两大方面，这是正确的健康观念的重要体现。这一领域围绕幼儿体态发育、情绪表现和适应能力三个维度提出了幼儿阶段身心发展的主要目标，集中体现了对于幼儿在身体形态、机能和心理发展方面的基本要求。

幼儿动作的发展是身体机能发展状况的重要表现，并与幼儿心理的发展具有内在的关联。不仅如此，幼儿动作的发展还是适应社会生活必备的基本能力。幼儿阶段是动作发展的重要时期。“动作发展”子领域中包括幼儿大肌肉动作和小肌肉动作的学习与发展目标。

“生活习惯与生活能力”子领域涵盖了与幼儿健康成长有密切关联的生活习惯、卫生习惯、生活自理能力和安全生活的能力，这些都是幼儿阶段需要学习与发展的重要方面。良好的生活与卫生习惯是幼儿维护和促进自身健康的积极方式和重要途径。习惯需要从小培养，幼儿阶段正是良好的行为与习惯养成的重要时期。幼儿需要从学习生活开始，为今后的独立生活打下基础。生活自理能力和安全生活的能力也都是幼儿适应社会生活必备的基本能力。

这三个子领域的建构充分体现了幼儿在健康方面学习与发展的年龄特点，同时也为幼儿园开展保育、教育工作以及卫生保健工作指明了基本的方向。

1.5.2 《指南》中健康教育领域各子领域的目标解析

1. “身心状况”子领域的目标

(1) 具有健康的体态

《指南》围绕“具有健康的体态”提出了各年龄段幼儿身高、体重的参照标准，以及在身体姿势方面的典型表现。

身高和体重是评价幼儿生长发育状况最常用、最重要的形态指标，它在一定程度上反映了幼儿身体发育的基本特征和幼儿的营养状况。健康的幼儿应具有健康的体态，这既包括身体形态方面的发育特征，也包括与之有直接关联的身体姿势。

我国幼儿低体重率和肥胖率不容忽视，尤其是幼儿肥胖率呈现出增长的趋势。我国某些偏远农村或山区，因经济发展较落后，生活条件较差，尚存在幼儿营养不良、身材矮小、体重偏轻等现象。而在某些大中城市中，超重和肥胖的幼儿也越来越多，儿童肥胖症现已成为危害我国儿童健康的重要问题之一，这与人们生活条件的不断提高、成人片面的健康观与饮食观以及幼儿热量摄入过多、运动不足等方面有着一定的关系。这两种状况都不利于幼儿的健康成长，应引起幼儿家长、幼儿园以及相关部门的高度重视。

幼儿营养不良，不仅会影响身体形态的发育与机能的完善，而且会导致生长发育迟缓和抵抗力下降，甚至会影响心理的健康发展。儿童肥胖症对于幼儿身心的发展危害很大，不仅会影响正常的生长发育，而且容易导致呼吸、消化等系统的疾病，严重时会引起幼儿高血压和糖尿病，此外，也容易引起幼儿自信心不足、社会交往退缩等心理问题。

因此，帮助幼儿保持适宜的身高和体重尤为重要。《指南》中提供了幼儿各年龄段身高、体重的参考数据，此数据参照了国际上通用的世界卫生组织推荐的3～6岁儿童体格发育标准。

幼儿阶段是身体形态发育和身体姿势形成的重要时期。幼儿的脊柱尚未骨化完成，可塑性较大，正确的站姿、坐姿和行走姿势有利于脊柱的正常发育；相反，若是身体姿势不正确且持续时间较长，很容易引发脊柱异常弯曲，进而影响幼儿身体形态的正常发育，严重时还会引起其他方面的身体疾患。可见，站、坐和行走姿势是否正确直接关系到幼儿骨骼的发育与发展状况。因此，我们要帮助幼儿逐渐形成正确的站、坐和行走姿势。

(2) 情绪安定愉快

《指南》依据幼儿的情绪特点与发展需要，围绕目标“情绪安定愉快”，提出了各年龄段幼儿的典型表现，如情绪的稳定、保持愉快的情绪、适度表达和调节情绪等，为具体的教育引导指明了方向。

良好的情绪是心理健康的重要标志。就幼儿而言，情绪的安定与愉快是基础，是幼儿健康的重要表现。

当幼儿情绪处于安定与愉快的状态时，机体会分泌出对身体有益的物质，这有利于幼儿身体的正常发育与健康发展；愉悦的情绪还有助于幼儿积极地探索环境，与他人交往，并与他人建立良好的关系。因此，情绪安定与愉快是幼儿保持身心健康以及产生适应行为的重要条件。

幼儿较容易出于环境的变化、亲子分离、心理冲突等原因而出现较大的情绪波动，并较难自控。这就需要成人去了解他们、理解他们的内心感受，并帮助他们逐渐缓解和转移不良情绪。例如，刚入园的幼儿，通常会因为与亲人的分离以及对环境的陌生感而产生焦虑、紧张、害怕等不良情绪，需要成人去帮助和引导他们缓解分离焦虑，减少对新环境的陌生感和恐惧感，使情绪能逐渐安定下来。同时，成人还要为他们提供良好的生活环境和有趣的活动，促使他们能在生活和活动中体验到轻松、快乐和满足。

良好的感受和体验是幼儿形成安定、愉快情绪的基础。幼儿若能经常地、重复地体验这样的良好感受，便有助于形成良好的情绪反应模式和习惯。《指南》中提出要使幼儿“经常保持愉快的情绪”，正体现出这一基本原理，也是对幼儿情绪健康发展提出的基本目标。随着幼儿年龄的增长，成人还应该逐渐引导幼儿学习和掌握将不适当的消极情绪(如生气、悲伤)转移、缓解与控制的方法，这也是促使幼儿情绪健康发展的重要方面。

(3) 具有一定的适应能力

人的适应能力既体现在身体对内、外界环境及其变化的适应上，反映出身体的机能状况和体质的强弱，也体现在对社会环境的适应上，即我们常说的社会适应能力。适应能力是一个人在社会中生存与发展必备的基本能力，因此也是幼儿阶段需要逐步学习与发展的最基本的方面。

《指南》依据幼儿的年龄特点，在适应能力方面，从人体对天气冷热及其变化的适应性、对乘坐日常交通工具的适应性、对新环境和集体生活的适应性等方面提出了各年龄段幼儿的典型表现。除此之外，还有一些有关幼儿社会适应能力方面的学习与发展目标包含在《指南》的社会领域中，由此也可以看出健康领域与社会领域之间的相互关系。

2. “动作发展”子领域的目标

《指南》从身体素质的角度提出了幼儿在大肌肉动作方面“具有一定的平衡能力，动作协调、灵敏”和“具有一定的力量和耐力”的发展目标。

(1) 具有一定的平衡能力，动作协调、灵敏

身体素质反映了人体在身体运动中的机能水平。例如，平衡能力、协调能力和灵敏性反映了神经系统对肌肉活动的控制和调节能力，力量、耐力主要体现了肌肉组织和心肺系统的功能状况等。

人体要运动，首先需要在保持身体平衡的状态下进行，否则就会摔倒。可以说，平衡能力是完成各种身体动作的前提，也是实现自我保护最基本的能力。发展幼儿的平衡能力，有助于使幼儿身体保持在平稳、安全的状态下进行各种活动。

幼儿要胜任和完成各种大肌肉动作，还需要具备一定的协调能力和灵敏性。例如，幼儿在跑步时需要上、下肢动作的协调，而要在跑动的过程中躲避他人或障碍物，则需要快速调整自己的身体姿势和位置，这与身体的灵敏性直接关联。又如，幼儿要与他人玩相互抛接球的游戏，需要手与眼的协调、双手动作的协调以及一定的灵敏性才能实现。

幼儿阶段是平衡能力、协调能力和灵敏性发展的重要时期。这些身体素质获得一定的发展，能促进幼儿神经系统和脑功能的完善，也是今后学习更多、更复杂的动作技能的基础。

(2) 具有一定的力量和耐力

力量是身体运动的基础。没有下肢部位的肌肉力量，幼儿就无法站立、行走，更无法做跑、跳等动作；没有上肢部位的肌肉力量，幼儿也无法做推、拉、搬运、攀登等动作。

耐力体现了心肺耐力和肌肉耐力等方面的综合状况。幼儿心肺功能逐渐增强，肌肉耐力不断提高，才能较轻松地进行各种身体活动以及适应社会生活。因此，耐力是一个人进行身体运动以及更好地适应社会生活应具备的身体素质。根据幼儿的年龄特点，幼儿阶段需要发展的是有氧耐力。幼儿尚不具备进行无氧耐力运动的生理基础，应避免让幼儿的身体运动进入到无氧代谢状态。

由此可见，平衡能力、协调能力(或称协调性)、灵敏性、力量和耐力都是基本的身体素质。《指南》中所提出的幼儿身体素质的发展目标，就是要发展这些基本的身体素质。

我国城市中不少家长对孩子的保护和照顾有些过度，幼儿的运动机会有时会在一定程度上被减少。此外，随着人们生活水平的不断提高以及城市公共设施的不断完善，幼儿出门坐自行车或乘车、上楼就乘电梯等现象越来越多，这无形之中便使幼儿减少了身体运动的机会。有的家长缺乏对幼儿身体运动价值的足够认识，因而较少关注幼儿的身体运动和动作能力的发展。有些幼儿园出于某些原因，也存在忽视幼儿体育活动的现象。这些状况都将会影响到幼儿体质的增强以及身心健康的发展。

重视幼儿身体素质的发展，其实质就是要提高幼儿机体的机能水平，促使幼儿的体质得到增强。《指南》从幼儿身体素质的角度确立幼儿在大肌肉动作方面的学习与发展目标，充分体现出国家对于增强幼儿体质的高度重视。

《指南》中提出的有关幼儿身体素质发展方面的典型表现，是一种方向上的引领，主

要体现在以下几个方面。

第一，各年龄段幼儿在身体素质方面的典型表现是一种参考或参照。这些典型表现是对幼儿在身体素质的发展上建立的合理期望，同时，也可以帮助成人更好地了解幼儿身体素质的发展在各年龄段上的基本表现。这里特别需要说明的是，各年龄段幼儿在身体素质方面的典型表现并非评价标准，因此，决不能将此作为幼儿达标的依据或评价幼儿的标准。

第二，各年龄段幼儿在身体素质方面的典型表现是一种列举。也就是说，各年龄段幼儿身体素质的典型表现可以通过多种身体运动体现出来。例如，4～5岁幼儿在平衡能力、协调能力和灵敏性上的发展状况，可以通过在较窄的低矮物体上平稳地行走、能成功地做匍匐爬行、助跑跨跳过一定的障碍物或与他人玩追逐躲闪跑游戏等活动体现。5～6岁幼儿在力量和耐力上的发展状况，可以通过双手抓杠做悬空吊起一段时间、单脚连续跳跃一定的距离或快跑一定的距离等活动体现。而且，这些活动是可以替换的，如有些农村幼儿可能从没玩过球，但他们会滚铁环、爬树等，同样可以反映出他们在协调能力和灵敏性等方面的发展水平。

第三，幼儿身体素质的发展状况可以在生活中和不同的身体运动中表现出来。例如，上下楼梯的动作反映了3～4岁幼儿在平衡能力、协调能力和灵敏性方面的发展状况；一定距离的连续行走在一定程度上反映了幼儿耐力发展的状况；幼儿的平衡能力、协调能力和灵敏性可以在跑、跳、攀登、钻、爬、球类等活动中表现出来。

第四，《指南》在分年龄段描述幼儿力量和耐力的典型表现时，列举了上、下肢等不同部位的身体动作，其目的在于强调幼儿身体锻炼与发展的全面性。此外，在各年龄段幼儿的典型表现中出现了量化描述，我们应该正确理解这些量化指标。由于力量和耐力比较特殊，很难用非量化的语言来表达，尤其是无法用非量化的语言体现出幼儿在年龄上的差异。用量化的方式来呈现幼儿在力量和耐力方面的典型表现，相对而言，能更加明确地体现出这两种身体素质的基本特征。

这里还需要注意一点，《指南》中虽然是将“具有一定的平衡能力，动作协调、灵敏”和“具有一定的力量和耐力”这两个目标分开提出的，但实际上在许多运动中这些身体素质之间是相互关联的。例如，幼儿在做单脚跳跃的动作时，首先离不开身体的平衡能力和下肢部位的肌肉力量，而若是要向前跳一段距离或是与同伴进行比赛，则又与协调能力、灵敏性以及耐力密切相关。因此，在幼儿身体素质的发展上，应注意这两个目标的相互关联和有机结合。

(3) 手的动作灵活协调

《指南》围绕幼儿小肌肉动作的发展提出了“手的动作灵活协调”的发展目标。

幼儿手部动作的发展对于适应社会生活以及实现自身发展具有重要的意义。例如，幼儿手的动作能力是实现生活自理(如进餐、穿脱衣服)最为重要的能力基础，也是学习使用工具(如剪刀)以及进行绘画、写字等活动的重要基础。

手部动作的发展是以协调和控制两个能力的发展为主要标志的，它在很大程度上依赖于神经肌肉的快速与准确的反应，这是神经控制与调节能力发展的重要表现。

《指南》依据幼儿的年龄特点，以使用工具为例，从手部动作的灵活与协调的角度提出了幼儿在各年龄段上的典型表现。

使用工具是维持人类生存以及适应人类生活必备的基本能力。对于幼儿来讲，手的动作能力发展的重要内容就是学习使用工具，如用勺和筷子吃饭、用笔绘画或写字、用剪刀剪东西等。

筷子是我国主要的餐具之一，随着年龄的增长，幼儿需要学习和练习使用筷子，以适应社会生活，传承中华民族的优良传统。2～6岁是幼儿握笔动作技能迅速发展的阶段。幼儿最早进行的握笔活动是自由地涂鸦，这种绘画练习的经验有助于幼儿书写技能的获得，幼儿绘画能力的初步发展是书写技能发展的基础。

3. “生活习惯与生活能力”子领域的目标

(1) 具有良好的生活与卫生习惯

幼儿从小养成良好的生活与卫生习惯是维护和促进健康的积极方式和重要途径，这不仅能有效减少有害物质对幼儿机体的不良影响，更好地维护健康，而且，这些良好的生活与卫生习惯一旦养成，将会对成年后的行为与习惯产生一定的积极影响。

《指南》依据幼儿的年龄特点，围绕“具有良好的生活与卫生习惯”目标，从有规律的生活、对体育活动的兴趣、良好的饮食习惯(如不偏食、不挑食、不暴饮暴食、常喝白开水)和卫生习惯(如用眼卫生、早晚刷牙、饭前便后洗手)等方面列举了各年龄段幼儿的典型表现。

需要特别说明的是，在《纲要》中，“喜欢参加体育活动”的目标是与“动作协调、灵活”的目标一起提出的。但在《指南》中，则是将3～4岁和4～5岁“喜欢参加体育活动”以及5～6岁“能主动参加体育活动”的表现和要求放在“具有良好的生活与卫生习惯”的目标下提出的。幼儿若从小就能对体育活动产生兴趣并逐渐养成锻炼的习惯，将为他们今后养成运动的习惯奠定基础，而运动兴趣与习惯是一种良好的生活方式，有助于维护和促进身心的健康。这种改变充分体现出现代保健的基本理念以及终身体育的健康理念。

《指南》就养成幼儿良好饮食习惯的典型表现做出了非常具体的描述。例如，3～4岁“喜欢吃瓜果、蔬菜等新鲜食品”“愿意饮用白开水，不贪喝饮料”；5～6岁“主动饮用白开水，不贪喝饮料”等。这些目标与2007年卫生部颁布的《中国居民膳食指南》中提出的学龄前儿童要“多吃新鲜蔬菜和水果”“少喝含糖高的饮料”等观点基本一致，这不仅体现出国家对于幼儿营养状况与健康的关注，也体现出对幼儿从小形成健康生活方式的重视。

概而言之，从小培养幼儿良好的生活与卫生习惯，其最终目标就是帮助幼儿逐步学习以健康的方式来生活，这对于幼儿的健康成长乃至一生的健康都具有重要而深远的意义。

(2) 具有基本的生活自理能力

幼儿要成为一个独立的人，需要从学习生活开始，生活自理能力便是人类适应社会生活最基本的能力。

同时，我们也要认识到，幼儿生活自理能力的发展是建立在身体动作发展的基础之上的，尤其是手的动作能力。

幼儿的生活自理能力与幼儿生活、卫生习惯以及手部动作之间有着密切关联。因此，有关幼儿生活自理能力的典型表现不仅在“具有基本的生活自理能力”的目标下做了具体的阐述，而且在“具有良好的生活与卫生习惯”以及“手的动作灵活协调”这两个目标中有所体现。从这个角度来看，健康领域中幼儿学习与发展的目标之间也存在密切的关系。概括起来，《指南》在幼儿生活自理能力上的典型表现包括独立进餐、盥洗、排泄后的自理、穿脱衣服和鞋袜、整理生活用品与学习用品等方面。

(3) 具备基本的安全知识和自我保护能力

幼儿活泼好动，对外界事物充满了好奇，总想亲自动手去摆弄和尝试，这是他们的年龄特点，但他们缺乏对危险事物或行为的认识与判断能力，自我保护的意识较弱，自我保护的能力较差，身体动作的能力也十分有限，因此幼儿意外伤害事故时有发生。

幼儿不能总是在成人的保护和照顾下生活，随着幼儿年龄的逐渐增长，幼儿还需要在成人的指导下学习和掌握基本的安全知识，具备一定的自我保护能力。只有这样，幼儿才能逐渐学会自己照顾自己，并在生活中安全、健康地成长。幼儿的安全生活能力是保证自身生命安全、维护自身健康必备的基本能力。

《指南》结合幼儿的年龄特点，针对幼儿的生活环境与发展需要，从与他人交往的安全、对环境中危险物或事情的认识、活动与运动中的安全、交通安全以及求助、防灾等角度指出了各年龄段幼儿在安全和自护方面的典型表现。

总之，《指南》提出的幼儿学习与发展目标，体现了国家对于我国幼儿身心健康发展的合理期望，为幼儿园和家庭更好地促进幼儿身心健康指明了具体而明确的方向。

1.5.3　健康方面幼儿学习与发展的特点和指导要点

1. 为幼儿提供良好的生活环境，全面地照顾和关爱幼儿

幼儿身心的发育与发展不够完善，身心基础较薄弱，各种能力都很欠缺，对成人具有较强的依赖性，因此，需要成人为幼儿提供良好的生活环境，全面地照顾和关爱幼儿，其主要目的是满足幼儿身体和心理发展的需要，尽量减少外界不良因素对他们的伤害，这是维护和增进幼儿身心健康的重要保证。

《指南》中指出：“成人应为幼儿提供合理均衡的营养，保证充足的睡眠和适宜的锻炼，满足幼儿生长发育的需要；创设温馨的人际环境，让幼儿充分感受到亲情和关爱，形成积极稳定的情绪情感。”同时，在教育建议中进一步提出要“创设安全的生活环境，提供必要的保护措施”“桌、椅和床要适合”“要以欣赏的态度对待幼儿”“帮助幼儿学会恰当表达和调控情绪”等。依据上述要求和教育建议，我们可以围绕幼儿的生活环境从中概括出以下两点。

第一，为幼儿提供一个安全、卫生、有利于生长发育的物质环境，照顾好幼儿的日常生活，这直接关系到幼儿正常的生长发育与身体健康。

第二，为幼儿提供一个温暖、轻松、支持的心理社会环境，使幼儿感受到成人给予的

尊重、理解、关爱和接纳，使幼儿愉快地生活和活动，并形成安全感和对成人的信赖，这有助于幼儿心理的健康发展。

有关幼儿一日生活的安排、儿童膳食、卫生与消毒、伤害预防等方面的具体要求，卫生部2012年3月颁布的《托儿所幼儿园卫生保健工作规范》等相关文件中做了明确的规定，幼儿园应认真贯彻和执行，这是为幼儿提供良好的生活环境的重要环节。

2. 在幼儿日常生活中渗透健康教育领域的指导

幼儿健康学习与发展的大部分目标都与日常生活中的吃、住、行、玩等方面有着密切关联。幼儿生活中的每个环节都包含许多学习与发展的机会，在此过程中渗透健康领域的指导非常自然，也很有效。幼儿可以在日常生活中通过经常反复的体验、学习、练习和实践，逐渐习得有益于健康的行为，获得能力上的发展。

《指南》在健康的教育建议中提出："提醒幼儿要保持正确的站、坐、走姿势""发现幼儿不高兴时，主动询问情况，帮助他们化解消极情绪""经常带幼儿接触不同的人际环境，如参加亲戚朋友聚会，多和不熟悉的小朋友玩""日常生活中鼓励幼儿多走路、少坐车""提醒幼儿保护五官，如不乱挖耳朵、鼻孔，看电视时保持3米左右的距离""帮助幼儿了解周围环境中不安全的事物，不做危险的事""告诉幼儿不允许别人触摸自己的隐私部位"等。这些均体现出应在幼儿的日常生活中渗透健康指导的这一教育理念。我们应充分认识到日常生活就是幼儿学习和发展的内容和途径，要为幼儿提供适宜的学习与发展机会，减少包办代替。

幼儿喜欢模仿，成人的行为经常会成为幼儿模仿的内容，幼儿是通过观察和模仿来学习的。幼儿既可以从成人那里模仿某些健康的行为，同样也有可能从成人那里习得一些不健康的行为。成人的言行举止会耳濡目染地影响着幼儿，尤其是家长，因为其陪伴幼儿的时间最多、最长，而且影响力大。《指南》在健康的教育建议中提出：成人要"保持良好的情绪状态，以积极、愉快的情绪影响幼儿""成人用恰当的方式表达情绪，为幼儿做出榜样，如生气时不乱发脾气，不迁怒于人"等。这就要求成人能以积极、正面的形象出现在幼儿面前，为幼儿树立榜样。在此过程中，幼儿通过大胆表达以及相互交流，还能使某些不良的情绪得到释放，这有助于幼儿心理的健康。

3. 围绕某一健康主题开展幼儿健康教育活动

《指南》在健康的教育建议中，围绕幼儿学习与发展的目标提出了许多有关幼儿健康教育活动的主题。例如："成人和幼儿一起谈论自己高兴或生气的事，鼓励幼儿与人分享自己的情绪""帮助幼儿了解食物的营养价值，引导他们不偏食不挑食、少吃或不吃不利于健康的食品""幼儿园应定期进行火灾、地震等自然灾害的逃生演习"等。

以某一健康主题开展幼儿健康教育活动，可以更具体、深入地对全体幼儿进行相关的健康指导，这是帮助所有幼儿形成健康意识、获得基本的健康知识以及培养健康行为与习惯的重要途径。因此，幼儿园有必要根据幼儿的年龄特点、生活实际与发展需要，有目的、有计划地开展幼儿健康教育活动。

例如，在"大家一起分享情绪"这一主题中，教师可以与幼儿一起谈论自己高兴或生气的事，这不仅能使幼儿认识到每个人都会有不同的情绪，学习理解他人的情绪，而且也能使幼儿学会表达自己的情绪。在此过程中，幼儿通过大胆表达以及相互交流，还能使某些不良的情绪得到释放，这有助于幼儿心理健康。

又如，在“爱护牙齿”这一主题中，教师可以通过给幼儿讲故事，指导幼儿观看相关的音像资料，使幼儿知道为什么要爱护牙齿和刷牙的粗浅道理，并通过相互讨论与交流，分享爱护牙齿的经验；教师通过正确示范刷牙动作，结合念儿歌、看图示，引导幼儿进行模拟练习，可以帮助幼儿学习和练习刷牙的正确方法。在此基础上，如果能与日常生活有机结合，给幼儿提供在园刷牙的实践机会，则有助于帮助幼儿掌握刷牙的正确方法。此外，幼儿园还可以向家长传递有关爱护幼儿牙齿的健康信息，鼓励家长在家里也支持幼儿的健康行为，从而共同帮助幼儿养成爱护牙齿的良好行为与习惯。

4. 开展丰富多样、适合幼儿的体育活动

《指南》在健康领域中提出：“利用多种活动发展身体平衡和协调能力，如走平衡木，或沿着地面直线、田埂行走”“玩跳房子、踢毽子”“开展丰富多样、适合幼儿年龄特点的各种身体活动，如走、跑、跳、攀、爬等，鼓励幼儿坚持下来，不怕累”“经常与幼儿玩拉手转圈、秋千、转椅等游戏活动”“为幼儿准备多种体育活动材料，鼓励他选择自己喜欢的材料开展活动”“对于拍球、跳绳等技能性活动，不要过于要求数量，更不能机械训练”等。这些教育建议均体现出应开展丰富多样、适合幼儿的体育活动的思想。

开展丰富多样、适合幼儿的体育活动是增强幼儿体质、增进幼儿健康的积极手段和重要途径。

幼儿体育活动兴趣的激发、基本动作的发展以及身体素质的提高，都是在身体运动的过程中逐渐获得的，体育就是以身体运动为基本手段的教育。也就是说，要实现幼儿体育活动的价值，增强幼儿的体质，其关键就是要为幼儿提供尽可能多的身体运动的机会，吸引幼儿参与其中，鼓励和支持幼儿主动锻炼与体验，并在此过程中给予幼儿适当的指导和帮助。

因此，我们应为幼儿提供丰富多样的运动器械，鼓励幼儿积极探索、大胆尝试；开展丰富多样的幼儿体育游戏和活动，使幼儿体验与同伴快乐游戏的同时，获得相应的身体素质和动作上的发展；带领幼儿经常做基本体操，全面锻炼幼儿身体；利用周围环境资源开展多样的幼儿体育活动，丰富幼儿的生活。丰富多样的幼儿体育活动内容，带给幼儿的将是丰富的运动体验、体质的增强以及富有个性的发展，这有助于幼儿身心健康的发展。《指南》中围绕幼儿的身体素质提出了“具有一定的平衡能力，动作协调、灵敏”和“具有一定的力量和耐力”的发展目标，由此表明提高幼儿的身体素质是幼儿体育活动的核心目标。为实现这一目标，我们可以从以下两个方面入手。

第一，以幼儿身体素质为切入点，有目的、有计划地开展适合幼儿的体育活动。

这是幼儿教师最需要提升教育意识和专业知识、能力的地方。幼儿教师在以往的体育活动计划和组织中，通常是从幼儿基本动作的角度来考虑具体的发展目标，这种思维方式和做法需要进行适当的调整。

也就是说，我们应首先思考要发展幼儿哪些身体素质来增强幼儿的体质，然后考虑围绕这些身体素质应选择哪些适宜的身体活动，同时也要考虑，所选择的身体活动要尽可能地丰富多样，以激发和保持幼儿对体育活动的兴趣，为幼儿提供丰富的运动体验，并使幼儿在经常性的练习过程中，相应的身体素质逐步获得提高和发展。

例如，为了提高大班幼儿协调能力和灵敏性的发展，我们可以选择追逐躲闪跑、助跑跨跳过障碍、匍匐爬行、攀爬攀登、相互抛接球、相互踢球、拍球接力、躲沙包、跳房子、跳绳、滚铁环等活动来实现。

第二，有目的地将幼儿基本动作的发展与身体素质的提高有机结合起来。

在幼儿阶段，发展幼儿的基本动作(如走、跑、跳跃、投掷、攀登、钻、爬、搬运等)也是幼儿体育活动的重要目标，不仅如此，幼儿基本动作的发展状况在一定程度上反映了幼儿身体素质的发展水平，两者之间具有密切的关联。

因此，一方面我们要重视发展幼儿的基本动作，尤其是要注意幼儿进行基本动作练习时的正确指导，不能只顾幼儿的兴趣而忽视动作发展上的指导。例如，幼儿在做由上往下跳的动作时，最重要的动作指导就是引导幼儿学会落地时屈膝缓冲的动作，这不仅能帮助幼儿获得身体的平衡，更重要的是能保护大脑和下肢关节部位免受较强的震动，这有利于幼儿身体的健康。

另一方面，我们要注意在幼儿进行基本动作练习的过程中，要将其与身体素质的提高有机地结合起来考虑，并将幼儿身体素质的培养作为最终的核心目标。例如，在指导幼儿进行掷远的动作时，既要指导幼儿如何把握好出手的角度和如何转体用力，学习和掌握正确的掷远动作，同时又要引导幼儿通过各种投掷活动发展幼儿的力量和动作的协调性，以提高幼儿的身体素质。

《指南》还指出：“幼儿每天的户外活动时间一般不少于2小时，其中体育活动时间不少于1小时，季节交替时要坚持”“气温过热或过冷的季节或地区应因地制宜，选择温度适当的时间段开展户外活动，也可根据气温的变化和幼儿的个体差异，适当减少活动的时间”。这既表明我们应保证幼儿每天进行体育活动的时间，这是提高幼儿机体适应能力、增强幼儿体质的重要保证，也表明我们应根据当地的实际情况和幼儿的个体差异灵活掌握，体现出国家对保证幼儿体育活动时间的基本要求以及灵活运用的基本思想。

5. 重视幼儿健康教育领域与其他领域教育的有机结合

《指南》在“说明”中指出：“儿童的发展是一个整体，要注重领域之间、目标之间的相互渗透和整合，促进幼儿身心全面协调发展。”

幼儿是作为一个整体而发展的，幼儿健康教育领域的学习与发展与其他领域，特别是社会领域的学习与发展密不可分。心理健康所涵盖的范畴很广，在《指南》中仅涉及幼儿情绪发展以及对集体生活环境的适应等方面的目标，此外还有许多有关幼儿心理健康方面的目标包含在《指南》的社会领域之中。因此，健康教育领域与社会领域之间密切关联、相互补充，幼儿在这两个领域的学习与发展都有助于幼儿的身心健康。

与此同时，我们还应认识到，幼儿在其他领域的学习与发展也有助于幼儿身心的健康成长。例如，幼儿在与同伴友好相处、共同游戏的过程中，在随着音乐自由地哼唱、表演时，在与成人一起阅读图画书的过程中，都能自然地表现出积极、愉快的情绪，这便是实现“情绪安定愉快”目标最好的方式。又如，幼儿在绘画、手工制作、翻阅图画书、玩建构游戏等活动中，离不开小肌肉的动作，而此时也正是发展幼儿手部动作协调和灵活的好时机。再如，幼儿在了解与探索物质世界和周围环境的过程中，可以获得对物质特性以及有关安全等方面的知识和经验，这有助于提高幼儿对危险事物的认识与判断能力，从而更好地维护自身的安全。由此可见，幼儿健康领域的学习与发展应同其他领域的学习与发展有机结合、相互渗透。只有这样，才能促进幼儿身心全面协调发展，这正体现了《指南》中所倡导的要“关注幼儿学习与发展的整体性”的基本理念。动作的发展状况也在一定程度上反映了幼儿身体素质的发展水平，两者之间具有密切的关联。

第 2 章

学前儿童身体保健和生活自理教育

本章将讲述学前儿童身体保健和生活自理能力活动所涉及的内容，包括学前儿童身体保健和生活自理能力活动的概念和意义、学前儿童身体保健和生活自理能力活动的目标与内容、学前儿童身体保健和生活自理能力活动的组织等，使读者能对学前儿童保健和生活自理教育的方法和实施有宏观的认识和了解。

2.1 学前儿童身体保健和生活自理教育概述

《纲要》指出："幼儿的身体健康以具备基本的生活自理能力为主要特征。"幼儿园进行身体保健和生活自理教育活动，就是为了使幼儿能主动关注自己的健康，保护和珍爱自己的生命，从而健康地成长。

2.1.1 学前儿童身体健康和生活自理教育的概念

学前儿童身体健康和生活自理教育，主要是培养幼儿科学地认识、使用、养护和锻炼身体器官以及生活卫生、进餐、着装、睡眠、盥洗等方面的基本生活能力。①

学前儿童身体保健和生活自理教育主要是在日常生活中进行的，具有如下几个特点。

1. 日常性

教育的日常性是指在生活中照顾学前儿童的吃喝拉撒、起卧、洗漱，衣着等生理需要的行为，占用教师大量的时间和精力，这些行为具有琐碎、外显、直观、具体的特点，易引起家长、教师的注意，而隐藏在其中的教育时机和作用却容易被忽视，隐藏其中的养成教育往往不会引起教师的注意。

2. 反复性

学前儿童在幼儿园按照一日生活作息时间表有规律地、日复一日地生活，形成固定的生活方式和习惯。而学前儿童在幼儿园生活中形成的生活习惯、生活方式，处理生活问题的思维方式和能力常影响其一生。②

因此，必须制定和执行合理的生活制度，坚持在每日生活各环节中对学前儿童进行反复的、长期的教育和训练，并提出具体要求。比如，虽然教师认真而详细地教过孩子饮水

---

① 庞建萍，柳清. 学前儿童健康教育[M]. 上海：华东师范大学出版社，2008：74.

② 王娟. 学前儿童健康教育[M]. 2版. 上海：复旦大学出版社，2016.

的重要性、时间和饮水量，学前儿童已在一段时间内能较好地遵守，但时间长了就会出现忘记或者草草应付的现象，作为教师就应该在适当的时机强化幼儿的行为，例如每次饮水都要求幼儿说："我要多喝水，身体棒棒的！"

2.1.2 学前儿童身体保健和生活自理教育的意义

1. 促使养成良好的生活习惯，使之规律化、程序化

动力定型是大脑皮层功能活动的特点之一。当外部的刺激总是按照一定的时间、一定的顺序不变地重复出现时，这些刺激在大脑皮层的兴奋和抑制过程在时间、空间上的关系就会被固定下来。前一种活动可成为后一种活动的条件刺激，大脑皮层按照一定顺序做出的反应也就越来越恒定和精确，这就是动力定型。大脑皮层的动力定型一旦形成，神经细胞能以最经济的消耗获得最大的工作效率。习惯形成的过程就是动力定型形成的过程，习惯的巩固、完善和自动化都需要一定的时间。个体年龄越小，行为的可塑性就越大，动力定型就越容易形成，所以要从小培养学前儿童良好的生活习惯。

幼儿园应该对学前儿童一日生活进行规范的组织和安排，并对各环节生活提出规定和要求，使学前儿童的生活规律化、程序化，这样经过反复的实践训练，使学前儿童了解和掌握初步的卫生常识，遵循有规律的生活，养成良好的生活习惯、学习习惯和卫生习惯，学会多种技能，逐步提高学前儿童的身体保健和生活自理能力。

2. 促进身体各系统的生长发育，促进身体健康发展

学前儿童生活保健和生活自理教育主要是让幼儿科学地认识、使用、养护和锻炼身体器官，如耳、鼻、齿、皮肤等，促进和提高生活卫生、进餐、着装、睡眠、盥洗等方面的基本生活能力。而这些生活活动的正常进行，可以进一步促进学前儿童身体各系统的健康发育。学前儿童生活保健和生活自理教育按照动静交替、劳逸结合的原则有规律地安排学前儿童的一日生活，安排每日的教育活动时间、户外活动时间和充足的睡眠时间，保证了神经系统、循环系统与运动系统有规律的工作或活动，促使神经系统兴奋和抑制过程的协调发展，促进全身各系统的正常发育。

例如，睡眠对儿童的生长发育极为重要，良好的睡眠习惯可以提高睡眠的质量，而睡眠质量的提高，又可以促进儿童身体的生长发育，为此，要帮助儿童养成良好的睡眠习惯，包括按时起床，要有正确的姿势，双腿弯曲，向右侧侧卧睡；用鼻子呼吸，冬天最好盖被子不露肩，睡硬板床；自己整理床铺、被褥，按顺序穿脱衣服、鞋袜，衣服脱下后叠放在固定的地方等。

3. 加强学前儿童心理健康发展，促进学前儿童的个性形成

学前儿童的感知觉、记忆、注意、观察、思维、想象、语言表达能力都处于迅速发育阶段，学前儿童自我意识和自我控制能力的发展刚刚起步。因此，重视和加强学前儿童生活保健和生活自理教育不仅可以保证学前儿童集体生活的有序和顺畅，还可以促进学前儿童心理健康发展以及自我意识和自我控制水平的提高。

学前儿童的个性的培养与幼儿园的一日活动是同一个过程，儿童的年龄特点决定了他

们的行为有时是自觉的，更多的时候是不自觉的。其间需要意志力和自控力的长期作用，也需要毅力、自信心等个性品质的支撑。所以身体保健和生活自理能力的培养与造就良好的个性品质可以在同一过程中实现。

身体保健和生活自理活动作为学前儿童的一种生活教育，在教师创设的情境和日常生活中，幼儿必然要积极主动地与同伴、教师交流，参与营造共同的生活，并与周围更多的人接触与交往；体验人与人之间相互理解、相互帮助的快乐和重要性，从而认识自己的身份以及与周围人的关系，掌握基本的社会生活规范；学会表达自己的看法，倾听他人意见，关心和同情他人，逐渐构建自己的个性基础。

学前儿童生活自理能力的高低本身也会对个性的形成产生影响。一个在日常生活中穿衣、吃饭、洗漱做得有条有理，能得到教师的肯定和同伴认同的学前儿童，也必然会有自信心。

2.2　学前儿童身体保健和生活自理能力活动的目标与内容

当今社会，随着人们生活水平的提高，人们逐渐认识到提高生活质量、消除或改善不良生活方式和生活条件是促使人们健康长寿的重要策略。学前期是人一生的奠基阶段，为学前儿童创设良好的生活环境和条件，并通过一定的引导和教育使其养成良好的生活卫生习惯，提高学前儿童的生活质量，这是学前儿童健康教育的根本目的。①

2.2.1　学前儿童身体保健和生活自理能力活动的目标

根据学前儿童的身心发展需要，幼儿园创设良好的生活环境和生活条件，制定和执行合理的、科学的生活制度，开展有计划、有目的、有组织的学前儿童保健和生活自理教育活动。一般来说，学前儿童保健和生活自理教育的目标包含四个层面，即学前儿童保健和生活自理教育的总目标、分类目标、年龄阶段目标以及具体的教育活动目标。

1. 学前儿童身体保健和生活自理能力活动的总目标

根据《幼儿园工作规程》的精神要求，结合《纲要》健康领域指出的“生活、卫生习惯良好，有基本的生活自理能力”，开展学前儿童生活保健和生活自理能力教育的最终目的是让学前儿童获得生活的基本知识、规则和技能，形成乐观的生活态度，培养良好的生活习惯以及生活自理的初步意识和能力，形成健康的生活方式，从而提高生活质量，促进身心的健康发展。总目标是我们确定其他层面目标的依据。

2. 学前儿童保健和生活自理教育的分类目标

学前儿童保健和生活自理教育的分类目标是先将生活保健和生活自理能力教育所涉及

① 李君. 学前儿童健康教育[M]. 2版. 北京：科学出版社，2012：67.

的内容进行归类(如“生活习惯”“日常卫生常识”“生活自理能力”等)，然后据此确定相应的目标。

“生活习惯”的目标可以确定为：

■ 培养幼儿良好的作息、睡眠、排泄、盥洗、整理等卫生习惯；

■ 帮助幼儿了解初步的卫生常识和建立有规律的生活秩序；

■ 帮助幼儿学会多种讲究卫生的技能，逐步提高幼儿生活自理能力。

“日常卫生常识”的目标可以确定为：

■ 培养幼儿清洁的习惯，知道卫生可以保持身体健康，不得疾病；

■ 帮助幼儿逐步学会洗手、如厕、刷牙的正确方法，养成每天早晚刷牙、饭前便后洗手的卫生习惯；

■ 帮助幼儿了解五官的功能和保护方法。例如，保护眼睛，不用脏手揉眼睛，不在光线暗的地方看书，连续看电视不超过20分钟等。

“生活自理能力”的目标可以确定为：

■ 培养幼儿自己穿脱衣服的能力；

■ 培养幼儿逐步能整理自己的物品的能力；

■ 帮助幼儿理解生活自理能力的重要意义。

分类目标的确定有利于提高生活保健和生活自理能力教育内容组织的系统性及完整性。

3. 学前儿童保健和生活自理教育的年龄阶段目标

年龄阶段目标是以不同年龄段幼儿的身心发展特征为依据而确定的生活保健和生活自理能力教育目标，这有利于增强幼儿生活保健和生活自理能力教育的适宜性和发展性。下面从身体保健、生活自理能力和生活卫生习惯三个方面入手，具体分析幼儿园小、中、大班的学前儿童保健和生活自理教育目标。

1) 小班

(1) 生活卫生习惯

小班生活卫生习惯的目标(见表2-1)：爱清洁，讲卫生，知道粗浅的个人卫生保健常识；能配合成人预防和治疗疾病；有独立做事的愿望，生活卫生习惯良好，有基本的生活自理能力。

表2-1　3～4岁生活卫生习惯的具体目标

生活习惯	进食习惯	卫生习惯	睡眠习惯	保护五官习惯	运动习惯
	1. 愉快、安静地进餐，不洒饭菜 2. 不弄脏桌面和衣服 3. 学会使用手帕、餐巾，饭后擦嘴 4. 正确使用勺子用餐，养成喝水的习惯	1. 在成人的提醒下养成勤洗澡、理发、剪指甲的习惯 2. 白天不尿裤，晚上不尿床，不随地大小便	按时入睡，初步养成良好的按时作息习惯	了解五官的用处，不用手揉眼睛、挖鼻孔，不把异物塞入耳、鼻内	1. 初步养成坐、立、行等正确姿势 2. 对体育活动有兴趣，喜欢参加户外活动

(2) 身体保健

粗知五官的功能和使用、养护和锻炼的知识，了解自己的视力和听力；学会洗手、漱口、刷牙，能独立如厕，能在成人提醒下，早起洗脸，晚睡前刷牙、洗脚、洗脸；能学会正确的阅读姿势和看电视的合理位置，饭后能漱口，不抠鼻、挖耳和向鼻内塞异物；爱做发展视力、听力和保护皮肤的游戏。

(3) 生活自理能力——进餐、着装、睡眠

小班孩子进餐时学会用勺进餐，安静并注意细嚼慢咽。初步养成饭前洗手，饭后漱口、擦嘴的习惯。注意饭前饭后不做剧烈运动，知道一些常用食物对身体的好处，能不挑食、不剩饭、不贪食，知道和别人共餐时要有礼貌。学会穿衣鞋，自己能穿衣鞋，不求别人帮助穿，注意服装整洁，能把脱下的衣鞋放在固定的地方。在成人的提醒下，按时睡觉和起床，并能坚持午睡；能独立安静入睡，睡姿正确。

2) 中班

(1) 生活卫生习惯

中班生活卫生习惯的目标(见表2-2)：培养良好的作息时间、睡眠习惯、饮食习惯、进餐习惯、排泄习惯、整理习惯等，养成健康、卫生、科学的生活习惯，能够做到自己的事情自己做，具有一定的生活自理能力，初步掌握卫生常识和基本技能，提高生活自理能力。

表2-2　4～5岁生活卫生习惯的具体目标

生活习惯	进食习惯	卫生习惯	睡眠习惯	保护五官习惯	运动习惯
	1. 愉快、安静地进餐，不弄脏桌面、地面 2. 餐后能收拾餐具 3. 正确使用勺子用餐，养成喝水的习惯	1. 大小便时不弄脏厕所 2. 不随地吐痰，不乱扔果壳、纸屑等 3. 在成人帮助下剪指甲、洗澡，乐意理发，衣着整洁	初步养成良好的按时作息习惯，睡眠姿势正确	初步掌握保护眼睛和牙齿的基本要领和习惯	1. 初步形成看书、绘画时保持正确姿势的习惯 2. 对体育活动有兴趣，喜欢参加户外活动

(2) 身体保健

粗知五官的外部结构和使用、养护与锻炼的知识，了解自己的视力、听力的发展；注意身体保健，能独立洗脸、洗脚、漱口、刷牙、如厕；在成人的提醒下，认真做好盥洗活动，注意耳鼻卫生；初步养成正确的阅读姿势，爱做发展视力、听力和保护皮肤的游戏。

(3) 生活自理——进餐、着装、睡眠

不偏食挑食，不暴饮暴食，喜欢吃瓜果蔬菜等新鲜食品；定时喝白开水，能安静专心用餐，养成自己收放碗筷的习惯，饭前便后洗手方法基本正确；初步养成能自己穿脱衣服、鞋袜，扣纽扣，能整理自己的物品；学会独立安静入睡和起床的习惯，学会叠被子，并能注意保持床铺整洁。

3) 大班

(1) 生活卫生习惯

大班生活卫生习惯的目标(见表2-3)：具有基本的个人卫生习惯，注意保持和参与周围生活环境的卫生清洁，具有较强的生活自理能力，学会使用易于操作的、简单的工具，喜欢做力所能及的事和简单的劳动，知道和理解一些必要的健康常识。

表2-3　5～6岁生活卫生习惯的具体目标

生活习惯	进食习惯	卫生习惯	睡眠习惯	保护五官习惯	运动习惯
	1. 食欲旺盛，不挑食，吃东西时精力集中，细嚼慢咽 2. 饭前、便后知道洗手，饭后漱口，坚持早晚刷牙	1. 学会上厕所，有定时排泄的习惯 2. 坚持带干净的手帕，咳嗽、打喷嚏时会用手帕捂住口鼻，保持仪表整洁 3. 在成人帮助下剪指甲、洗澡，乐意理发，衣着整洁	按时入睡，姿势正确，用鼻呼吸	1.保护声带，不大声叫喊，不顶着风唱歌 2. 知道换牙以及保护视力的一般常识	1. 学会运动前整理服饰，系好鞋带；活动不过量，累了知道休息 2. 对体育活动有兴趣，主动自觉参加户外活动

(2) 身体保健

进一步了解五官的结构、功能和使用、养护与锻炼五官的知识，有初步的自我保健意识和发展视听能力的愿望；有独立盥洗能力，初步养成五官卫生的习惯，并在成人引导下主动参加发展视力、听力和保护皮肤的体操和游戏。

(3) 生活自理——进餐、着装、睡眠

能独立进餐，初步养成饮食卫生习惯，吃东西时细嚼慢咽，主动饮用白开水；懂得吃饭是为了营养，能注意不浪费食物，与别人共餐时有礼貌；基本养成自己穿脱衣服，并整齐摆放的习惯；能知道根据冷热增减衣服，能为自己系鞋带，能按类别整理好自己的物品；养成每天按时睡觉和起床的习惯，初步养成自己叠被子和保持床铺整洁的习惯。

4. 学前儿童保健和生活自理教育的具体的教育活动目标

学前儿童保健和生活自理教育的总目标和年龄阶段目标都必须转化为具体活动的目标，才能落实到学前儿童的身心发展过程中。因此，学前儿童保健和生活自理教育的活动目标是上述三个层面目标的具体化。基本的生活自理能力目标，如表2-4所示。其他具体的教育活动目标详见本章第三节《学前儿童身体保健和生活自理活动的组织》。

表2-4　基本的生活自理能力目标

3～4岁	4～5岁	5～6岁
1. 如厕后能拉起裤子	1. 如厕后能自己擦拭并把内衣塞进裤腰	1. 如厕后能自己擦拭并把内衣塞进裤腰，整理好衣裤
2. 能为自己扣扣子、解扣子、拉拉链，能一遍一遍地尝试完成	2. 能为自己扣扣子、解扣子、拉拉链、穿脱衣服和鞋袜	2. 能为自己穿脱衣服、会系鞋带，能根据冷热增减衣服
3. 能将玩具和图书放回原处	3. 能参与收拾玩具和图书，能按类别整理好自己的物品	3. 把锅碗瓢盆等厨具归类放在生活区域或生活馆等合适的地方
4. 进餐后，知道把桌面擦干净，并把餐具送到指定的地方，把餐巾纸以及食物残渣扔到垃圾桶里	4. 能用抹布把桌子抹干净，会用小扫帚扫地	4. 能用抹布按一定方向把桌子抹干净，会用小扫帚和拖把扫地、拖地

2.2.2　学前儿童身体保健和生活自理教育的内容

1927年，陶行知先生创立了“生活教育”理论，提出了“生活即教育，社会即学校”“教学做合一”“在劳力上劳心”等重要理论观点。他强烈主张生活教育同实际生活紧密联系。生活教育具有终身教育和社会教育的性质，是综合式教育。

学前儿童保健和生活自理教育是在幼儿园生活常规培养的过程中实现的，是为了培养学前儿童良好的生活习惯和生活基本能力，确保学前儿童健康成长而制定的幼儿园生活各环节的基本规则与要求。

合理的一日生活制度必须依据幼儿的年龄特点、季节、家长工作的特点、幼儿园教育教学的特点等来制定。制定和严格执行合理的生活制度，是正确组织和合理安排幼儿园一日活动的前提，它能使幼儿的生活规律化，使之养成良好的生活习惯，促进其身心健康发展，同时也有利于幼儿园工作人员的工作。

幼儿园的一日生活包括入园、盥洗、如厕、进餐、睡眠、游戏、教学活动、户外活动和离园等环节，每天以一定的时间和程序相对地固定下来。

1. 学前儿童身体保健和生活自理教育的总内容

第一，学习有规律的生活的基本常识，能自觉遵守作息时间和生活制度。

第二，学习生活的基本技能。培养生活自理能力，包括吃饭、穿衣、刷牙、洗脸、收拾玩具书本和铺床等生活技能。

第三，养成良好的生活卫生习惯。卫生习惯包括饭前便后洗手，勤洗手脸，定时排便，不乱扔垃圾，爱护公共卫生等；生活习惯包括讲文明、讲礼貌、不玩水、不浪费水等，形成规范的生活行为和习惯。

2. 学前儿童身体保健和生活自理教育的分类内容

学前儿童身体保健和生活自理教育涉及的内容很多，主要有生活卫生、清洁卫生、环境卫生、器官保护卫生等方面。①

(1) 生活卫生

进餐：膳食制度的安排应以食物在胃内的排空时间和维持满意的感觉为参考。进餐时间相隔太短，会引起消化不良；相隔时间太长，又会造成饥饿。在学前期，混合性食物在胃内排空所需要的时间为3～4小时，因此两餐的时间间隔为3.5～4小时，幼儿园宜实行三餐制。在实际生活中可灵活实行三餐两点或一点制，在早餐与午餐、午餐与晚餐之间增加点心、酸奶、水果等。

睡眠：睡眠有利于学前儿童大脑皮层的充分休息。儿童年龄越小，所需要的睡眠时间越多。一般来说，3～5岁的儿童，每天需要12～14小时的睡眠；5～7岁的儿童，每天需要12～13小时的睡眠。午餐以后，学前儿童大脑皮层机能活动明显降低，疲劳程度加深，工作效率降低，需要午睡以消除疲劳。午睡的时间在不同季节、对不同年龄儿童应有差别，一般为2～3小时。

着装：注意衣着卫生，衣服脏了要及时换洗，根据天气情况、气温变化和活动量的大小增减衣服，掌握基本的穿脱、叠放衣服的技能，培养独立着装的能力和习惯。

(2) 清洁卫生

每天早晚洗脸一次，饭前便后洗手；手脸脏了随时清洗，饭后漱口擦嘴；每周剪指甲

---

① 庞建萍，柳清. 学前儿童健康教育[M]. 上海：华东师范大学出版社，2008：76-77.

一次；每周洗头发2～3次；及时理发，女孩子尽量不留长发，不用金属发卡；每天换洗内衣，注意保护皮肤，每周洗澡最少一次，定时大便。

(3) 环境卫生

环境卫生是指儿童在对待环境方面应养成的习惯，主要内容有东西要放在固定的地点，摆放要整齐，不乱丢果皮纸屑，不随意乱画，不随地大小便，不随地吐痰等。

(4) 器官保护卫生

幼儿在保护自我器官方面应养成习惯的主要内容有：认识自己身体外部的主要器官，知道其名称、主要功能及处理方法。要促使幼儿逐步形成关注健康的饮食和习惯，为保证幼儿生理的健康打下良好的基础。

眼睛：掌握关于眼睛的基本结构和功能的知识，学会正确地做眼保健操，并初步养成做眼保健操的习惯。阅读姿势正确，书写姿势正确，不在运动的车上看书，不躺着看书，不走路看书。知道看电视的距离远近，连续看电视不超过一个小时，每天看电视不超过两个小时。不用脏手揉眼睛，异物入眼后不揉搓。了解眼保健常识，不用别人的毛巾洗脸。

耳朵：掌握关于耳朵的基本知识，耳朵能听音乐，欣赏音乐。遇到噪音，用手捂住耳朵，张开嘴巴。自己不挖耳，游泳洗澡时，要注意保护耳朵，不要让水灌进耳朵里。

牙齿：乳牙牙釉质软脆，牙髓腔较大，在酸的作用下，比成年人更容易患龋齿。幼儿乳牙的好坏直接影响到恒牙的健康。因此要引导幼儿保护牙齿，预防龋齿，帮助幼儿初步形成关注牙齿健康的意识和保护牙齿的好习惯。

鼻：鼻是呼吸的重要器官，能温暖、湿润和清洁空气。幼儿的鼻和鼻腔相对短小狭窄，黏膜软嫩，血管丰富，而且没长鼻毛，容易受到感染。要帮助幼儿掌握正确的擤鼻子技能，不抠鼻孔，往鼻孔里塞异物；避开灰尘大的地方，打喷嚏时，捂住口鼻。

皮肤：掌握皮肤的基本保健知识，养成进行皮肤清洁的好习惯，如勤剪指甲，手指甲每周剪一次，脚趾甲每两周剪一次。教育幼儿不化妆，不烫头发，不涂口红；勤换内衣，每天用肥皂清洗身体的裸露部分，如手、脸、颈部等。掌握正确的洗手、洗脸的方法，勤洗澡和洗头。

3. 学前儿童身体保健和生活自理教育的各年龄班的主要学习内容

1) 小班

(1) 良好的进餐习惯的培养

掌握用小勺吃饭的方法，不含饭、不挑食、不洒饭，进餐时不东张西望，进餐后用餐巾将嘴巴擦干净，并漱口。逐渐学会饭后自己整理餐具，摆放到指定位置。

(2) 掌握正确的盥洗方法

知道饭前、便后及户外活动后应洗手。掌握洗手的方法，会用肥皂将手心、手背、指间洗干净，并注意随手关紧水龙头，会用毛巾、餐巾或手绢将手、脸擦干净。知道正确的刷牙方法，并初步学习刷牙。

(3) 如厕习惯的培养

在有便意时能够向老师表达，在教师陪同下自己如厕，学习穿脱裤子的方法。

(4) 睡眠习惯的培养

能够在老师的提醒或帮助下，有顺序地穿脱衣裤、鞋袜，有将脱下的衣裤、鞋放在固定位置的习惯，能够自然、安静入睡，用正确的睡眠姿势午睡。

(5) 饮水习惯的培养

能够在日常生活中养成经常喝水的习惯，每日按时饮水，在课后、运动后、饭后、睡前能在教师的提醒下积极饮水，饮水量足够。

(6) 个人卫生习惯的培养

能够随时保持自身的清洁与卫生。

(7) 有收拾玩具的习惯

2) 中班

(1) 具有良好的盥洗习惯

掌握正确的刷牙方式，并做到每日早晚刷牙，能够做到用肥皂正确地洗手，并用正确的方式擦手、嘴，会自己挽袖洗手。

(2) 如厕习惯

能够根据需要如厕，如厕后能自己整理衣裤；学习大便后擦拭的方法。

(3) 良好的进餐习惯

正确使用筷子进餐，进餐时细嚼慢咽，养成收拾餐具的习惯，具备较好的进餐姿势，餐后能够记住擦净嘴。

(4) 良好的午睡习惯

能够独立地穿脱衣服、鞋，养成入睡前将衣裤放于固定位置的习惯，入睡、起床时不吵闹，分清鞋子左右，入睡时整齐摆放。

(5) 有维护环境及自身卫生的习惯

有良好的卫生习惯，能够知道保持衣着及自身的整洁；能够做到主动维护环境卫生，不乱扔物品，有清理环境的习惯。

(6) 有良好的坐、立、行等习惯

(7) 养成喝水习惯

能够在日常生活中养成经常喝水的习惯，每日按时饮水，饮水量足够。

3) 大班

(1) 良好的进餐习惯

能够正确使用筷子，进餐时保持安静及具有良好的进餐姿势，知道当日进餐的品名，不挑食。

(2) 良好的午睡习惯

入睡、起床不吵闹，迅速、有序地穿脱衣服，能够单独或与小朋友合作、较熟练地整理床铺。

(3) 注意个人仪表

能够保持自身仪表的整洁，会根据天气情况主动增减衣服。

(4) 保护牙齿健康

知道保护牙齿的方法，具有简单的换牙常识。

(5) 不乱扔物品，能够做到主动维护公共场所卫生

(6) 养成喝水习惯

能够根据自身的需要养成经常喝水的习惯，每日按时饮水，饮水量足够。

从以上内容我们不难看出，幼儿园小、中、大班的生活常规教育内容具有两方面的突出特点：一是各年龄阶段的生活常规具有一致性，体现内容的重复；二是学前儿童的发展具有年龄阶段性，针对不同年龄的学前儿童的规则要求应体现出层次性与递进性的特点，大班的生活常规内容包含小、中班的内容，并增添了更高层次的新内容，整体呈现螺旋式上升趋势。①

幼儿园身体保健和生活自理能力教育是为了培养学前儿童良好的生活习惯和生活基本能力，确保学前儿童健康成长而制定的幼儿园生活各环节的基本规则与要求。《幼儿园工作规程》第二十七条明确规定："幼儿园日常生活组织，应当从实际出发，建立必要、合理的常规，坚持一贯性和灵活性相结合，培养幼儿的良好习惯和初步的生活自理能力。"幼儿园生活常规对学前儿童在幼儿园每天生活活动的内容、时间、程序等均有明确的规定，使学前儿童的一日生活能保证按照一定的节奏、一定的秩序和一定的规律进行，有利于培养学前儿童良好的生活卫生习惯和基本的生活自理能力，同时生活常规也是实现幼儿园教育目标的重要保证。

4. 幼儿园一日身体保健和生活自理能力教育的常规内容

幼儿园一日身体保健和生活自理能力教育的常规内容是在入园、盥洗、进餐、户外活动、教学活动、离园等环节对学前儿童提出的生活常规要求。幼儿园一日生活的常规要求主要包括以下几个方面。

(1) 晨间接待

衣着整洁，愉快入园，有礼貌地和老师、小朋友见面；有礼貌地和家长告别；学会告诉老师自己的身体有无不舒服的感觉；积极投入晨间活动。

(2) 升国旗、早操

依次自然地进入活动场地；尊敬国旗，升旗时立正，注视国旗，行注目礼；听从指挥做操。精神饱满、情绪愉快，注意力集中，姿势正确、动作整齐，努力达到锻炼目的；用轻器械进行操练后放回原处，注意爱护。

(3) 教育活动

活动前，逐渐转入安静状态。在老师的指导启发下，逐渐养成动脑、动手和手脑并用的习惯。

(4) 自由活动

愉快地参加自己喜爱的游戏活动、体育活动或其他活动。

(5) 饮水

用自己的口杯喝水，喝水时不说笑；不浪费白开水，口杯用后放回原处。

(6) 盥洗

学习掌握洗手、洗脸的一定顺序和方法。洗手顺序是卷好袖口，小班幼儿由老师帮

---

① 庞建萍，柳清. 学前儿童健康教育[M]. 上海：华东师范大学出版社，2008：77-78.

助，中班幼儿互相帮助，大班幼儿会独立操作：先把手淋湿，搓上肥皂，按手背、手指、手腕顺序洗手，再冲洗肥皂沫，用自己的毛巾擦干手，挂好毛巾，放下衣袖。洗脸顺序：洗完手后，先洗眼睛、额头、整个脸庞、嘴、鼻，搓洗毛巾后再洗耳朵和脖颈；搓洗毛巾后再按顺序洗一次，把毛巾洗干净挂好。

自觉遵守盥洗规则、方法，盥洗时不拥挤，动作迅速、认真。不玩水，不浸湿衣服和地板。

小班由教师帮助，逐步学会洗手、洗脸，中大班幼儿应独立洗手、洗脸，尤其大班幼儿应迅速正确地洗干净手和脸。

(7) 进餐

愉快、安静地进餐，逐步掌握独立进餐的技能。进餐时不大声讲话，不随便说笑打闹。正确使用餐具：一手拿勺子(中大班使用筷子)，一手扶住碗，喝汤时两手端着碗。

逐渐养成进餐的文明行为、习惯：进餐时要细嚼慢咽，不慌不忙；不挑食，不用手抓食物，不剩饭菜，不弄脏桌面、地面和衣服，不东张西望。骨头、残渣放在指定的地方，不要将自己不吃的饭菜挑在别人碗里；咽下最后一口饭再站起来，轻放椅子，离开饭桌，送回餐具；饭后漱口、擦嘴、洗手。

(8) 午睡

午餐后散步、如厕，保持安静的情绪；不要高声讲话、嬉笑、喧闹；脚步放轻，进入寝室。中、大班幼儿自己摆好枕头，拉开被子，按顺序脱去外衣裤：先解开上衣扣子，再解开鞋带(小班幼儿由老师帮助)，脱鞋、袜子、裤子，最后脱上衣，并折叠整齐放在固定的地方，鞋放在床下。不带小玩物上床，迅速盖好被子，不东张西望，闭上眼睛，安静入睡。早醒幼儿可进行安静的活动，不出声响，不影响别人。

(9) 起床

按时起床，掀开被子，按顺序穿衣服。穿衣顺序：上衣—裤子—袜子—鞋。穿衣方法：先将上衣披肩上，捏好衬衣袖口，再伸进衣袖，翻好衣领，拉衣襟，再扣衣扣(从小班起就开始学习先从最上一颗纽扣扣起)。穿裤子的方法：先将裤子前片朝上放好后，两脚同时伸进裤筒，裤腰往上提，把衬衣放入裤腰内，拉伸平整，系好腰带。穿袜子的方法：袜底放平，袜尖向前，两手将袜筒捏到袜后跟，再往脚上穿，先穿脚尖，蹬上脚跟，拉上袜筒。穿鞋的方法：先分清左右鞋，穿好系好活扣鞋带。小班可由老师帮助完成任务。

学习整理床铺：叠被时先将两边往中间折，再从两头折起来，放置床的固定一头，枕头放在被子上面，并铺好，把床单拉平整(小、中班由老师帮助，先做辅助工作，大班要求独立做好)。

(10) 游戏与体育活动

兴趣浓厚，活泼愉快。和老师共同做好活动前的准备工作。在老师指定的场地内游戏，游戏时不乱跑，不喊叫；在室内说话、动作要轻；使用场地要协商，互相照顾；选择一种游戏后要认真地玩，可以变换游戏，但不能妨碍他人，不经同意不得插手他人的游戏。

会正确使用玩具，爱护玩具，会收放玩具。在游戏中对同伴友爱，谦让，能合作，互相帮助。遵守游戏规则，在游戏中遇到问题时能开动脑筋，想出解决问题的方法并着手解决。充分发挥自主性、积极性和创造性。

在体育活动中，注意力集中，遵守规则，巩固和提高动作的技能，能积极主动地参加体育活动。活动结束后能主动收拾玩具、材料(小班在老师的带领下收拾玩具；中班在老师的帮助下学会独立收拾玩具；大班独立收拾玩具)。能轻松地过渡至下一环节。

(11) 离园

愉快地离园回家，带好回家用品，有礼貌地同老师、小朋友告别。①

2.3 学前儿童身体保健和生活自理活动的组织

21世纪的学前儿童身体健康和生活自理教育必须打破以前的以培养生活技能和行为习惯为主要任务的幼儿健康教育，建立以幼儿自我保护健康为主要导向，幼儿教师全面育人的健康教育价值观，促进幼儿得到全面发展。学前儿童身体保健和生活自理能力，不仅是人类生存能力的重要内容，更是儿童生存和健康发展的基础。

2.3.1 学前儿童身体保健和生活自理教育活动的设计

学前儿童身体保健和生活自理教育活动是学前儿童健康教育的内容之一。因此，在制定活动目标时，首先要明确学前儿童身体保健和生活自理教育的指导思想和总目标。学前儿童身体保健和生活自理教育活动设计上要努力将学前儿童的兴趣、需要和学前儿童生活相结合，使学前儿童身体保健和生活自理教育真正成为健康教育和幸福教育。

1. 目标定位：注重幼儿的主体性

目标定位注重幼儿的主体性，是指在设计学前儿童身体保健和生活自理能力活动目标时，要特别注重幼儿的自主性、主动性的激发和培养。这也是现在的幼儿教育和传统的幼儿教育的主要区别之一。

教师通过启发、引导、协助、参与、指导等形式，发挥其主导作用，充分调动幼儿的学习积极性，利用与周围同伴、教师、事物的相互作用，使幼儿成为活动的真正主体，最终使每个孩子的身体保健意识得到激发，生活技能的形成和生活习惯的养成顺利地实现。

如主题教育活动“神奇的鞋”，该主题可以由四个具体的活动组成：“漂亮的鞋”(通过认识各种鞋，了解不同种类的鞋)，“神奇的鞋”(知道鞋的功能，大人的鞋和孩子不同，要穿适合自己的鞋才舒服、健康，鞋不合适时，要告诉家长)，“好玩的鞋”(愉快地参加活动，在户外活动中，玩踩脚印、跳脚印儿的游戏)，“好看的鞋”(通过幼儿

① 庞建萍，柳清. 学前儿童健康教育[M]. 上海：华东师范大学出版社，2008：70-74.

画鞋，相互欣赏作品，分享活动经验)。通过一系列活动，幼儿在做做玩玩中认识鞋的种类、功能，练习穿鞋的技能技巧，促进大动作的发展，养成主动、独自穿鞋的好习惯。在这些活动目标中，练习穿鞋的技能技巧，养成主动、独自穿鞋的良好习惯是主题活动的最主要目标。

2. 方法选择：以幼儿的年龄特点为基础

在设计身体保健和生活自理教育活动中，教育方法的选择至关重要，我们的教育对象是3～6岁的幼儿，教育方法必须适合幼儿的年龄特点，才能产生良好的教育效果。

各年龄班的教育方法，在运用时要具有针对性、多样性和趣味性。年龄越大的幼儿选择的方法的余地越大，但无论多大的孩子都喜欢寓学于乐，在幼儿生活自理能力培养中，动作技能的学习与来自生活的感知体验是最基本的方法。总之，要综合、合理地运用行之有效的方法，才能收到良好的教育效果。

3. 活动过程：动手操作

注重幼儿主体性的目标定位决定了在活动过程中，教师要给幼儿提供动手操作的机会和条件。通过动手操作，获得自我保健和自理能力是由幼儿的年龄特点所决定的。

教师要在活动中为幼儿创设和提供学习的机会，使幼儿在活动中反复练习，在愉快的体验中养成良好的习惯。从幼儿的身心发展特点来看，幼儿的操作练习不是机械的、枯燥的，而应是有趣的、游戏化的。幼儿是活动的主体，在主动活动的过程中发挥主动性、积极性，因此将幼儿的兴趣与正确的规则相结合，才能有助于他们树立正确的健康观念，提高对健康的认识，形成正确的健康态度，进而转化为自觉的行为。如当幼儿已经了解简单的预防感冒的知识后，教师可以组织开展“小医生”的游戏，提供自制的针筒、药瓶等，让幼儿将自己生病的体验通过游戏反映出来，懂得要经常锻炼身体，天气变化时要增减衣服，感冒了要准时吃药，多喝开水，注意休息等。

4. 注重活动延伸的设计

学前儿童身体保健和生活自理能力的培养不是只依靠有组织的教育活动就能完成的。虽然我们要求，在设计活动过程中要注重幼儿的动手操作性，给幼儿提供练习的机会和条件，但身体保健和生活自理能力的培养，仅靠有组织的活动中的操作、练习时间和次数是远远不够的。学前儿童健康教育的本质是生活教育。因此，我们要把学前儿童身体保健和生活自理教育渗透到一日生活的各项活动中去，使教育活动延伸到学前儿童的生活中去。因此，学前儿童身体保健和生活自理教育活动设计要特别注重活动的延伸部分。

2.3.2　幼儿身体保健和生活自理教育应该注意的问题

学前儿童身体保健和生活自理教育是健康教育的重要组成部分，内容非常具体，因此它可以通过有目的、有计划的正式教育活动来进行，也可以借助灵活的、分散的日常生活来进行，在组织身体保健和生活自理教育活动时，要注意以下几个问题。

1. 充分发挥手、口、脑的协调作用

要注意以幼儿为中心，根据幼儿的生理心理发展规律，针对每个幼儿的不同特点进行教育。要充分调动每个幼儿的积极性，让幼儿动手操作，提升手、口、脑的协调能力。

2. 做到“及时补强”

“补强”是美国哲学博士詹姆斯·多伯森提出的。他认为，当一个人的行为得到满意的结果时，这种行为就会重复出现。多伯森认为，如果让补强发挥最大的作用，就应该在令人满意的结果出现的时间内及时奖励表扬。如果时间拖得太久，补强的作用就会淡化、减弱或消失，如幼儿园教师给幼儿许愿，如果表现好，周末就要给孩子小红花，这就降低了补强效果，正确的做法是出现满意的行为，成人应及时奖励或者表扬。

也就是说，要在幼儿出现强化行为时教师才能补强，同时让幼儿明确自己的强化行为，不能只是一味地强调进步了、很棒，教师要引导幼儿明确哪些行为和做法是值得肯定的。

3. 注意长期坚持

“冰冻三尺，非一日之寒”，幼儿身体保健和生活自理能力的培养不是一日两次教育就能奏效的，这是一个漫长的过程，是螺旋式的反复实践认识的过程。这些教育内容可能在短期内取得效果，例如，不用手揉眼睛等，但长时间内需要重复安排多次，当然，这种内容的组织不是简单重复，而是螺旋式上升和提高。

因而，教师和家长要充分认识孩子身体保健和生活自理能力与习惯养成的特点，及在幼儿发展中的作用，明确目标，要为孩子提供多种多样的生活用品、玩具、图书等，让孩子学习使用。要创造一个适宜幼儿习惯养成的物质环境，同时要为孩子创设一个轻松愉快的精神环境。一方面要为孩子做好示范作用，另一方面也要为孩子创设锻炼的机会，在孩子操作的过程中，家长不要包办，要多指导、多鼓励，少指责，要多一些耐心和等待。只有这样，培养幼儿生活自理能力的目标，才能成为现实。

4. 注重随机、渗透教育

随机教育是对幼儿习惯培养的大课堂，只要教师留心，处处都有教育的机会。身体保健和生活自理教育是对幼儿健康意识和良好习惯的养成教育，只靠专门的集体教育活动是不行的，所以在每个环节中都要对幼儿进行健康教育。主要表现在两个方面：第一，日常生活中健康教育常常比传统上课要来得及时；第二，日常生活中的健康教育是健康教育活动的延伸，有利于指导，而不必等到幼儿正式上课才进行，有利于巩固幼儿的健康行为。

5. 争取家长的支持和配合

《纲要》指出：“家庭是幼儿园重要的合作伙伴，应本着尊重、平等、合作的原则，争取家长的理解、支持和主动参与，并积极支持、帮助家长提高教育能力。”

在大教育的背景下，家园共育是行之有效的通道。利用和依靠家庭资源、家长的力量可以巩固练习幼儿正在培养的某种行为，也可以弥补和完善幼儿园的不足。在幼儿园有个人公共卫生问题、饮食习惯问题的幼儿在家庭中也会出现同样的问题。如果仅靠幼儿集体教育，而没有家庭教育的积极配合，那么学前儿童健康教育的效果将是事半功倍；反之如果协调一致，则会达到事倍功半的效果。

家园合作的途径是多种多样的，如要求家长主动配合幼儿园的工作；在家庭中帮助幼儿了解和巩固幼儿园所学的健康知识和技能；巩固好的生活习惯或者让家长参加幼儿园的教研活动；将幼儿园的要求告知家长，并及时反馈给幼儿园；可以请有专长的家长成为家长教师。因此，家园合作就是教师、家长对幼儿的生活习惯、生活自理能力等方面保持一贯性和连续性，使幼儿大脑皮层产生固定的条件反射，建立起良好的动力定型，以取得更好的教育效果。[①]

2.3.3　学前儿童身体保健和生活自理教育的实施

1. 学前儿童身体保健和生活自理教育的组织方法

(1) 动作训练

动作训练法是学前儿童身体保健和生活自理能力教育中最重要的方法，也是养成教育的主要方法。古今中外的教育家都强调动作训练在良好的习惯培养中的重要作用。只有反复训练才能形成自然的、一贯的、稳定的动力定型。

学前儿童健康教育注重将获得的知识和形成的态度转化为良好的行为习惯。在教育实践中如穿脱衣服和鞋袜、盥洗等生活技能的掌握都离不开动作操作与行为练习，需要家长和教师的具体指导，需要家庭和幼儿园的紧密配合，才能帮助幼儿把生活常规转变为健康的行为习惯。

(2) 讲解示范

讲解示范法是生活教育中最基本的方法。对于学前儿童不容易理解的健康教育内容、不便于掌握或者需要经过系统练习的行为技能等，必须通过教师的讲解和示范，让学前儿童学习和模仿，才能形成良好的行为规范。例如，讲解刷牙的重要性以及正确的刷牙方法，就需要采用讲解示范法。对于学前儿童较容易掌握的生活规则及技能，一般采用整体讲解示范法；而对于学前儿童感到复杂困难的生活规则及技能，就必须进行分解讲解示范，使学前儿童首先能分步学习，然后进行整体讲解示范，循序渐进地增加学习的难度。

(3) 集中训练与个别指导

在生活教育中，集中训练与个别指导必须结合使用。在集体生活中，生活常规是每个学前儿童都必须遵守的，否则就会给集体带来不良的影响。因此，学前儿童的生活常规知识和技能往往通过集中训练的方法进行传授。同时，由于存在个体差异，教师要根据学前儿童个体的实际情况进行指导，使每个个体都能掌握。

(4) 随机教育

随机教育法就是利用偶发事件进行及时的、灵活的教育。学前儿童年龄小，认知水平低，生活经验少，且个体差异显著，常会出现意外事件或生成性事件。因此，在日常生活中常常需要运用随机教育法进行教育。随机教育的关键是“发现”，要求教师有灵敏的反应能力，善于捕捉和利用瞬时出现的偶然的、短暂的、稍纵即逝的教育良机。在生活实践中，随机教育的契机很多，其内容可涉及生活规则、生活常识、生活技能、个性表现等方面，进行随机教育的方法有多种，要针对不同的事件，运用不同的方法，采取相应的处理

① 庞建萍，柳清. 学前儿童健康教育[M]. 上海：华东师范大学出版社，2008：76-77.

方式。

2. 学前儿童身体保健和生活自理教育的实施途径

(1) 将身体保健和生活自理教育渗透在一日生活的各环节中

《幼儿园工作规程》提出要培养幼儿良好的生活习惯、卫生习惯、行为习惯，培养幼儿友爱、互助、热爱集体的良好品德。保教人员应深刻认识早期培养幼儿良好的品德及行为习惯的重要意义，要避免单一呆板的说教式教育，提倡运用启发诱导的方法，将教育内容渗透到多种活动和一日生活的各个环节中，引导幼儿在共同生活中逐步体会“从生活中来，向生活中去”，通过潜移默化的影响，使之渐成习惯，再使习惯成自然。

在学前儿童的日常生活中，例如饮食、饮水、睡眠、清洁、排泄等环节蕴含了许多教育因素。但是，保教人员平时特别容易忽视这些基本的生活活动中的情感教育、养成教育和随机教育。保教人员在精心照顾学前儿童的睡眠、进餐、户外活动、盥洗、如厕等基本生活的同时，应对学前儿童提出规定和要求，这是一种很重要的教育方式。制定和执行合理的生活制度，坚持在每日生活各环节中对学前儿童进行反复的、长期的教育和训练，并提出具体要求，是学前儿童身体保健和生活自理教育的一大特点。例如，组织幼儿午睡时，入睡前不要让幼儿把玩具，尤其是小玩具带入寝室；教育幼儿不要在床上打闹，尤其是站立在床上跳动，以防站立不稳从床上摔下；教育幼儿不要用嘴咬被角，不蒙头睡觉，这些不良的睡眠习惯有可能造成幼儿窒息；教育幼儿起床后，在未穿好衣服、扎好腰带或系好鞋带前，不能跑动、玩耍，以免绊倒摔伤。幼儿园教育实践证明，这种适时的教育效果良好。另外，特别要考虑生活常规教育的长效性，良好的习惯的形成非一日之功。只有坚持有规律地、日复一日地生活，才能形成固定的生活方式和习惯。这样我们的教育才会收到一定的效果。

(2) 根据需要开展适宜的身体保健和生活自理教育教学活动

学前儿童生活常规教育教学活动是有计划、有目的、有组织开展的教育活动。主要通过健康、社会等领域的教学活动、户外活动和劳动等途径，采用游戏、实验、讨论、参观、访问等方法，对学前儿童进行生活常规教育。游戏是学前儿童的基本活动形式，教师要注重组织游戏活动，进行愉快式教育，使生活教育寓于游戏之中，寓教于乐，让学前儿童主动积极地参与到活动中来，提高学习的兴趣和爱好。总之，教师要尽量组织学前儿童主动参与各种活动，让学前儿童在亲身参加多种多样的生活实践活动中，身心获得健康发展。

(3) 充分发挥幼儿园、家庭、社区三位一体的整体教育合力

《纲要》中指出：“家庭是幼儿园重要的合作伙伴，应本着尊重、平等、合作的原则，争取家长的理解、支持和主动参与，并积极支持、帮助家长提高教育能力”。《纲要》中还指出，“幼儿园应与家庭、社区密切合作，综合利用各种教育资源，共同为幼儿的发展创造良好的条件”。成功的学前儿童健康教育应该包括“家庭—幼儿园—社会”三位一体的健康教育。

学前儿童良好的生活、行为习惯的培养，自我保护意识的培养以及自我保护能力的提高等都需要家园双方相互配合、长期坚持，共同促进学前儿童良好的行为习惯的养成。

另外，社区是一个浓缩了的小社会，它蕴藏了丰富的教育资源，会收到意想不到的教育效果，我们要注重对它的开发和利用。

3. 学前儿童身体保健和生活自理教育的注意事项

综观以上幼儿园的一日生活各环节的相关要求，我们很容易发现各年龄班幼儿常规要求的特点和规律。

(1) 不同年龄儿童的要求具有差别

一般小班为最基本的生活要求，中班、大班儿童在小班的基础上，生活常规的要求内容逐渐增多，难度增大，应遵循循序渐进、螺旋式上升的规律。

(2) 生活常规的具体要求和规范

必须按照一日生活常规的具体要求进行培养和训练，逐渐形成规范的生活行为和习惯。

(3) 需要保育和适当的教育相结合

幼儿园生活常规的要求中需要保育和教育同时进行，儿童年龄越小，越需要通过保育的手段满足生活需要，养成良好的生活习惯。教育中，要根据学前儿童的发展特点和规律，讲究方式方法，注重实效性。

【案例】

镜头一：小A班就餐情景

午餐前，老师提醒幼儿用餐时要注意保持桌面干净，将骨头等放入盘中。在幼儿用餐过程中，保育员老师等一组幼儿用完餐后将桌子擦干净。教师多次提醒幼儿要注意保持桌面整洁，及时表扬吃饭干净的幼儿，批评个别吃饭不注意卫生的幼儿。一段时间后，这个班的幼儿用餐卫生习惯不尽如人意，桌面常有米汤、菜汤、骨头等，地面也很脏。

镜头二：小B班就餐情景

午餐前，老师提醒幼儿用餐时要注意保持桌面干净，将骨头等放入盘中。在幼儿用餐过程中，保育员老师只要发现桌子脏了，就将桌子擦干净，并帮助幼儿将骨头放入盘中。教师及时表扬吃饭干净的幼儿。

经过相同的时间，这个班的幼儿基本形成了良好的用餐习惯，能自觉保持桌面、地面的干净，能将骨头等物，主动放入盘中。不小心掉在桌上、地上时，幼儿也会主动捡起来。

极其相似的生活组织情节，为什么效果截然不同呢？

【案例分析】

美国政治学家威尔逊和犯罪学家、心理学家凯林，提出了著名的“破窗理论”。该理论认为：如果有人打破了一个建筑物的玻璃窗，而这扇窗户又得不到及时维修的话，其他人就可能受到暗示性的纵容去打烂更多的玻璃窗。这种奇怪的“破窗现象”，在现实生活中也经常出现。

在小A班中，保育员老师没有及时制止最初弄脏桌面的幼儿，也没有及时清洁桌面。这无疑使弄脏桌子的幼儿受到暗示性的纵容，其他幼儿在这样的氛围中也会觉得：反正桌面已经脏了，再弄脏点也没关系。而在小B班中，保育员老师随时擦桌子，帮助幼儿将骨头放入盘中，这无声地提醒了幼儿用餐时要注意保持桌面整洁。对弄脏桌面的幼儿来说，这是一种无声的批评。在这里，保育员老师几个简洁的动作营造了一种“此时无声胜有声”的氛围，有助于幼儿自觉养成良好的用餐卫生习惯。

其实，无论是幼儿午餐管理，还是其他常规管理，我们都要善于营造“此时无声胜有声”的氛围。例如，我们可通过一些形象生动的图片给幼儿带来良好的行为暗示，如在水龙头旁贴上“节约用水”“六步洗手法”的图片，幼儿就会知道洗手时水要开小一点，要仔细认真地洗手，彻底清除污物；在水桶前的地面上贴上“小脚印”的图片，幼儿就会知道倒水时要不推不挤、按序等待，等等。

另外，幼儿由于年龄小，对语言提示的理解力较差，因此教师需要反复做动作示范，以帮助幼儿明白怎样做才是对的。教师到位的动作示范往往胜过语言要求，能收到事半功倍的效果。

(资料来源：《幼儿教育》2005年第23期张菊萍文)

(4) 注意照顾个体差异

个体的成长是一个循序渐进的过程，生活常规教育也应由浅入深、由易到难。特别是不同年龄、不同体质、不同个性的学前儿童，完成一日生活常规的要求要有所区别。因此，对特殊幼儿需要特别加以照顾，给予耐心细致的帮助。

(5) 要注重坚持

生活常规的培养和训练要持之以恒，反复强调，这样才能实现习惯成自然。无论家庭还是幼儿园，切忌“前紧后松”“一曝十寒”“三天打鱼两天晒网”。

2.3.4 学前儿童身体保健和生活自理教育的活动案例

下文以学前儿童身体发育与保护教育活动、饮食与营养教育活动为例，进行阐述。

1. 学前儿童身体发育与保护教育活动

1) 目标

(1) 终极目标

了解人体主要器官的形态、结构与功能；学习保护身体的基本方法；帮助幼儿逐步树立关心、保护身体健康的意识。

(2) 年龄阶段目标

小班：了解身体的外形结构，认识并学习保护五官；乐于接受预防接种和疾病治疗；初步了解治疗疾病的简单知识，不怕打针和吃药；初步了解用药的安全常识，不随意吃药，按医生(成人)要求服药。

中班：进一步认识身体的主要外部器官及其功能，初步懂得疾病预防和治疗的重要性；逐步形成接受疾病预防与治疗的积极态度和行为；在成人帮助下，学习处理常见外伤的最简单的方法，知道快乐有益于健康。

大班：初步认识身体的主要器官，如胃肠、大脑等的功能及其保护方法，学会科学用脑；了解龋齿形成的原因和预防龋齿的有关知识，理解早晚刷牙的好处，并养成习惯；了解换牙的有关知识；知道如何保护视力。

2) 学前儿童身体发育与保护教育的组织方法

学前儿童健康教育的组织方法大都适用于学前儿童身体生长发育教育，比如讲解演示、情境表演、讨论评议、感知体验等，在此不再逐一讲述。针对学前儿童身体生长发育的特点，主要介绍以下方法。

(1) 生活渗透

学前儿童对自己的身体感兴趣，常借助日常生活环节而予以探索，这是他们学习认识自己的一种重要方法。成人在日常生活中教孩子认识全身器官时，可以结合洗澡、睡前、换衣服等良好的时机，很自然地让孩子认识自己的身体，知道眼睛、鼻子、嘴巴、手、脚等人体器官分别执行不同的生理功能。教育儿童从小要爱护身体的每一个器官，养成良好的卫生习惯，保持身体的清洁卫生，维护其正常的生理功能。另外，还可通过书报、画册、影视、故事等去引导孩子观察动物、植物的生长及繁殖现象，使孩子对生长、生殖问题产生一种自然的认识。此外，还可以引导孩子了解对性别不同者的称呼，弄清社会上男女性别的概念，以及由此而产生的在着装、发型及社会分工上的差别等。

(2) 观察法

观察法的突出特点是具体、直观。因此，对于人体的头部、躯干、四肢等可以直接接触的人体部位，应引导学前儿童通过观察了解其生长方位和形态特征，从外表上感知人体的整体结构。此外，也可以借助模型、挂图等进行讲解，帮助其理解粗浅的健康知识。

(3) 感知体验

进行身体生长发育与保护教育时，常常会受到幼儿理解能力的限制，如果教师安排幼儿“量身高”“比照片”“触摸心跳”等，通过亲身感受、动手操作等丰富幼儿的感知经验，则会激发幼儿探索身体奥秘的积极性，而且会使得深奥、抽象的问题变得通俗易懂。

再如，让学前儿童通过闻、尝、嗅、看、听来感知五官的功能；通过摸冷、热、冰、硬、软等东西来感知皮肤的奥秘，并教育学前儿童要保护皮肤，不随便碰有危险的东西等。

(4) 游戏法

通过开展“鼻出血了怎么办”“生病了怎么办”等生动的游戏活动，幼儿知道自己感觉发热、呕吐、腹痛、腹泻、眼内不舒适时，或者发现同伴出现上述情况时，这是身体不舒适的表现，必须及时告诉大人，而不要独自忍着疼痛，以致错过诊断和治疗的大好时机。

(5) 欣赏文学艺术作品

典型的儿童文学作品内容丰富、语言生动形象、感染力强，容易引起学前儿童的兴趣，是他们喜闻乐见的学习素材。因此，对于奇妙的、由人体内能共同完成一种或几种生理功能的多个器官组成的系统，教师可以利用有趣的、生动的文学作品进行教育。如对消化系统主要器官的认识，可以通过欣赏儿歌《小饭粒旅行记》，帮助幼儿掌握粗浅的知识。

小饭粒旅行记

小饭粒，去旅行，
进入口腔过大门。
经过食道去胃里，
胃里是座大客厅。
客厅伙伴多又多，
挤来挤去变了形，
变成营养进小肠，
变成残渣出肛门。

“饭粒和其他食物组成一个旅游团，要到小小的消化系统里去旅行。消化系统的大门是口腔。口腔里有牙齿和唾液。饭粒们经过牙齿的咀嚼后，伴随唾液经过咽喉和食道流进胃里。胃是一个大厅，这个大厅像游泳池，里面有许多酸水。饭粒们在这里挤来挤去，玩得真开心。玩了一阵，大家都累了，成了一团糨糊，分不出你我。后来，食物又经过一段很长的管道，变成各种有用的营养物质被肠壁吸收，另一些食物残渣被送进了大肠，最后从肛门排出体外。”这样的讲解就使得幼儿比较容易理解食物在人体的“旅行”过程(即消化过程)。

(6) 借助直观的电教技术

现代教育技术中的现代教育媒体——投影、电视、录像、计算机等具有生动、形象、感染力强、易于激发学前儿童兴趣的优势，并能打破时间、空间的限制，弥补学前儿童直接经验的不足，促使学前儿童积极地参与教学活动。例如，“宝宝要换牙”课题的设计，通过活动投影片的覆盖、抽动，演示人换掉乳牙、长出恒牙的过程。通过播放录像，让学前儿童看到日常生活中自己或周围的小伙伴在掉牙时惊慌不安的神情，自身所贮存的经验及情感体验被激活，学前儿童兴奋地谈论着自己的亲身感受。在这种形象化、艺术化氛围中学前儿童知道了“人为什么要换牙，换牙并不可怕以及如何让恒牙健康地长出”的知识，促使学前儿童树立起正确的健康态度，并养成自觉保护牙齿的良好习惯。

3) 学前儿童身体发育与保护教育活动的设计与指导

学前儿童身体生长发育教育是通过教学活动、体育活动、劳动和日常生活等途径进行的，特别是幼儿园教学活动，仍然是目前幼儿园实施健康教育的重要途径。学前儿童身体生长发育教育活动的设计，包括活动目标、活动准备、活动过程以及活动延伸的设计。教师必须有清晰的思路、准确的表达。以下是幼儿园中开展的学前儿童身体认知与保护方面教育的几个活动案例，供学习时参考。

【活动案例2-1】 长满牙的大嘴(小班)

活动目标：

(1) 了解多吃糖会蛀牙，知道吃完甜食及进餐后要漱口。

(2) 愉快地参与活动，学习用捏、压的方法制作“牙齿”。

活动准备：

面粉团(两杯面粉、一杯水、一勺油揉捏制成)。

活动过程：

(1) 听咚咚的故事。

咚咚和许多小朋友一样，很喜欢吃糖，每天要吃很多很多的糖。今天吃点心时，咚咚才咬了一口冰淇淋，牙齿就痛起来了，“哎哟！我不能吃冰淇淋了！”咚咚一边捧着脸，一边看着冰淇淋一点点地融化，难过地哭了。妈妈带他去医院检查，原来咚咚的嘴里有好多颗蛀牙。

(2) 讨论咚咚蛀牙的原因。

咚咚为什么会长满蛀牙？

你的牙齿会痛吗？怎么样使自己的牙齿健康？(少吃糖，吃完甜食和饭后要漱口，每天要刷牙)

(3) 给咚咚装一口健康的牙。

观察同伴的牙齿，互相看看牙齿在嘴巴里是怎么排列的。(一颗颗牙齿在嘴巴里像好朋友一样，手拉手排着队)

将小面粉团揉捏成圆形小球，再用手指轻轻压扁，制成“牙齿”。然后将“牙齿”粘到“咚咚”的“大嘴巴”里，上面一排，下面一排，整整齐齐地排好队。

(4) 健康牙齿展览会。

将每个学前儿童的作品放置在活动室一角的桌面上。

请学前儿童观察、比较，说说谁装的牙齿看上去最健康。

建议：

(1) 向儿童讲述咚咚的经历，将多吃糖会蛀牙的生活常识自然地渗透在其中。

(2) 由于小班儿童缺乏生活经验，讨论蛀牙的原因会比较困难，教师可通过“医生告诉我们……”的口吻让小班儿童明白如何使自己的牙齿健康。

(3) 本活动的关键是让儿童自发产生观察牙齿的需要，并体验制作“牙齿”的快乐。

【活动案例2-2】　　小小体温计(小班)

活动目标：

认识体温计，了解体温计的用处，初步掌握体温计的使用方法。

活动准备：体温计。

活动与指导：

(1) 健康人的体温在37℃左右，如果生病了，体温就会发生变化。怎样才能知道体温是否正常？

(2) 用体温计可以测量人的体温。

(3) 拿出体温计，请学前儿童仔细观察体温计的形状及特点。

(4) 需要测体温时，要将体温计的温度甩到35℃以下，然后把体温计的圆头夹到腋下，安静地测试。(这是最常用的腋下测试的方法)

(5) 教师给儿童演示，对需要注意的地方要重点说明。

(6) 请儿童上前表演，掌握体温计的使用方法。

4) 学前儿童身体发育与保护教育的注意问题

(1) 挖掘日常生活中的教育素材

在学前儿童的日常生活之中存在许多身体生长发育教育的素材，有许多有关人体知识和安全卫生教育的成分还没有被充分地挖掘和利用。例如，可选在大班已有几个学前儿童开始换牙，而大多数学前儿童将要换牙的时候进行有关换牙的生长发育教育主题活动。这样既能利用个别学前儿童的亲身经历，激发学前儿童的兴趣，又能面向大多数儿童进行超前教育，会对学前儿童生长发育教育产生良好的效果。

(2) 教师要积累扎实的学前卫生学知识

学前儿童身体生长发育教育的实施过程中十分强调信息传播的科学性及准确性，比如要使学前儿童增加对人体的认识，教师必须掌握丰富的、正确的人体知识和学前儿童的生理卫生特点，并且能够深入浅出地表达。教师还必须能够及时纠正学前儿童错误的、不准确的、模棱两可的认识。

(3) 把握教育的侧重点

学前儿童身体生长发育教育，不要追求知识的高、深、精，主要是让学前儿童了解人体的主要结构和生理现象，注重培养学前儿童的自我防护意识和良好的卫生行为习惯，最终提高学前儿童的身心健康水平，这是开展学前儿童健康教育的终极目标。

2. 学前儿童饮食与营养教育活动

1) 学前儿童饮食与营养教育的终极目标

让学前儿童初步了解食物的名称、种类及特点，知道不同食物有不同的营养，懂得平衡膳食的基本道理，掌握保护消化器官的知识和技能；培养学前儿童良好的饮食习惯，纠正偏食、挑食、过食等行为；教给学前儿童独立进餐和使用餐具的技能；防治学前儿童营养不良，促进其生长发育和身心健康发展。

2) 学前儿童饮食与营养教育的分类目标

学前儿童饮食与营养教育的分类目标包括知识经验、情感态度、行为习惯三方面。

(1) 知识经验

① 了解食物中的主要营养素。

② 知道常见的富有营养的食品的名称和营养。

③ 知道营养与健康的关系。

④ 知道常见的不良饮食习惯以及对身体的危害。

⑤ 知道饮食的卫生要求。

(2) 情感态度

① 对了解营养知识、培养良好的饮食习惯感兴趣。

② 喜欢吃各种常见的食物。

③ 愿意讨论营养问题。

④ 对自己以及周围他人的饮食状况予以关注。

(3) 行为习惯

① 有文明进餐的行为习惯。

② 不吃零食，不挑食、不偏食。

③ 能评价自己和别人的营养状况、饮食行为。

3) 学前儿童饮食与营养教育的年龄阶段目标

年龄阶段目标是以小、中、大各年龄班学前儿童的身心发展特征为依据而确定的健康教育活动目标，是对终极目标的细化，也是制定具体活动目标的直接依据。学前儿童饮食与营养教育的年龄阶段目标如下所述。

小班：

(1) 健康知识

① 知道健康的身体需要营养，营养食物有多种多样。

② 认识几种常见的营养食物，知道它们对身体的益处。

③ 懂得饭前要洗手，饭后要漱口、擦嘴、洗脸。

(2) 情感态度

① 对了解营养知识感兴趣。

② 愿意参加健康教育活动。

③ 愿意吃富有营养的奶类、蛋类、蔬菜、水果等。

④ 愿意参加体育锻炼。

(3) 行为习惯

① 学会愉快地独立进餐。

② 初步形成良好的饮食习惯，不挑食、不偏食、不边玩边吃。

③ 学会用勺吃饭。

④ 初步养成饭前洗手、饭后漱口、洗脸的习惯。

中班：

(1) 健康知识

① 知道身体的生长发育与营养摄入状况有关系。

② 知道常见的富有营养的食品的名称和作用。

③ 知道饮食卫生的要求。

④ 知道常见食物的特性、食用方法。

⑤ 了解家乡特色食品的饮食文化。

(2) 情感态度

① 对了解营养知识感兴趣，喜欢摄入多种食物。

② 愿意参加健康教育活动。

③ 关心自己的营养与健康，愿意吃富有营养的常见食物。

④ 愿意参加体育锻炼。

⑤ 喜欢讨论营养与健康问题。

(3) 行为习惯

① 进餐前主动洗手，会用餐巾纸。

② 能熟练用勺吃饭，并学习用筷子吃饭。

③ 进餐时细嚼慢咽，不多说话，不边走边吃。

④ 不偏食、不挑食，不多喝饮料。

⑤ 能评价自己的身体健康状况和饮食习惯。

大班：

(1) 健康知识

① 了解消化系统的作用，知道保护消化系统的重要性。

② 知道简单的营养知识。

③ 知道我国的特色食品，初步了解饮食文化的粗浅知识。

④ 知道营养全面的重要性。

⑤ 知道营养与健康的关系，初步了解营养不良的症状及矫正方法。

(2) 情感态度

① 喜欢了解营养健康知识。

② 有意识地克服偏食、挑食、过食等饮食习惯，喜欢吃各种食物。

③ 感觉到集体进餐的愉悦，并愿意为同伴服务。

④ 有关注家人营养状况的兴趣。

⑤ 主动锻炼身体，保持精神愉快。

(3) 行为习惯

① 巩固和保持良好的饮食习惯。

② 掌握正确使用筷子吃饭的技能。

③ 运用已有的营养知识选择营养食品，主动不吃非健康食品。

④ 能主动收拾食物残渣、食具，摆放好桌椅，认真做好值日生工作。

⑤ 能够评价自己和他人的身体健康状况、饮食情况和饮食习惯。

4) 学前儿童饮食与营养教育的内容

学前儿童饮食与营养教育的内容广泛，各个年龄阶段的学前儿童饮食与营养教育内容各有侧重，具体来说包括以下几个方面。

(1) 学习粗浅的食品营养和饮食卫生知识

认识各类常见食物的名称及其作用，如奶类、谷物、蛋、鱼、肉、蔬菜、水果、豆类及其制品，认识几种常见的调味品，并学习怎样调味；初步认识人体所需要的各种营养素，生长发育需要各种更多的营养，掌握不同的食物含有不同的营养素；懂得有些食物不能吃，有些食物不能多吃的简单道理。

(2) 形成对平衡和合理膳食的积极态度

能自觉自愿地食用各种食物，让学前儿童有自我控制饮食的意识及其能力，意识到不良饮食习惯对自己身体的影响，不暴饮暴食，防止厌食、过食。

(3) 培养良好的饮食卫生习惯

养成良好的进餐习惯，包括饭前洗手、进食定时定量、不乱吃零食和过多饮用冷饮，进餐时细嚼慢咽、不边吃边说笑，不挑食、不偏食、不厌食等；注意饮食卫生，要让学前儿童懂得“病从口入”的道理，做到不吃没有洗烫消毒的生食品，不吃霉变、腐坏的食品；饭前饭后不做剧烈运动、吃饭时安静进餐等。

(4) 纠正营养不良的学前儿童的饮食习惯

让营养不良的学前儿童懂得营养不良对身体健康的危害；适当调节和控制饮食，包括肥胖儿的饮食不宜过量，消瘦者应促进其食欲，增大进食量；控制营养、控制不同食物的摄入量，纠正营养不良。

(5) 组织学前儿童愉快地进餐

餐前将桌面擦拭干净，碗筷摆放整齐，指导中、大班值日生做准备工作。餐前20分钟要让幼儿停止剧烈的活动，提醒幼儿整理玩具、如厕、洗手，准备用餐。进餐时饭菜温度适中，防止烫伤，避免吃凉饭；分饭时要照顾到体弱及进餐慢的幼儿；教会幼儿正确使用餐具；注意观察幼儿进餐情况，处理进餐中出现的问题；及时纠正幼儿的不良习惯和姿势，培养幼儿文明的用餐习惯。要从幼儿的进食量、表情等方面来分析幼儿的身体状况、食品质量的好坏情况，并及时与保健医生、炊事员交换意见，以便调整改进工作。照顾幼儿吃好一顿饭的标志：吃饭过程中，幼儿情绪好；幼儿食欲好，食量够；饮食习惯好，吃得卫生。

独立进餐是在幼儿的独立意识出现后，逐渐形成的一种生活自理能力，因此，通过培养幼儿独立进餐的习惯，可以促进幼儿独立性的发展。

(6) 培养良好的饮食习惯

良好的饮食习惯有助于平衡膳食，促进食物的消化吸收和预防疾病，也有利于良好的道德品质和文明行为的形成。学前儿童良好的饮食习惯包括：

① 饮食定时，进餐有规律。一方面要求按时开饭，另一方面建议保证幼儿在相对固定的时间内吃完定餐。

② 饮食定量，尽量少吃零食。成人要学会调整幼儿的食量，让其不暴饮暴食。

③ 专心吃饭，细嚼慢咽，不分散注意力，不让幼儿养成边吃边玩的不良习惯。

④ 不偏食、不挑食。

⑤ 少盛勤添，不剩饭、不洒饭。

⑥ 饭前饭后短时间内不宜做剧烈运动，以免消化不良，甚至引发疾病等。

只有遵循幼儿身心发展的特点和规律，采取具体形象的教育手段，才能培养幼儿良好的饮食习惯，促进幼儿健康成长。

5) 学前儿童饮食与营养教育活动的组织

学前儿童饮食与营养教育的方法：根据健康教育活动的组织原则、形式、途径、方法，开展相应的饮食营养教育活动。例如，通过讲解示范、情境表演、感知体验、游戏等活动，认识日常食品，如水果、蔬菜、米面，引起学前儿童对食品的兴趣和喜好，形成良好的饮食习惯。

(1) 讲解示范

具体而又形象地为学前儿童讲解粗浅的与饮食营养教育有关的知识，结合食物、影视模型进行示范，借助各种教育手段和媒介，让学前儿童通过视、听、触等多种感官进行具体形象的学习，即讲解示范应注意形式灵活多样，生动有趣。例如，可借助儿歌、谜语、故事等形式进行。讲解说理要贴近儿童的实际生活，要适合其年龄和发展水平。例如，为使学前儿童认识常见的水果、蔬菜以及了解各种食物的营养价值，可编制下列儿歌。

蔬菜

冬瓜，冬瓜，
穿件白褂。
茄子，茄子，
披件紫袍。
丝瓜，丝瓜，
套件绿袄。
蔬菜真多，
不要挑食。

谜语是一种健康活泼、引人入胜、妙趣横生，“寓教育于娱乐之中，授知识于课堂之外”的好形式，特别能使儿童提高想象能力和活跃思维能力，例如：

谜语

红红身体圆又圆，
头上戴顶绿帽子，
又酸又甜真好吃，
营养丰富人人爱。

简短明快的一二十个字的描绘，使学前儿童对西红柿的特征留下深刻的印象。

(2) 情境表演

教师或学前儿童就特定的生活情境加以表演，然后让学前儿童思考和分析情境中所涉及的饮食营养教育问题。情境表演的主题取自于学前儿童的现实生活，能够引起学前儿童的注意和兴趣，故这种方法能较好地帮助学前儿童认识生活中可能遇到的问题和冲突。比如，教师就多吃冷饮的害处，借助儿歌进行表演。

健康歌

夏天到，天气热，
冷饮雪糕好朋友。
一支两支三五支，
一口一口下了肚。
哎哟哎哟肚子疼，
你说这是为什么？
吃冷饮，要节制，
健健康康身体好！

教师通过惟妙惟肖的表演，使学前儿童懂得日常生活中要少吃冷饮才有利于健康这个道理。

(3) 感知体验

学前儿童通过感觉器官认识、判别事物的特性。这种方法能加深学前儿童对事物的印象，还能激发学前儿童的兴趣，引起学前儿童的注意。例如，在介绍各种有营养的食物时，如果学前儿童亲眼看一看，亲手摸一摸，亲口尝一尝，就会引起学前儿童的兴趣。再如，幼儿园尝试将种植活动与饮食教育相结合，通过孩子亲自种植、照料、收获、品尝，让孩子亲历各种蔬菜的生长过程，并在老师的引导下去观察、记录蔬菜的特点，讨论可以食用的部分，通过这些活动培养孩子对蔬菜的喜爱，养成科学合理的饮食习惯。同时，培养孩子对植物的关心、爱护，让孩子学会观察、善于观察，并能通过记录、统计的方式进行探究，激发孩子对活动的热爱。

(4) 游戏

游戏是学前儿童健康教育的一种重要活动，它强调的是过程和儿童自主的活动。通过做各种游戏，使学前儿童在没有负担、没有压力、轻松愉快的气氛中自然地获得饮食营养教育的基础知识。下文列举几个游戏活动案例。

【活动案例2-3】　　餐具总动员

游戏目标：

(1) 鼓励学前儿童乐意尝试各种餐具的使用方法。

(2) 体验使用餐具品尝美味食物的成功感及乐趣。

游戏重点：

学前儿童乐于尝试使用各种餐具，品尝美味食物。

游戏难点：

用正确的动词表达餐具的使用方法。

游戏准备：

一名儿童扮演小兔、生日蛋糕、各种食物、餐具、空盒子、小毛巾。

游戏过程：

第一步，导入情境，激发学前儿童的兴趣。

教师：你们看，兔姐姐为我们准备了什么？它们是怎么样的？

引导学前儿童自由地观察食物及各种餐具，说说它们的名称、形状。

第二步，引导学前儿童尝试用各种餐具品尝不同形状的食物，探索各种餐具的使用方法：

(1) 学前儿童自由交流探索：你刚才吃了什么？你是怎么吃的？请了什么餐具帮忙？

(2) 学前儿童说说餐具的使用方法并用肢体语言来表示，教师引导儿童正确使用动词。

(3) 教师提出或从学前儿童的操作情况中启发儿童的发散思维，知道同一种食物可以用不同餐具来食用。

第三步，小兔推出生日蛋糕，全体儿童为小兔唱生日歌欢庆生日。

在学前儿童已有的感性经验基础上去操作使用不同餐具，品尝食物。

第四步，活动延伸。

餐具“碰碰碰”，全体儿童一起唱唱跳跳。

讨论评议：

组织讨论，使学前儿童积极地参与健康教育的过程，为学前儿童提出问题、发表意见以及与他人交流思想和情感提供机会，并能帮助学前儿童理解和尊重他人的观点。

组织学前儿童分小组讨论，鼓励学前儿童发表不同的意见，并对他人的想法发表评议，然后由教师对学前儿童的讨论进行评价，做出正确的引导。

参观访问：

带领学前儿童参观访问农作物园、食品加工厂、农贸市场、水族宫等与饮食营养有关的部门，丰富儿童实际生活的经验，使教育活动变得生动有趣。

【活动案例2-4】 奇妙的海底世界(小班)

活动目的：

认识常见、常吃的水产品，并能说出常见的名称。

活动准备：

带学前儿童参观水族宫或海底世界。如果本地区没有这样的场所，可以带学前儿童参观水产市场。

活动与指导：

(1) 带学前儿童去参观水族宫或水产市场，条件不具备时可找一些录像带或图片代替。

(2) 边看边介绍鱼、虾、螃蟹、海带等水产品的名称和营养。

(3) 请学前儿童仔细观察，并说出这些水产品的形状及简单的特点。

小结：

水产品的种类有许多，如鱼、虾、螃蟹、海带，它们都生长在海里或湖泊里，这些水产品都可以加工成美味的食品。它们是我们的好朋友。

建议：

可以事先确定参观点，请讲解员为学前儿童讲解。

学前儿童饮食营养教育的方法是多种多样的，不管哪一种教育方法都不要脱离家庭教育和社区教育，托幼机构要与家庭、社区密切结合、协调一致，以实现家庭、托幼机构和社会健康教育的一体化。

学前儿童饮食与营养教育活动设计举例：

学前儿童饮食营养教育各种方法的实施必将落脚到教育活动的实践中，每一个教育活动的设计都需要教师有清晰的思路、准确的表达，需要教师考虑活动的具体目标。活动的具体目标是饮食营养教育总目标及年龄阶段目标的细化；活动前还需要作好多方面充分的准备；活动过程中教师要明确：希望学前儿童在哪些方面获得发展、希望解决什么问题、通过什么方法增强教育效果等；活动后，教师要看到学前儿童在哪些方面使己有经验获得提升等。

【活动案例2-5】　　我们的食物(中班)

活动目的：

(1) 让学前儿童知道均衡的营养对身体健康的重要性。

(2) 教育学前儿童养成不挑食的好习惯。

活动准备：

事先让学前儿童调查自己喜欢吃和不喜欢吃的食物并进行记录、对食物有五大类的认识、五大类的食物图谱、事先制作好的五大类食物材料。

活动过程：

第一步，教师运用恰当的语言导入，学前儿童自由做调查活动。

(1) 学前儿童做“对各类食物的喜好”的调查。

教师：小朋友们，昨天老师发给你们每人一本调查册，让你们把自己最喜欢吃的东西和最不爱吃的东西记录下来，你们都带来了吗？今天老师请小朋友当小小调查员，互相调查一下你们最爱吃的东西和不爱吃的东西以及爱吃和不爱吃的原因，看谁调查得最认真、最仔细。

小朋友交流调查结果。

(2) 儿童对“食谱中的搭配是否均衡”进行调查。

教师：小朋友通过刚才的调查发现了什么？

儿童：发现有的小朋友爱吃肉，不爱吃蔬菜；有的小朋友爱吃水果、不爱吃馒头，有挑食的现象。

教师：这样做好不好呢？我先不说，小朋友接着去调查就知道了。

教师：我们今天第二站调查的是幼儿园的食谱，看看幼儿园的叔叔阿姨每天为我们做的餐点，是不是只有我们爱吃的食物而没有我们不爱吃的食物呢？

儿童进行调查、讨论。

第二步，让学前儿童知道均衡的营养对身体健康的重要性，教育学前儿童不要挑食。

(1) 让学前儿童知道均衡的营养对身体的重要性，教育幼儿不要挑食。

教师：小朋友们，你们通过这次调查食谱发现了什么？

儿童：每天的食谱中，各类食物都是搭配吃的。

教师：为什么要这样搭配呢？我们去人体王国看看就知道了。

儿童参观人体王国。

教师：你们看，这就是你们的人体王国。谷类的食物含有热量，可以使人们的身体有力气；肉类食物中含有脂肪、蛋白质，可以补充身体的能量；蛋奶类食物中含有大量的钙，可以使幼儿的牙齿骨骼强壮；蔬果类食物中含有维生素，有助于幼儿的消化。幼儿的身体需要多种营养和能量，才能健康茁壮地成长。缺了其中一类食物的营养成分，人体王国都不能强大起来。小朋友们想不想让你们的人体王国最强大，任何病菌敌人都不能侵犯呢？

儿童：想。

(2) 教育学前儿童不能挑食。

教师：挑食好不好？

儿童：不好。

教师：你们应该怎么办?

儿童：不挑食。

教师：对，每一类食物小朋友都要吃，这样身体才会棒棒的。

第三步，学前儿童搭配餐点——营养均衡的自助餐。

(1) 教师：平时在幼儿园都是叔叔阿姨为我们搭配餐点，今天我们自己动手搭配营养均衡的自助餐，来让“客人老师”和我们一起分享吧！

(2) 学前儿童搭配营养均衡的自助餐。

(3) 教师：请小朋友介绍你的餐点名称，邀请“客人老师”和你共同分享，记住告诉“客人老师”不要挑食呢！

(4) 师生进行自助餐活动，活动结束。

延伸活动：

(1) 儿童制作“不挑食宣传小画册”，送给其他班的小朋友阅读。

(2) 选出“小小监督员”，每天监督儿童有没有出现挑食的现象。另外，可以请家长配合我们进行监督。

(3) 将不挑食的学前儿童在班级的“每日新闻”中进行播报表扬。

【活动案例2-6】 黑色食品有营养(大班)

活动目标：

(1) 让学前儿童知道黑色食品营养丰富，培养儿童不挑食、不偏食的良好饮食习惯。

(2) 通过活动培养学前儿童的好奇心和喜欢探索新事物的创造性情感特征。

(3) 形成儿童喜欢接受新事物、喜欢多样性的高灵活性人格特征。

活动准备：

黑木耳、黑米、黑豆、紫菜、海带、黑芝麻、黑枣及其他食品。

活动过程：

(1) 出示挂图，让学前儿童观察，挂图内容如下：

晶晶在家吃早餐，妈妈拿出一碗热气腾腾的芝麻糊和鸡蛋，晶晶看了看芝麻糊，皱了皱眉头说：“我不吃这黑乎乎的东西，我要吃鸡蛋。”

(2) 教师问：“小朋友，晶晶不喜欢吃芝麻糊，你们喜欢吃吗？为什么？”引导学前儿童探索黑色食品的营养价值，知道芝麻糊属于黑色食品。

(3) 分组讨论：吃过哪些黑色食物？这些黑色食物可以制成什么菜肴?

(4) 让学前儿童参观食品展，并分别把属于黑色类的食品挑选出来。

(5) 引导学前儿童互相探讨“我的黑色食品”，谈谈自己篮子中黑色食品的名称，看谁说得又对又多。

(6) 游戏：学做小厨师。发挥学前儿童的独创性，鼓励儿童把黑色食品配成菜肴。

(7) 评选搭配得营养丰富的菜肴。

各领域渗透：

美术中渗透：学习创造性地画黑色食品及食品搭配。

社会中渗透：参观农贸市场。

生活中渗透：鼓励学前儿童不挑食、不偏食，黑色食品及其他食品都要吃。

环境中渗透：在活动室内外粘贴各类黑色食品的图片。

家庭中渗透：要求家长多带学前儿童到超市认识各类黑色食品，在家中多煮黑米粥、紫菜蛋花汤、黑芝麻等营养丰富的黑色食品给孩子品尝。

【活动案例2-7】　　蔬菜大会餐(中班)

活动目标：

(1) 了解、认识一些常见蔬菜的名称，知道多吃蔬菜有利于身体的健康。

(2) 通过洗菜、分切菜，增强学前儿童的劳动、合作、分享意识。

(3) 体验分享的快乐。

活动准备：

学前儿童自带的各种蔬菜。

活动过程：

第一步，组织教学，引起兴趣：教师出有关蔬菜的谜语，儿童猜谜。

第二步，认识蔬菜的外形，了解蔬菜的名称。

(1) 学前儿童以“请朋友”的方式，介绍自己带来的蔬菜。

(2) 教师根据儿童的介绍，通过比较，总结各种蔬菜的名称、外形。

(3) 请学前儿童为各种蔬菜进行分类，如：有叶的、无叶的，或根据青菜瓜果的颜色进行分类。

第三步，知道多吃蔬菜的好处。

“你们愿意与蔬菜做朋友吗？为什么？”

“你最喜欢吃什么蔬菜？”

教师小结：“多吃蔬菜可以使我们的身体变得棒棒的。”

第四步，分组进行“蔬菜品尝会”，学前儿童合作清洗、分切蔬菜。

(1) 学前儿童和教师为蔬菜进行分类，如哪些可以生吃，哪些需要炒熟了吃。

(2) 师幼共同讨论：可以直接生吃的蔬菜怎么办？需要炒熟的蔬菜怎么办？

清洗后切了直接吃，让食堂的奶奶、阿姨炒熟了吃。

(3) 师幼商讨洗蔬菜时、切蔬菜时需要注意的问题。

(4) 学前儿童分组进行蔬菜的清洗。

(5) 学前儿童进行分享活动。

活动结束。

延伸活动：

(1) 请几名儿童把洗干净的蔬菜送到食堂，请奶奶、阿姨帮忙炒熟。

(2) 区域活动时进行“蔬菜写生”。

(3) 区域活动开办“我们的菜场”游戏。

学前儿童饮食与营养教育的注意问题：

(1) 注意随机教育：针对学前儿童进餐情况，及时、随机地进行教育，尤其对饮食习惯不好或体弱多病的学前儿童，要进行个别教育，给予及时纠正和耐心细致的帮助。对于过食引起肥胖的学前儿童要适当控制进食量，同时注意培养其节制食量的意识。学前儿童的模仿性强，极易受家长、同伴饮食习惯的影响，如家长喜欢吃肥肉，孩子也喜欢吃肥肉。对于偏食、挑食、厌食的学前儿童，可安排与饮食习惯好的学前儿童一起进餐，使其受到影响，可纠正其不良习惯。

(2) 实现家庭、幼儿园和社会饮食营养教育一体化：家庭、幼儿园和社会要全方位合作，幼儿园园长、保教人员、保健医生、营养员、炊事员必须密切配合，家庭所有成员和幼儿园密切配合，只有这样才能保证营养教育的最佳效果。

对于学前儿童而言，家庭饮食营养教育尤为重要，学前儿童基本生理的满足与家庭饮食结构、饮食习惯等密切联系，家庭对学前儿童饮食营养知识的获得、态度的改善以及行为的养成都起到非常重要的作用。当今社会，家长在越来越重视营养的同时，也会走入营养误区。在家庭的餐桌上，早餐简单、热量不足，中餐马虎、营养不全，晚餐丰富、营养过剩，蛋白过高、纤维过少，主食精细、忽视粗粮已经成为普遍现象，时间长了都会影响学前儿童的健康成长。因此，幼儿园要组织丰富多彩的家园活动，指导家长合理配餐、科学饮食，这也成为幼儿园饮食营养教育的一项重要工作。

(3) 考虑学前儿童的个体差异：学前儿童对营养需要存在个体差异，因此在教育、指导、评价个别学前儿童营养和膳食时，要结合营养、生长发育、遗传等多方面情况进行分析、判断。有条件时，可以针对特殊体质儿童的特殊饮食需要，搭配以食疗为主的膳食结构，着力改善他们的特殊身体状况，帮助他们逐步走向健康成长。比如：肥胖儿的配餐，以低脂肪、低热量、高纤维为主，通过控制膳食、增加活动、减少睡眠、食疗减肥的方法来实现；营养性贫血儿的配餐，以均衡营养为主要目标，提供利于吸收含铁丰富的高蛋白食物，增加绿叶蔬菜及维生素C的摄入，帮助其不断纠正饮食问题。

(4) 重视学前儿童的膳食心理卫生：掌握学前儿童的膳食心理特点，采取心理卫生措施和方法，是学前儿童营养教育的关键。

第一，结合学前儿童的膳食心理特点来提供食物。

把传统面食如馒头、包子、花卷等做成儿童喜爱的小动物形状，烹制菜肴时注意色彩搭配、刀法规则，这样可增进婴幼儿的食欲。值得一提的是，由于婴幼儿的注意力容易分散，每次为婴幼儿提供的饭菜种类不宜太多，否则会分散其进餐的注意力，影响进食。再如，夏季天气炎热，幼儿食欲降低，体能消耗较大，为满足幼儿生长需要，可以制作一些色泽鲜明、形式多样、口感清爽而又营养丰富的消暑食品，并适当调整口味，引起食欲。如冬瓜炖小排、糖醋黄瓜条、凉拌三丝、彩椒鸡丁等。

第二，纠正饮食问题时，要避免消极的暗示作用。

家长和教师的语言、表情和动作对学前儿童的进餐往往起着暗示作用。积极的暗示可使学前儿童养成良好的饮食习惯，如教师说："吃了青菜，小朋友身体健康，长得高"，学前儿童吃了青菜后就会觉得自己很健康，便可改正原来不喜欢吃青菜的习惯。相反，消极的暗示常常会引发学前儿童的逆反心理，助长不良习惯的养成。

第3章 学前儿童体育教育

本章重点介绍学前儿童体育教育的相关理论知识及教学活动案例，明确体育锻炼的作用、对幼儿健康成长的重要意义，通过了解学前儿童动作发展的规律与特点，掌握学前儿童体育教育的活动设计的目标与内容，并且能根据幼儿不同年龄阶段的特点与需求设计有趣、有效、有科学性的教学活动内容。

3.1 学前儿童体育锻炼的作用

幼儿时期是身体发育的一个重要时期，对于保证和促进身体正常发育，增强体质，培养对体育活动的兴趣爱好和终身体育的意识有着重要意义。《国家中长期教育改革和发展规划纲要(2010—2020)》明确指出，到2020年我国要基本普及学前教育的目标。学前教育指6岁以内儿童的教育，幼儿教育属于学前教育的一部分，幼儿教育的年龄阶段为3～6岁。现代社会的快速进步，使得各种竞争越来越激烈，家长们为了不让孩子“输在起跑线上”，想方设法对孩子进行学前教育。但他们大多只重视孩子的智力教育，而忽视体育教育，或者不愿意让孩子进行大强度的体育锻炼，对孩子有着过度的保护，这样的做法显然不利于孩子的身体成长和身心健康。现在青少年儿童身体素质和身体健康呈下降趋势，其中一个原因就是体育教育得不到重视。《幼儿园教育指导纲要》中明确要求，要让幼儿德、智、体、美全面发展。但因为家长和幼儿园长期以来有“重智轻体”的观念，国家对于幼儿教育的投入不高，幼儿体育教师缺乏，所以幼儿体育教育的发展问题得不到解决，我国幼儿体育教育发展速度缓慢。

学前儿童正处于动作技能发展的关键时期，幼儿园体育活动应抓住幼儿好动的这一特点进行科学有效的教育活动的设计与实施。学前儿童体育是学前儿童全面发展的基础和重要条件。蒙台梭利曾强调指出：“体育不仅有助于幼儿的身体发育和健康，而且有助于锻炼幼儿，让幼儿成为活动的主体。”对幼儿来说，为了健康而进行体育锻炼，培养他们良好的运动习惯，不仅是生理发育的需要，也是心理素质和社会适应能力培养的需要，是促进他们全面发展的必然选择。

3.1.1 体育锻炼能强化幼儿肌体的功能

学前儿童处于肌肉骨骼快速发育时期，心脏机能的不断发展完善为幼儿进行体育活动提供了生理基础，同时，幼儿在不断的体育锻炼中也在强化和完善身体各个技能的健康发展，具体有如下益处。

1. 强化心脏

有氧运动是指运动身体的大肌肉群，使心脏持续加速跳动几分钟。通过一次次有氧运动，氧气被输送到肌肉。运动的结果是心脏变得更加强壮，做事更有效率，不会很容易就感到疲劳。

2. 增强肌肉

锻炼能使肌肉更加强健，这样能给关节更好的支持，使人不易受伤。如果在幼儿各项动作发展之前，加强腹肌、腰肌、背肌、四肢支撑力及下肢肌肉力量的锻炼，并进行一些条件反射的训练，使幼儿通过这些刺激训练，在脑中枢建立联系，就可使幼儿的动作变得灵敏，肌肉变得发达。

3. 增加柔韧性

柔韧性越好的人就越不容易在剧烈的活动中发生拉伤肌肉或扭伤关节的问题。而生活中有许多休闲运动都对提高柔韧性有帮助，比如武术、跳舞等。

4. 加速身高发育

体育锻炼能增强幼儿身体各器官系统的功能，使孩子体格健壮。体育运动能改善血液循环，骨组织能受到更多的影响。同时，运动对骨骼起着一种机械的刺激作用，能促进骨骼生长加速，幼儿身高也随之有所增长。

5. 促进神经系统发育

锻炼时，机体各部位的协调运动都是在神经系统统一控制和协调下进行的，因此，在进行体格锻炼的同时，神经系统本身也经受锻炼和提高。球类运动对幼儿的身体协调性发展具有良好的促进作用(见图3-1)。

6. 增强预防疾病的能力

幼儿多进行户外运动，接受日光和空气的沐浴，就能逐步经受外界环境变化的刺激，皮肤和呼吸道的黏膜不断受到锻炼，增强其耐受力，大脑皮层也会对冷和热的刺激形成条件反射。当自然因素发生变化时，幼儿能迅速而准确地进行反应，使身体跟外界环境保持平衡，这样就不容易感冒，也不容易中暑。

图3-1　幼儿球类运动

3.1.2　体育锻炼能发展幼儿的动作技能

动作发展是指人们一生中所体验到的动作行为变化。幼儿的动作基本上可以分为大肌肉群动作和精细动作，动作的习得一般是由大肌肉群动作开始，随着年龄的增长和经验的成熟，精细动作逐渐增加，但更多的动作是两者之间相互作用、共同产生的。大肌肉群的动作发展涵盖了移动性动作技能、非移动性动作技能和操控性动作技能，这也是基本动作技能的三种表现类型。基本动作技能对于幼儿来说，需要通过有组织的教学活动才能学习和掌握，把握基本动作技能的客观规律成为幼儿园需要关注和重视的问题。关于动作技能发展的较早模型之一是Seefeldt提出的“金字塔”模型。Seefeldt认为，除非个体的多种基本动作技能都得到基本发展，否则他的动作技能水平将难以发展到“金字塔”中的高级水平，即达到运动、竞赛和舞蹈动作技能所要求的熟练度。儿童应在童年早中期阶段获取广泛的技能基础，之后才有可能发展到“金字塔”更高层的动作技能。这一模型充分说明幼儿阶段(儿童早期)掌握基本动作技能，对于未来基本运动技能发展的重要性。如果在幼儿阶段没有形成正确的基本动作技能，那么在之后完成由基本动作技能所组成的动作组合能力以及形成基本运动技能的能力将会大打折扣，同时运动学习兴趣也会相应受到影响。

3.1.3　体育锻炼能使幼儿更愉快、更兴奋

处于运动状态的幼儿具有情绪愉快的表现，这是由于锻炼时体内能分泌内啡肽，这种化学物质能使人产生极为兴奋的感觉。学龄前儿童的身体发育比幼儿阶段更完善了，因此，选择的运动项目和范围也更为广泛。那么，该如何选择适合的运动项目呢？不同的运动项目可以产生不同的锻炼效果。

如要提高速度能力，可选择跑、骑儿童车等项目。

如要增强耐力能力，可选择长时间跑的游戏、游泳、郊游、跳绳等练习。

如要增加力量能力，可选择跳、投等练习。

如要提高灵敏协调能力，可选择跳舞、打秋千、拍球等游戏。

如要提高柔韧能力，可选择体操、按压等练习。

因此，应通过给幼儿设计相关的体育运动活动，以帮助幼儿达到提高速度、增强耐力、增加力量、提高协调性及柔韧性的锻炼效果，从而增强幼儿体质，达到健康教育的核心目的。

3.2　学前儿童心理发展与体育教育的关系

学前儿童的动作发展是其智力和心理发展的重要指标，处于大动作与精细动作发展的关键时期，幼儿活泼好动的性格特点恰恰为其积极参加体育运动创造了前提，体育活动成

为幼儿园生活中每天不可缺少的教育环节，组织好日常体育活动对发展动作具有不可替代的作用。近年来在有关教育政策文件的推动下，儿童的动作教育不断得到重视，国内外有关心理学、神经学和教育学等与幼儿教育领域相关的专家学者都一致认为，体育教育在儿童早期的运动能力和情感发展等方面有重要的促进作用。

3.2.1 体育活动有助于儿童身心发展

我国著名的教育家陈鹤琴曾说过："小孩子生来是好动的，是以游戏为生命的。"学前儿童正处于大脑发育旺盛的时期，适当的体育活动和心理活动的有机结合，有利于儿童大脑的发育。要让孩子处于一个动态的体育活动中，尽情地发挥自己的能力和优势，让孩子的内在世界与外在环境相互作用，相互影响，在不断挫败，不断反馈中促进儿童的身心发展。特别是当儿童在游戏中体验到自己是独特的、有能力的，在游戏中不断地给自己定位并进行自我引导，如此一来，孩子在感受环境的同时，环境也在不断地塑造孩子。在游戏活动中，儿童的心理不断成长，逐渐过渡到一个新的、更高的阶段。

幼儿身心发展规律具有顺序性、不平衡性、阶段性、个别差异性、分化与互补的协调性等。但由于个体遗传素质和生活环境的差别，每一个儿童的身心发展，在表现形式、内容和水平方面，都可能会有自己的独特之处。以幼儿的动作发展为例，首先得到发展的是大骨骼与大肌肉，而后才是小骨骼与小肌肉群的发展与协调，因此，在骨骼与肌肉的协调发展中幼儿经历着各阶段的既定运动发育过程并呈现一种不变的顺序。即幼儿的动作发育依照自上而下发展，先能抬头、抬胸、翻身，然后会坐，再以后才能完成直立、独走等大肌肉动作；离躯干近的大肌肉动作先发育，待掌握肢体远端的小肌肉活动，然后才有可能出现写字、绘画、用手取物等小肌肉的精细动作，眼手协调能力也逐步趋于完善。在不同年龄阶段，幼儿身心发展的速度并不是完全与时间一致，因此，体育活动的内容安排应符合各年龄段幼儿身心发展特点。从心理发展的角度看，幼儿可以通过各种体育活动来感知世界和探索外界环境，通过运动来积累经验，为他们的心理发展和社会适应能力的培养打下基础。

3.2.2 体育活动有助于儿童认知能力的发展

认知是儿童获得认识的过程，当儿童积极构建、理解以及改变他的环境时，认知便自然地发生。认知既来源于活动，同时又是儿童和环境之间相互作用的过程中对活动的把握。儿童在游戏所设定的情境中通过切身的体验、观察，发挥自己的推断能力、行为能力和探索能力，知识和经验不断增长，认知能力也就得到了提高。在体育活动中，由于环境和条件都是动态的、灵活多变的，儿童在感兴趣的游戏中积极主动地参与，对自己参与的游戏活动做出相应的判断和选择，这就为儿童创造性思维活动的发展提供了条件。体育游戏还可以促进儿童想象力、创造力和语言表达能力的发展。体育游戏使儿童在玩乐的过程中接受新知识，吸取新信息。现代教育学、心理学的研究成果揭示：

游戏是儿童认识世界的道路，是儿童通过实际行动探索周围世界的一种积极活动。游戏适应儿童心理发展的需要，符合心理发展的水平，对儿童心理发展起着极其重要的作用。

3.2.3　体育活动有助于学前儿童情绪情感的发展

儿童在活动中所表达出来的喜怒哀乐是他们对外界环境的理解、联系和回应，是儿童情绪情感的表达。在体育游戏中，儿童可以自由地表达自己的情绪体验、成功的喜悦、失败的沮丧，在这些情绪体验中逐渐培养自己的社会行为和自信心，消除自闭、畏缩的行为。同时，在活动的过程中成人只要细心观察，就会发现孩子的个性特征，从而给予针对性的教育，这对其个性的形成具有重要的意义。在体育游戏中，不同的动作会使儿童获得不同的感官刺激，大大加快了脑髓鞘进化的过程，从而能够较好地调节和控制情绪、情感，使儿童形成开朗的性格，产生良好的情感体验。

3.2.4　体育活动有助于学前儿童良好意志品质的发展

意志是指人自觉地确定目的，有意识地根据目的、动机调节支配行动，努力克服困难，实现目标的心理过程。认知过程是意志形成的前提和基础，积极的情感是意志行动的动力。体育锻炼能够激发儿童积极的情绪，使儿童对一些有趣的活动或情节产生兴趣，促进其自身身心发展，积极的情绪情感对儿童的活动起推动和支持作用时，就会成为儿童行动的动力，在锻炼中使儿童的意志得到发展。

3.2.5　体育活动有助于消除幼儿心理障碍，培养独立自主人格

在开展体育活动的过程中某些儿童难免表现出畏惧、积极性不高、不合群等心理障碍，当然这些现象都是正常的。而体育正是解决这些问题的最好方式，在开展体育活动的过程中，老师要有意识地引导，鼓励儿童进行创新性的探索、尝试，勇敢地战胜困难，逐渐形成坚强勇敢的个性特征。同时，教师是幼儿体育教育的主导者，在引导的过程中一定要善于运用夸赞、鼓励的口头语言和肢体语言。儿童通过克服困难获得成功的体验，来增强自己的自信心，在班级团体活动中充分体验他们之间的互助、协作、团结的关系，从而培养自我合作意识和团队精神。

“人之初，性本动”，幼儿活泼好动的天性亦是建立在其对周围环境好奇的基础之上。通过不同形式的身体活动，孩子们不仅可以锻炼身体，还可以提高他们对外界事物的认知能力。因此，每天一定量的身体活动对幼儿健康成长具有不可替代的作用。1956—2018年，中央政府共出台了8部含有幼儿园活动规定的政策(见表3-1)。

表3-1　在幼儿园活动的规定的相关政策内容统计

文件名称	颁发机关	颁发时间	户外活动	体育活动
关于幼儿园幼儿的作息制度和各项活动的规定	教育部	1956.11	除大风、雨雪天气外，冬季要保证幼儿每天3～4h的户外活动时间，其余季节活动尽量都安排在室外	中班、大班每次早操5～6min，小班后半年开始早操，每次3～4min；幼儿的教育是通过游戏等来进行的；每天应有30～40min的活动性游戏时间
托儿所、幼儿园卫生保健制度(草案)	卫生部	1980.10	正常气候下每天坚持两小时以上户外活动	创造条件，充分利用自然因素有计划地锻炼儿童体格，增强体质；锻炼要循序渐进
幼儿园教育纲要(试行草案)	教育部	1981.10	参加适宜的户外活动，以增强心肺功能	详细制定了针对大、中、小班幼儿的走、跑、跳、平衡、投掷、体操等体育活动的具体要求
托儿所、幼儿园卫生保健制度	卫生部	1985.12	在正常天气下，每天坚持两小时以上的户外活动	锻炼要经常和循序渐进；每天要做1～2次体操或活动性游戏；加强冬季锻炼
关于进一步办好幼儿学前班的意见	国家教委	1986.6	学前班每天户外活动时间不少于2h	每天户外活动应包括1h的体育活动
幼儿园工作规程	国家教委	1996.3	非寄宿幼儿每天户外活动时间不少于2h，寄宿幼儿不少于3h，高寒、高温地区可酌情增减	每日户外体育活动时间不少于1h，加强冬季锻炼
托儿所幼儿园卫生保健工作示范	卫生部	2012.5	非寄宿幼儿每天户外活动时间不少于2h，寄宿幼儿不少于3h，寒冷、炎热季节酌情调整	根据儿童的年龄及生理特点，每日有组织地开展体格锻炼，掌握适宜的运动强度，保证运动量；观察儿童运动前、中、后状况
幼儿园工作规程	教育部	2015.12	非寄宿幼儿每天户外活动时间不少于2h，寄宿幼儿不少于3h，高寒地区冬季酌减	开展适合幼儿的体育活动，每日户外体育活动时间不得少于1h

3.3　学前儿童体育教育的动作发展基础

动作技能的不寻常之处在于运动是可直接观测的。儿童心理发展的大多数领域是隐蔽的，儿童思维、知觉、情绪、动机、概念、记忆和言语表征的内容必须通过外显的动作行为，如言语、手势、面部表情和眼动来推测，或者在技术更为尖端的实验室中通过脑活动图像加以推测。儿童的动作发展与儿童智力发展之间的关系，是心理领域特别令人着迷的研究主题。

3.3.1　动作发展基本理论

与学前儿童体育关系比较密切的理论有雷娜特·齐默尔的感知教育理论，贝蒂有关动作协调发展的理论，伽拉胡对儿童动作发展阶段的划分等。

1. 雷娜特·齐默尔的感知教育

德国奥斯纳布吕克大学教授雷娜特·齐默尔针对儿童运动与感官、语言之间的关系研究中主张，感知体验应该是思考的出发点，感知体验应该作为幼儿园和小学制定教学大纲的出发点。这个观点与皮亚杰的发生认识论中所强调的认知发展的年龄阶段的特点具有相同的意义。齐默尔发现儿童在理解日常生活的时候，需要尽可能地使用大部分感官，而现今儿童经常要面对的是视觉、听觉刺激，缺少本体觉、前庭觉、触觉等其他感觉的参与，因此，儿童对全面理解的需要和通过身体感官获取知识的需要会受到越来越多的限制，从而导致感觉之间的统合性降低。

2. 贝蒂的动作协调发展理论

美国纽约埃尔迈拉的荣誉退休教授贝蒂(Janice Beaty)认为，动作协调是幼儿身体发展的重要组成部分，动作协调包括两个重要方面：由大肌肉控制的动作协调和由小肌肉控制的动作协调。在学前阶段，既要通过走、跑、跳、攀登、抛接球、骑自行车等运动，促进大肌肉的动作协调能力，也需要让幼儿进行旋转按钮、倒水、拉合拉链、解扣纽扣等活动，以促进小肌肉的动作协调能力。

3. 伽拉胡对幼儿动作发展阶段的划分

美国学者伽拉胡(Galla hue)指出在不同年龄阶段，动作会依据儿童的身体和智力渐进式发展(见表3-2)。0～1岁期间婴儿处于反射性行为阶段，主要表现为吸吮、吞咽等动作；1～2岁的婴儿动作属于未发达的动作，所有动作为不完整的大肌肉动作。儿童阶段可以分为初期(2～7岁)，具有基础动作能力，能够做出稳定性动作技能和移动性动作技能，以及不成熟的操作性动作技能；中期(7～10岁)，能够将基础动作综合应用，并且开始将动作技能应用于运动中；后期(11～13岁)，能够于运动项目中表现精熟动作，并且能够理解运动规则与策略。

表3-2　年龄与动作发展阶段

动作发展阶段	对应时期	年龄
反射行为	初生儿	0～1岁
未发达的基础动作	婴儿	1～2岁
基础运动能力	儿童初期(幼儿)	2～7岁
一般运动能力	儿童中期	7～10岁
特殊运动能力	儿童后期	11～13岁
专门运动能力	青少年及成年	14岁以上

3.3.2 学前儿童基本动作的发展规律

个体动作的发展是指随着年龄的增长，按照活动的规律连接、组织在一起，形成一定的动作序列和动作模式，该序列和模式对个体的适应和发展起着积极的作用。研究学前儿童动作的发展过程，掌握动作发展规律，有助于丰富人类对学前儿童成长过程的了解和对人类自身发展的理解。

关于动作发展的相关理论认为，动作是个体的一种基本能力，其发展在个体发育早期就已经达到完善。动作的发展伴随个体的生长发育过程，因此动作发展的高峰期是学前儿童和青少年早期。随着研究的不断深入，人们更多地从生命全程中动作的发展来看待人类个体的动作发展。这主要包括两层含义：一是动作发展贯穿个体生命全程，即是从胎儿期开始，是连续而有阶段性发展的过程；二是动作的发展是由许多不同因素综合影响的结果，个体的、历史的和文化的因素都对人体动作发展产生重要影响。

1. 动作发展的准备性

特定动作的发展要具备一定的生理和心理基础，为了使外界环境刺激有效，机体必须达到一种准备状态。如果机体对某种动作尚未达到所需要的准备状态，那么提前开始的训练不一定能产生预期的效果。因此，在某个动作的生理和心理基础没准备好之前就进行早期训练，是没有意义的，动作训练必须基于学前儿童的发展水平。

2. 动作发展的规律性

从20世纪二三十年代以来，心理学家对个体动作发展的一般进程做了大量研究，取得了多层次、多角度的常模资料。研究发现，虽然不同个体的动作发展存在一定的差异，但从先天就具备的无条件反射到实现的复杂的动作技能的进程趋势来看，个体的动作发展过程均遵循一定的顺序原则。有关研究对动作发展的顺序原则进行概括，并不断地补充和完善，使人们对动作领域发展规律的认识日益加深。

我国心理学家朱智贤把人类个体动作的发展序列的规律概括为以下几点。

(1) 整分原则

整分原则即个体最初对刺激做出的动作反应是整体性的，然后逐渐分化。具体而言，即婴儿最初的动作是全身性的、笼统的、散漫的，以后才逐渐分化为局部的、精确的、专门化的动作。

(2) 首尾原则

个体最初发展的是身体上部的动作，然后逐渐向下发展。具体而言，与头部有关的动作首先发展起来，其次是躯干和上肢的动作，最后是下肢的动作。个体的动作总是由上至下，沿着“抬头—翻身—坐—爬—站—行走—跑—跳”的顺序发展和逐渐成熟。

(3) 大小原则

个体最先发展的是躯干大肌肉动作，比如头部、双臂和腿部的协调活动等。灵活的手部小肌肉的动作则较晚才发展起来，手部动作和感知觉之间的协调配合活动则更晚，比如视动协调、我国儿童的筷子使用技能等。

陈帼眉进一步提出了个体动作发展的另外两条规律：

一是从中央部分的动作到边缘部分的动作，即婴儿最早获得的是头和躯干等位于躯体中线上的动作，然后是离中线稍远的双臂和腿部有规律的动作，最后才是离中线最远的、肢体末梢的手部的精细动作。

二是无意动作到有意动作，即个体动作发展也服从心理发展的一般规律，从先天反射的无意识控制动作向有高度控制的技能动作发展，从刻板模式化的动作向越来越灵活的方向发展。

3.3.3　与体育活动有关的大动作发展

幼儿动作能力的获得具有一定的规律与特点，教育为其提供最近发展区内的环境与教学是适应幼儿发展的重要保障。体育活动对促进幼儿大肌肉动作的发展具有重要作用，科学开展体育活动也是幼儿园健康领域教育的主要目的。与体育活动有关的大肌肉动作如下所述。

1. 两脚交替走下楼梯

3岁的幼儿走路时，已经不再看着自己的脚尖，不需要再用自己的手臂保持身体平衡。由于小脑发育刚刚完善，幼儿此时还会出现平衡能力和协调能力的不足。可以训练幼儿沿着直线走，走难度小的平衡木。上下楼梯时，很多3岁的幼儿都会并脚下。4岁幼儿已经能够很好地控制自己的身体，也能快乐地活动身体。4岁的幼儿能自信地用各种方式行走：前进、后退、侧行、踮着脚走或大步走，多数幼儿能够双脚交替上下楼梯，很多幼儿还不太喜欢跳绳(多数只能单脚跳)。5岁幼儿的行走和成人已经没有什么区别。能沿着直线，不偏离地走大约3米，很多幼儿已经能够双脚交换跳绳。身体迅速发展，身高在一年内会快速长高5～7.65厘米，长高的部分主要体现在腿部。双腿的延伸比身体其他部位要快。男孩虽然在身高和体重上略优于女孩，但在生理发展方面，男孩比女孩却要晚一年左右。

2. 跑步时能控制速度和方向

3岁幼儿跑得更稳了，双腿比例长了，在活动中的协调性也有所改善。与2岁的婴儿相比，3岁幼儿在起跑和停下时都能较好地控制自己的身体，不过他们还没有完善掌握身体控制的技能。由于3岁幼儿的大肌肉动作技能更为自动化，他们能够更放松地享受跑步带来的乐趣。和走路一样，到了3岁半，很多幼儿的大肌肉动作的流畅性似乎突然消失了，他们需要经历一个笨手笨脚的阶段。4岁的幼儿已经能够跑得很好，他们的动作开始变得有力、有效和敏捷。他们能够自然地起跑或停下，他们喜欢围着角落玩耍。这个年龄段的幼儿似乎知道自己的身体能做什么，也喜欢参与各种活动。5岁的幼儿看起来突然长高了，主要是腿变长了。他们跑得更好了，跑步速度加快，自控能力也有所改善。4岁幼儿偶尔可能还会摔一跤，5岁幼儿则很少摔倒。5岁幼儿在跑步时，和其他活动一样，不再像4岁幼儿那样叽叽喳喳，也很少超出界外。

3. 能单脚、双脚跳

关于3岁幼儿的弹跳力，个体间存在差异。相比走和跑而言，跳的难度要大一些。幼儿要有一定的体力，并要具有一定的身体协调性，能够在跳过障碍物时用单脚跳，双脚同时起跳的难度相对较大一些。4岁时，幼儿弹跳的技能已经较为熟练，大多数幼儿都能很好地做各种姿势的跳的动作——跳起、跳下、往前跳或跳过障碍物等。5岁的幼儿如果有足够的练习，就能够跳得很好，甚至可以玩跳绳了。

4. 能爬上爬下和爬过攀爬物

攀爬需要手脚并用。攀爬动作是从婴儿期的爬行发展而来的。攀爬既需要有胆量，也需要有一定的肌肉力量和动作协调性。多数三四岁的幼儿都喜欢各种各样的攀爬活动。根据幼儿的年龄，可以提供练习的攀爬设备有攀登架、梯子、攀爬梯、圆顶形攀架、滑梯绳索、攀爬网、树木、岩壁、竹竿排水管等。到幼儿入园时，三岁多的幼儿已经能够很好地上下攀爬。

5. 能抛球、接球和踢球

抛球和接球是上身的两个重要的大肌肉动作技能。幼儿一般先学会抛球，如上手抛球、下手抛球、侧手抛球，单手、双手均可以。在训练幼儿抛接球过程中，成人不必强求抛得是不是准确，关注上下肢抛球过程中的协调性就好。幼儿两岁时的抛物动作大多急促且用的多是侧手抛，通常会扔一些轻而易抓握的物体。三岁时幼儿学会使用身体的转动使抛物时的手臂范围逐渐变大。到了五六岁时，幼儿在开始抛物时，会迈出与抛物手臂同一边的一只脚，六岁半的幼儿抛物的技能已经比较成熟，在抛物时，会迈出抛物手臂另一边的一只脚。

6. 能骑三轮童车、两轮单车和踏板车

踩动自行车的脚踏板需要腿和脚的动作协调。先让幼儿用一只脚将一边的脚踏板踩下去，然后换一只脚，把另一边的脚踏板踩下去。踩右脚时，左边的脚踏板就升起来，然后用左脚将脚踏板踩下去。练习时，让幼儿暂时抬起一只脚，感受另一只脚是如何踩脚踏板的。最后，让幼儿同时用两只脚按“下—上—下”的节奏踩踏，不要太用力。骑滑板车需要掌握平衡，把握方向，用脚往后退，这样才能前行。

7. 能开展有创意的活动

幼儿可以使用锣鼓、手鼓、铃鼓或只是拍手打节拍，或者使用磁带或CD。幼儿能随着音乐节拍练习走、跑、爬、跳的技能。即使坐的时候也可以让幼儿摇动身体，或伸伸手、弯弯腰。幼儿还可以在地板上模仿“蛇”和“蚯蚓”的舞蹈，让幼儿在地上扭动爬行。

3.4 学前儿童体育教育的目标与内容

科学的、适合于学前儿童的体育活动，对学前儿童提高身体素质、增强体质、增进健康水平、将来更好地适应社会生活等，都具有重要的促进作用和深远意义。因此，学前儿童健康教育要充分重视学前儿童体育。

3.4.1　学前儿童体育教育的目标

幼儿掌握基本动作技能是一个由浅入深、循序渐进并环环相扣的过程，基础动作在2～7岁出现，并经历起始、初级和成熟三个相互衔接的阶段。总体来讲，这个阶段是基本动作技能的最佳教学期，需要给幼儿提供充分的动作技能体验的机会。有学者提到，幼儿走的敏感期是2岁左右，跑是3～4岁，踢是3.5～4.5岁，击打一般是3.5～5岁，接球和拦截能力是4.5～5岁，投是4～5.5岁，平衡是4～5岁，滑冰是5岁，跳跃、游泳、骑车、跳绳在5～6岁。如果在敏感期内缺少了合适或者足够多的体验，则可能导致未来动作发展的迟缓、缺陷或者不熟练，运动能力匮乏，很有可能出现这样一种现象：在小学阶段出现幼儿阶段的错误动作，影响到小学阶段基本运动技能的形成过程，甚至到了成人阶段，依然会出现幼儿阶段的错误动作，这也是导致“上了十多年的体育课，依然无法掌握一两项运动技能”现象的原因之一。

幼儿运动游戏课程内容的设置依据动作发展的客观规律，根据幼儿不同年龄阶段，设置以走、跑、跳、爬、平衡、屈伸、投、拍、接、踢等为主的基本动作技能学习。与此同时，运动游戏课程内容设置相关的适宜性体能素质练习，如柔韧性、灵敏性、协调性等。在准确理解《3～6岁儿童学习与发展指南》教育目标要求的基础上，关于学前儿童体育教育的目标定位要以培养幼儿动作、体能健康发展为核心，使幼儿具有合作、探索的精神，喜欢参加体育活动，动作协调、灵活。在《幼儿园教育指导纲要(试行)》中，对学前儿童体育的目标进行设定，主要包括以下几个方面：

① 培养学前儿童参加体育活动的兴趣，使学前儿童养成经常进行体育锻炼的习惯。

② 使学前儿童掌握各类体育活动的基本锻炼方法、规则和知识，发展学前儿童的基本动作和身体的协调性、灵活性、柔韧性等，并形成一定的体能水平。

③ 促进学前儿童认识自己的身体结构及其功能，学习在体育活动中能够进行自我保护的知识和技能。

④ 促进学前儿童生长发育，增强体质，增强机体对疾病的抵抗力和对环境的适应力。

⑤ 发展学前儿童的智力，培养学前儿童良好的心理品质和个性，提高社会适应能力，增强学前儿童的心理健康。

按照幼儿年龄阶段划分，具体表现如表3-3、表3-4与表3-5所示。

表3-3　3～4岁动作发展目标

目标	具体表现	关键经验
1.具有一定的平衡能力，动作协调、灵敏	能沿地面直线或在较窄的低矮物体上走一段距离	乐于走
	能双脚灵活交替上下楼梯	攀登
	能身体平稳地双脚连续向前跳	双脚跳
	分散跑时能够躲避他人碰撞	躲避跑
	能双手向上抛球	向上投掷

(续表)

目标	具体表现	关键经验
2. 具有一定的力量和耐力	能双手抓杠悬空吊10秒左右	短时悬垂
	能单手将沙包向前投掷2米左右	近距离投掷
	能单脚连续向前跳2米左右	近距离连续跳
	能快跑15米左右	近距离快跑
	能行走1公里左右(途中可适当停歇)	一定距离行走
3. 手的动作灵活协调	能用笔涂涂画画	乐于涂鸦
	能熟练地用勺子吃饭	熟练用勺
	能用剪刀沿直线剪，边线基本吻合	基本会用剪刀

表3-4　4～5岁动作发展目标

目标	具体表现	关键经验
1. 具有一定的平衡能力，动作协调、灵敏	能在较窄的低矮物体上走一段距离	平稳地走
	能以匍匐、膝盖悬空等多种方式钻爬	多形式钻爬
	能助跑跨跳过一定距离，或助跑跳过一定高度的物体	助跑跨跳
	能与他人玩追逐、躲闪跑的游戏	追逐跑；躲闪跑
	能连续自抛自接球	自己抛球
2. 具有一定的力量和耐力	能双手抓杠悬空吊15秒左右	长时间双手悬垂
	能单手将沙包向前投掷4米左右	远距离单手投掷
	能单脚连续向前跳5米左右	远距离单脚连续跳
	能快跑20米左右	长距离快跑
	能行走1.5公里左右(途中可适当停歇)	长距离连续行走
3. 手的动作灵活协调	能沿边线较直地画出简单图形，或能边线基本对齐地折纸	沿线画图；折纸
	会用筷子吃饭	会用筷子
	能沿轮廓线剪出由直线构成的简单图形，边线吻合	沿线剪纸

表3-5　5～6岁动作发展目标

目标	具体表现	关键经验
1. 具有一定的平衡能力，动作协调、灵敏	能在斜坡、荡桥和有一定间隔的物体上较平稳地行走	各种形式平衡走；手脚并用；安全攀爬；连续跳绳；躲闪球或沙包；连续拍球
	能以手脚并用的方式安全地爬攀登架、网等	
	能连续跳绳	
	能躲避他人滚过来的球或扔过来的沙包	
	能连续拍球	
2. 具有一定的力量和耐力	能双手抓杠悬空吊起20秒左右	更长时间悬垂；更远距离单手投掷；更远距离单脚连续跳；更长距离快跑；更长距离行走
	能单手将沙包向前投掷5米左右	
	能单脚连续向前跳8米左右	
	能快跑25米左右	
	能连续行走1.5公里以上(途中可适当停歇)	
3. 手的动作灵活协调	能根据需要画出图形，线条基本平滑	画线平滑；熟练用筷；会剪曲线图形；使用工具
	能熟练使用筷子	
	能沿轮廓线剪出由曲线构成的简单图形，边线吻合且平滑	
	能使用简单的劳动工具或用具	

3.4.2　学前儿童体育教育的内容

学前儿童体育教育的基本内容包括基本动作的练习、基本体操的练习、运动器械的练习及体育游戏四个方面。通过有目的、有计划的教学活动设计，使学前儿童在体育教育过程中获得基本动作、协调性、肌肉力量、动作技巧等方面的发展。

1. 基本动作的练习

学前儿童处于基本动作发展和完善的关键期，按照动作发展的顺序来看，主要包括走步、跑步、跳跃、投掷、攀登、钻和爬7个方面。所谓基本动作，即人体的基本活动能力，是指人们在日常生活和社会实践中所必需的、最基本的身体运动的技能，是学前儿童体育活动的基本内容。基本动作包括周期型动作和非周期型动作两种。周期型动作的特点是以不断循环、反复某些基本的动作技术为基础，动作结构简单，幼儿容易掌握，例如走、跑、爬等动作。非周期型动作的特点是由几个相互衔接的动作环节连接，形成一个完整的、独立的动作，由于结构比较复杂，幼儿较难掌握，例如跳跃、投掷、侧面钻等。幼儿学习和掌握非周期型动作需要循序渐进，能在活动中培养幼儿的注意力和意志力。学前儿童基本动作的练习要求与指导要点见表3-6。

表3-6　学前儿童基本动作的练习要求与指导要点

基本动作	特点	动作类型	基本要求	指导要点
走步	人体位移中最基本、最自然、最省力的一种运动方式	周期型	动作放松、自然，上体保持正直；有合理而稳定的节奏，步幅适中，步频适度；两脚落地要轻，脚尖稍向正前方，避免“内八字、外八字”；两臂适度地前后自然摆动；在集体走步时，学会保持前后适宜的距离	为幼儿提供一个安全的环境，在学习和练习过程中加强安全保护，鼓励幼儿大胆实践，利用各种条件，帮助幼儿独立行走，对3岁以上幼儿重视培养其走步的正确姿势
跑步	人体位移速度最快的一种运动方式	周期型	上体正直，稍向前倾；要有蹬地和腾空的阶段，脚落地时要轻，快跑时会用力蹬地；两手轻轻握拳，两臂曲肘于体侧前后自然摆动	根据幼儿的年龄特点、身体状况和季节特点合理安排活动量；跑前充分活动身体关节；跑步时“步子大些、落地轻些”；跑步中提醒注意安全，灵活躲闪障碍物；呼吸要节奏自然，“鼻子吸气、嘴巴呼气”
跳跃	锻炼幼儿身体力量和协调性的有效手段，包括双脚跳、单脚跳、纵跳、行进向前跳、高处向低处跳、侧跳、立定跳远、助跑跨跳等	非周期型	蹬地动作有力、快速，落地动作要轻；落地时保持身体平衡，可以弯曲下肢关节，还可以顺势向前跨一步或几步等	提供适宜的活动场地，避免在坚硬的地面跳跃；根据不同的跳跃类型设计教学活动内容和形式，有的强调摆臂动作协调，有的强调蹬地快速而有力，有的强调跳跃过程中身体方向的变换

(续表)

基本动作	特点	动作类型	基本要求	指导要点
投掷	日常生活中使用的动作技能，包括掷远和掷准	非周期型	要有力、动作要快、获得较大的爆发力；掌握合适的出手角度和时机	左手、右手都要有机会参与；经常变换投掷目标；注意投掷物的重量和大小适中；投掷练习中由近及远、目标由大到小、由静到动进行
攀登	锻炼身体和提高身体素质的重要手段	周期型	双脚动作和双手双脚共同攀登的动作练习；需要正确握住攀登物，保证安全，动作要领：大拇指与其他四指分开握	掌握手握攀登物的正确动作，注意在攀登过程中保护幼儿的安全，让幼儿学会在攀登过程中集中注意力，适当观察周围环境
钻	增强腿部和腰背部肌肉力量，发展身体动作灵敏性、柔韧性和平衡性	非周期型	正面钻时，身体面向障碍物，屈膝下蹲，紧缩身体；侧面钻时，动作除了与正面钻时有类似之处外，还要求身体侧对障碍物，同时要两腿屈与伸交替以及身体重心的移动	辅助器械的高低要适宜，正面钻的器械空隙应在幼儿的胸部以上、耳部以下，宽度要大于幼儿的体宽；用于侧面钻的器械空隙应在幼儿的胸部以下；充分利用废旧材料开展活动
爬	增强幼儿四肢力量以及腰背部和腹部肌肉力量，包括手膝爬、手脚爬、肘膝爬和匍匐爬	周期型	动作要灵活、协调，有一定的节奏	创造多种爬的环境，练习各种类型的爬，循序渐进提高难度；注意发展幼儿动作的灵敏性和协调性

2. 基本体操的练习

幼儿基本体操是锻炼其身体协调性的重要手段之一，针对3～6岁学前阶段的幼儿包括徒手体操和器械体操两种。徒手体操是根据人体各部位的特点，按照一定的程序，由举、振、伸屈、转、绕、蹲、跳等一系列徒手动作组成的动作练习。可以通过徒手操、模仿操、拍手操、韵律操和武术等形式达到练习的目的。器械体操是指借助一定的器械所做的体操动作，分为轻器械操和辅助器械操两种。轻器械操可以通过哑铃操、小旗操和棍棒操等进行；辅助器械操可以通过椅子操、垫子操和皮筋操等进行。体操动作的难度要适中，活动量也应符合幼儿的身体特点，要能够激发幼儿参与的兴趣与积极性，在练习中要注意排队和变换队形的要求，例如，给幼儿统一的口令，让幼儿养成迅速、整齐、统一行事的良好习惯。但在进行排队和变换队形的练习中，教师不要过分强调幼儿动作上的步调一致，也不要求幼儿掌握复杂的队形变化，避免由于练习的枯燥、单调和重复让幼儿失去锻炼体操的兴趣。

3. 体育游戏

学前儿童体育游戏有益于锻炼幼儿的身体，提高智力，促进良好的师幼关系和同伴关系的发展，是学前儿童的良好个性的养成的重要途径。体育游戏是集走、跑、跳、投等多种动作的综合性活动，其形式多样、内容广泛、操作简单，学前儿童可以在日常生活中练习，教师可以在特定的场地进行组织。体育游戏是一种有规则游戏，幼儿在参加体育活动时需要遵守一定的规则，按照一定的程序或顺序组织的有序的活动，带有很强的组织性。

幼儿园进行体育游戏时要符合以下基本要求。

(1) 目的要具体明确

根据幼儿身体素质、活动能力、个性品质等方面的发展要求制定相应的游戏目的。

(2) 难度要适宜年龄特点

体育游戏的设计从目标、材料准备到活动过程都要以幼儿的年龄特点作为最根本的依据，难度要循序渐进地提高，才能保证在幼儿的最近发展区内激发其参与的兴趣。

(3) 材料要多元丰富

教师要充分利用各种现有资源进行游戏材料的创设，因地制宜创编游戏活动。

4. 运动器械的练习

学前儿童运动器械的练习，是指利用运动器械进行身体练习活动，根据器械本身的重量和大小的特点，可以分为大、中、小型运动器械，如大型器械滑梯、中型器械平衡车和小型器械平衡板等；根据器械功能的特点，可以分为滑行类、旋转类、摆动类、颠簸类、攀登类、钻爬类、弹跳类等，可以从不同的运动需要角度为幼儿提供辅助的锻炼。

3.5　学前儿童体育活动的设计、组织与指导

要科学而系统地设计与组织学前儿童体育活动，在教学活动设计时应考虑周全，在组织时应遵循科学的原则，这样才能进行高质量的学前儿童体育教育。

3.5.1　学前儿童体育活动的设计

体育活动的设计环节关系活动开展的科学性与有效性，因此在组织与指导体育活动之前要针对活动的开始部分、基本部分及结束部分进行设计。

1. 开始部分

热身活动：热身活动的目的在于激发幼儿的活动兴趣与热情，同时也能舒展开幼儿的肌肉组织，使身体的各项生理指标能逐渐启动运动模式。

内容：热身活动中可以做些队列练习，向幼儿说明活动的要求和主要内容，或者做一些基本的体操和模仿操、简单的舞蹈和律动，也可以开展一些运动负荷不大、有利于发展幼儿体能的游戏等。

时间：一般占活动总时间的10%～20%即可，幼儿一节体育课的总时间一般为小班15～20分钟，中班20～25分钟，大班30分钟左右。

注意事项：

① 时间不宜过长，运动量不宜过大；

② 根据需要选用口令或口哨；

③ 可以选用节奏感强、动感十足的音乐。

2. 基本部分

任务：基本部分的主要任务是完成本次课的教学任务，达到本次课的教学目标，即通过一定的身体动作练习，提高幼儿的身体素质，发展基本动作的活动能力，学习粗浅的体育知识和技能，培养优良的品德和良好的性格，发展智力等。

内容：一般包含教师的示范与讲解、幼儿练习及重复游戏三个基本环节。

示范是指教师(或指定幼儿)将正确的动作做给幼儿看。示范应该注意幼儿姿势的正确性和动作的轻松感；示范时还要注意示范者的位置和方向，要照顾到全体幼儿观看示范并学习模仿；示范要有明确的目的，示范者要用语言进行指导，次数以2～3次为宜。

讲解是指教师运用语言向幼儿说明动作名称、要领以及要求。讲解时应注意重点突出、语言少而精、通俗易懂、生动形象、有趣味性；以练习为主，讲解为辅；讲解要富有启发性，可以适当地提问。例如，为了让幼儿掌握轻轻跳下落地的动作，可以用“小老鼠偷油吃”这个故事来讲解：“老猫睡着了以后，小老鼠要去偷油吃，得轻轻地跳下来，别让老猫听见。要是把老猫吵醒了，就会被老猫捉住、吃掉。小朋友要认真看哦！看怎么跳才正确，双脚并拢，膝盖弯一弯，轻轻往下跳，前脚掌先着地。”

幼儿练习包括个人分散式、两人合作式、集体集中式、分组轮流式等形式。练习时，运动的负荷量应由小到大，采用动静交替的方法，避免让幼儿产生过度疲劳或者发生运动损伤。同时要考虑到个别幼儿能力差、体质弱、胆怯等不利因素，采用降低活动难度或者保护帮助的方法，给每个幼儿安排适合其发展水平的活动。更重要的是练习过程中，老师一定在发现问题时及时纠正，排除安全隐患。

重复游戏时应兼顾如下注意事项：

① 交代游戏规则，可以把以前学过的动作设计到游戏当中；

② 示范标准动作，提示安全问题；

③ 有秩序地组织游戏，再次提示安全。

时间：一般占活动总时间的70%～80%。

注意事项：

① 幼儿身体运动负荷和心理负荷的高峰一般安排在后半段出现；

② 遵循幼儿学习动作的基本规律进行训练；

③ 控制好活动强度和密度，保证课前心率与课后心率之差在40～50次，课的平均心率在130～150次/分，心率恢复时间在5分钟以内，课的练习密度在50%～70%；

④ 如果有游戏与比赛，游戏较适用于小班和中班，比赛较适用于中班和大班，且比赛适合安排在该部分的后半段；

⑤ 对于新授的教学内容教师应该给予讲解示范，并让幼儿进行练习。

3. 结束部分

任务：通过进行放松身体的游戏或动作使幼儿肌肉放松，疲劳消除，让身体由兴奋状态逐渐恢复到安静状态。如深呼吸、原地挥臂踢腿、轻松有趣的模仿动作、运动量很小的游戏以及收拾玩具、整理衣服等。在此基础上要合理地评价和小结幼儿的活动，有组织地结束活动，收拾场地与器材。

时间：一般占活动总时间的10%～20%。

注意事项：

① 不可进行运动量大或让幼儿更加兴奋的游戏或活动；

② 放松活动一般配以轻柔、舒缓的音乐，可以达到更好的效果；

③ 教师不要把收拾与整理的任务留给自己或配班教师，要让幼儿自己做。

3.5.2　学前儿童体育活动的组织原则

1. 安全性原则

安全问题是学前儿童体育活动中最重要的问题。由于幼儿体力相对较弱，独立活动能力差，自我感觉和反应能力低，缺乏运动经验，容易忽视安全规则。在学前儿童体育活动中必须采取置悬挂标识、提示语等方式布置相应的安全措施，防止各类伤害事故的发生。选用体育活动的难度要控制在幼儿体育能力的最近发展区中；在体育活动之前，应制定必要的安全规范并教育儿童遵守；此外还应关注幼儿的年龄特点，注意体育活动的趣味性；最后要注意幼儿的着装、场地与器械等方面的安全性。

2. 经常性原则

体育运动是一项持久的活动，幼儿只有每天坚持锻炼，才能促进身心的正常发育发展，从而实现学前儿童体育活动的目标。因此每天都应让幼儿进行适当的体育活动，让幼儿在园期间保证室内外体育活动每天不低于2小时，依据天气与季节的不同，灵活地变化组织形式，以确保幼儿的活动量达标。

3. 全面性原则

全面性原则一方面是指学前儿童体育活动应促进幼儿身心全面发展，即不仅要促进幼儿的身体健康，还要促进幼儿的心理健康；不仅要增强幼儿的体质，而且要促进幼儿在个性情感、社会性等方面的发展。另一方面是指学前儿童体育活动中应尽量使幼儿身体的各个部位、各器官系统的机能、各种身体素质及基本活动技能等都得到全面协调的发展。

4. 适量性原则

在组织儿童进行体育游戏时，要按照幼儿的生理心理特点来设计运动负荷，保证幼儿在体育活动之后能取得最佳的锻炼效果。运动负荷量的大小会直接影响到学前儿童体育活动的成效。若运动负荷过小或停留在同一水平上，人体的机能不能得到进一步提升，达不到增强体质的效果；而运动负荷增加过猛过快，超出了儿童所能承受的限度，反而会损害儿童的身体健康，并会降低儿童对体育活动的兴趣。一般而言，幼儿体育活动应遵循“强度小、密度大、时间短、强调节奏”的原则，以中等强度的有氧运动为宜，运动负荷应从小到大逐步上升，并在体育活动结束前逐步下降。

5. 多样性原则

学前儿童体育活动应灵活运用多种内容、形式和方法来展开，因为任何一种内容、形式或方法都有其不可替代的作用。通过多种途径、组织形式和方法来开展学前儿童体育活动，可以相互补充、相互配合，共同实现学前儿童体育游戏的目标。

3.5.3 学前儿童体育活动组织过程中的注意事项

学前阶段的体育活动能否科学有效地开展，是幼儿身体运动量和协调性等多方面综合指标达标的体现，在组织过程中要注意以下事项，确保安全实施。

1. 引起动机

通过趣味化、多样化的方式，吸引幼儿的注意力，让幼儿能够快速进入活动主题，并且在快乐、无压力的情境中参与。建议的开展方式如下：①通过说故事的方式引起兴趣，启发想象力、增加理解力，让幼儿想象自己是故事中的角色，从而能更加投入地进行角色扮演；②音乐氛围的营造可以带动愉悦的活动氛围，训练幼儿进行律动及肢体动作的创作；③有趣的图片示范介绍可以让幼儿的动作概念化、具体化。

2. 热身运动

运动生理学理论明确指出，热身活动能促使血液循环加快，需氧量增加，机体的代谢速度加快，还能使体温略微升高，肌肉、肌腱的弹性、伸展性等处于良好的状态，提高肌肉的收缩力、速度及动作的协调性，能够避免运动损伤。热身活动的目的是让幼儿身体各主要肌肉群关节、韧带都得到充分的伸展，调动幼儿情绪，使幼儿充分兴奋起来，所以热身活动的量只能控制在中小程度。热身活动要根据活动内容而定，例如投掷课的热身活动应以上肢准备为主；体操课的热身活动应以关节准备为主；跑跳课的热身活动应以下肢准备为主，并加入一些专门性练习；还可以用慢跑、徒手或持轻器械的基本体操和武术，以及负荷量较小的游戏等形式开展热身活动。

3. 活动的密度和强度

幼儿园体育课的密度是指体育课中幼儿的练习时间与全课总时间的比例，标志着单位时间内运动练习的重复次数。体育课的密度直接关系到一节体育课的时间是否合理，是否充分地被教师和幼儿所利用。强度是指单位时间内所完成的活动量，是决定体育课运动量大小的核心要素。一般通过脉率在运动过程中的变化和运动后的恢复情况以及体育课各部分的平均脉率与安静时的脉率之比来判断体育课的强度。

4. 渗透情感教育

在科学组织幼儿体育活动过程中，针对教学目标的达成，除了要使幼儿获得身体发育完善、获得动作技能的熟练，还要为幼儿创设良好的运动环境，从而培养幼儿良好的心理品质和积极的社会性情感。例如可以通过开展混龄和混班运动，培养幼儿的合群性，引导幼儿产生积极的信赖感；通过体育活动的多样性和趣味性，培养幼儿的求知欲和探索性；通过设置竞赛性质的活动，培养幼儿的自信心。

3.5.4 学前儿童体育活动的组织形式

学前儿童体育活动的组织形式多种多样，只要能符合体育运动训练原则和注意事项的内容，都可以设计并实施。一般常见的组织形式有以下几种。

1. 早操活动

早操活动是幼儿做早操和开展其他身体锻炼活动的总和。早操的内容有排队、变换队形等形式。根据场地情况，可以灵活设计活动量和开展形式。例如，有大操场的幼儿园的早操可以统一进行，操场面积受限的可以按照不同年龄班依次进行。时间一般为15～30分钟，夏季时间可延长，寒冷的冬季可适当缩短。

2. 室内活动

室内体育活动是指在教室和专门的体育活动室进行的体育活动。目前，有的幼儿园已经开设了专门的体育馆、室内泳池、舞蹈房、体操房、室内攀岩墙、室内旱冰场、感觉统合活动室等。室内体育活动可以弥补由天气带来的限制，当室外阴雨连绵、有沙尘暴、有雾霾，出现寒冷、炎热的情况时，还可以继续训练。由于室内空间有限，教师需制定规则和秩序，例如不能争抢、不能随意搬动活动器械等。

3. 户外体育活动

户外是幼儿进行体育活动的最佳场所，不仅活动场地宽阔，利于开展内容丰富多彩的活动，而且幼儿在户外能感受空气中的温度、湿度、气流的刺激和阳光的照射，促进新陈代谢，增强抵抗力。户外活动还能弥补早操和体育课的不足，幼儿可以自选活动项目和运动器械，在活动中发展自己的动作和身体素质。《幼儿园工作规程》指出："幼儿每天户外体育活动时间不得少于1小时。"通常幼儿在上午和下午各安排一次户外活动。户外体育活动可以进行基本体操游戏、各种固定器械和大小型器械的练习，也可以拓展进行三浴锻炼、爬山、在草地上奔跑等。进行户外活动前要向幼儿提出活动的具体要求和注意事项，活动中注意观察幼儿的脸色，提醒儿童适时休息。同时，注意儿童的危险举动，例如及时制止在滑梯上的互相打闹、不能投掷石子、不得扬沙等。

4. 其他形式的体育活动

可以通过远足和运动会这样的趣味性和组织性都很强的活动培养幼儿的运动能力。通过远足培养幼儿适应社会、认识自我、勇敢、顽强、吃苦耐劳、克服困难、持之以恒等良好的品质，在实践中不断提高幼儿的自信心、自控能力和良好的行为习惯；及时引导幼儿注意观察周边环境，提高其观察力、注意力；通过帮助幼儿认识道路标识、交通信号、车辆、花草、农作物、建筑物等，提高幼儿的思维能力、认知能力及记忆力；让幼儿通过口述远足路线、过程、感受等提高其语言表达能力。

附：体育教育活动案例

活动名称：米袋变变变

适用年龄：5～6岁

活动目标：

1. 引导幼儿探索米袋的多种玩法；

2. 练习持袋向前跳的动作；

3. 能创造性地运用游戏材料与机械玩游戏。

活动准备：米袋若干、呼啦圈4个、大布包12个、起始线4条、宽阔的场地。场地布置，如图3-2所示。

活动过程：

1. 开始部分：热身活动。队列练习，幼儿成一路纵队进入场地练习左右分队走；热身运动，幼儿跟随教师做上肢、下肢、蹲起等动作练习。

2. 基本部分：探索玩法。引导幼儿自由探索米袋的多种玩法。请个别幼儿展示自己的玩法，其他幼儿体验并尝试不同玩法。鼓励幼儿再次探索米袋的玩法，如用米袋练习向上跳，向远跳的动作。

游戏体验。幼儿分成4组，站在线后，排头幼儿出发后双脚立定跳过米袋，再跑进圈里套上米袋，用“袋鼠跳”跳过大布包，到终点后第二个人出发，依次进行，先结束的小组获胜。

3. 结束部分：放松运动。与幼儿坐在米袋上做放松脚踝的活动。

活动建议：

1. 活动中如果幼儿是第一次玩米袋，他会更多地关注于在米袋上走、跑或拿着米袋跑，教师在指导中可给予提示，鼓励幼儿用米袋练习上跳、跳远以及合作玩米袋等。

2. 运用米袋练习跳跃时，需要幼儿手、脚协调地跳，有一定的难度，也很容易疲劳，所以教师要及时调整幼儿的运动量，适时休息。

3. 如果幼儿园条件允许，可将米袋替换为布袋。若幼儿做袋鼠跳障碍的动作有难度，可降低游戏难度或分为两节活动进行。

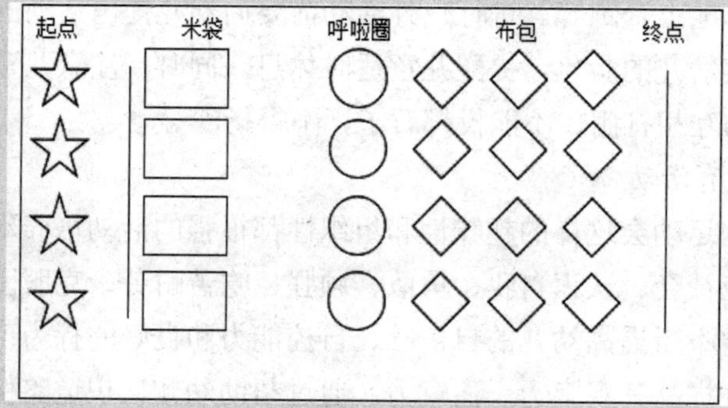

图3-2　场地布置

活动名称：挑水过河

适用年龄：4～5岁

活动目标：

1. 能保持单肩平衡挑物；

2. 知道平衡的道理，能够列举平衡的现象；

3. 体会游戏的乐趣和团队合作的快乐。

活动准备：梅花桩8个、利用木棍自制的扁担、可挑起的饮料瓶等。

活动过程：

1. 开始部分：热身活动。队列练习，幼儿成一路纵队进入场地练习左右分队走；热身运动，幼儿跟随教师做上肢、下肢、蹲起等动作练习。

2. 基本部分：将幼儿分成两组，站在各自跑道的两边，每个跑道各有四个梅花桩。游戏开始后，每队的第一名幼儿挑好水，踩过四个梅花桩到达对面，把水交给第二名幼儿，然后站到队伍后面，游戏以此类推。场地布置，如图3-3所示。

3. 结束部分：放松运动。让幼儿站在原地队列中，跟随音乐进行全身放松操活动。

活动建议：幼儿在挑水过河的过程中，教师要对能力较差的幼儿进行保护和引导。教师在制作道具时，扁担和水瓶可以利用软性环进行连接。如果饮料瓶掉落或者幼儿从梅花桩上掉下来，要在原地把饮料瓶挑好并迅速踩上梅花桩继续进行游戏。

图3-3　场地布置

活动名称：小弹簧跳跳跳

适用年龄：3～4岁

活动目标：

1. 练习双脚向上跳的动作；

2. 知道弹簧的性质和作用；

3. 培养好奇心和探索欲望。

活动准备：较为宽敞的场地；准备活动时重点活动脚部；提前学习儿歌、认识弹簧，知道弹簧有弹性。

活动过程：

1. 开始部分：热身运动。幼儿跟随教师做上肢、下肢、蹲起等动作练习。

2. 基本部分：教师与幼儿一起说儿歌："我们都是小弹簧，按一按，跳一跳。按得轻，跳得低；按得重，跳得高。跳跳跳，跳跳跳，真是快乐的小弹簧。"引导幼儿边说儿歌，边做跳跃动作。幼儿两两结伴，你按我跳，我按你跳，可以按肩膀、头部等处，按的手一松，被按着的幼儿立即往上跳。

3. 结束部分：放松运动。根据儿歌内容做相应的肢体动作。

活动建议：活动前可带领幼儿一起模仿小弹簧做跳一跳、转一转(原地转几圈)的动作来活动身体。在游戏中要密切观察幼儿的动作，及时制止幼儿在活动中的危险尝试。

第4章 学前儿童安全教育活动

本章将介绍学前儿童安全健康教育活动所涉及的相关概念，包括学前儿童安全健康教育的意义、学前儿童安全教育需要注意的问题；学前儿童安全教育活动的目标与内容；学前儿童安全教育活动的设计与实施等，使读者对学前儿童安全健康教育活动有更为全面的认识，能够更好地开展安全教育活动。

4.1 学前儿童安全教育活动概述

学前儿童正处于生长发育的重要时期，在好奇、好探索的心理需求驱使下，他们往往会表现出大胆的举动。而身体各系统发育的不完善及对周围事物缺乏全面认识的能力，决定了他们的行为中隐藏着诸多的安全隐患。如果成人对他们的照料稍有疏忽，极易发生安全事故。因此，学前教育阶段把儿童的安全放在首位，重视对学前儿童进行安全教育，采取有效措施消除安全隐患，是整个学前教育的重要组成部分。

4.1.1 安全教育的含义与意义

1. 安全教育的含义

学前教育可以借助丰富多彩的教学手段，有目的、有计划、有组织地帮助幼儿掌握健康知识，树立科学的健康意识，养成良好的积极健康的生活方式和行为方式，更好地促进幼儿身心健康成长与和谐发展。因此，对学前儿童实施健康教育具有非常重要的意义和价值。学前期是儿童身心发展的关键期，实施健康教育非常必要。正如陈鹤琴先生所说：“幼稚园第一要注意的是儿童的健康。”由此可见，教育幼儿的首要目的就是如何增强幼儿的身心健康。学前儿童身体器官的发育、系统的发育以及功能的发育尚未完善，学前儿童自我保护的意识和能力以及对疾病的预防能力和抵御能力较弱，再加上学前儿童对环境的变化比较敏感，适应能力较弱，易于受到伤害。因此，学前儿童需要成人的精心养育和帮助，更需要鼓励学前儿童积极主动参与力所能及的健康活动，通过开展适宜的健康教育活动，促使学前儿童掌握健康知识，形成正确的健康态度，养成健康的生活方式和行为方式。

2. 安全教育的意义

联合国教科文组织国际教育委员会曾提出未来教育的四大支柱，即学会认知、学会做事、学会生活、学会生存。儿童应该成为一个可持续发展的人，一个“清晰而有效的沟通者，自我指导的终身学习者，有创造性的和实际的问题解决者，负责任的和参与的公民，合作的和优秀的工作者，整体的且富有信息的思考者”。而要扮演好这些角色，儿童自身的安全是重要的前提条件，儿童安全问题已成为社会各界所关注的儿童问题之一。作为联合国《儿童权利公约》成员国，按公约规定，我国18岁以下的“任何人”都应列入儿童，而学龄前阶段的儿童更是安全保护的对象。确立安全的意识，拥有安全的行为，切实保障每一个儿童的生命安全，不仅符合国际社会对儿童问题认识基本统一的发展趋势，也体现了中国重视儿童事业发展和我们应尽的国际义务。

(1) 安全与生命

人最宝贵的是生命，因为生命只有一次。然而，在现实生活中，这一次的生命却与无数次的安全隐患联系在一起，若忽视了安全，则会导致生命的丧失。生命，既坚强无比，又脆弱得不堪一击。学前儿童的生命，更显得弱小、稚嫩。儿童的弱小，是因其处于生命历程的开端，与生存环境之间的互动还只是刚刚开始，所以实际生活中的很多情景他们应对不了，很多事件他们承载不起，任何危及儿童个体的外来刺激都会关乎他们的生命安全。儿童的稚嫩，是因其骨、肌肉、器官及各系统的发育尚未完善，日常生活中的疏忽大意、失误便会造成身体的伤害。生活是生命的存在形式，而珍惜生命是一种责任。这种责任对于发展中的儿童来说，是由养育者承担的。对自己的生命负责，对他人的生命负责，是生命最朴素的愿望和命运最大的恩赐。因此，珍惜生命，尊重生命，首先表现为对生命的保护。

(2) 安全与家庭

个体从呱呱坠地到成人，整个一生都是在家庭的伴随下成长、发展的。尽管在个体不同的发展阶段，家庭对个体的影响作用不同，但是个体始终不会也不可能脱离家庭的影响、家长的保护而成长和发展。1989年，联合国大会在通过的《儿童权利公约》(Convention on the Rights of the Child)中指出：“深信家庭作为社会的基本单元，作为家庭所有成员、特别是儿童的成长和幸福的自然环境，应获得必要的保护和协助，以充分负起它在社会上的责任。”1990年，世界儿童问题首脑会议在《儿童的生存、保护和发展世界宣言》(World Declaration on the Survival, Protection and Development of Children)中声明：“家庭作为儿童成长和福利的基本群体和自然环境，应该给予所有必要的保护和资助”；在《执行九十年代儿童生存、保护和发展世界宣言行动计划》(Plan of Action for Implementing the World Declaration on the Survial, Protection and Develoment of Children in the 1990s)中指出：“所有的社会机构应该尊重并支持父母和其他照看人员在家庭环境中养育和照顾孩子的努力”。上述纲领性文件的表述，充分说明了儿童身体的生长、生命的保障、身心的安全与其所在的家庭是维系在一起的。家庭之于儿童的养育之重与儿童之于家庭的传承之重，都是不可或缺的。

(3) 安全与社会

儿童是社会和谐的音符。和谐社会的构建关乎诸多方面，如经济发展的平衡、人与自然的共存、城乡发展的协调、人与人之间的和睦相处等。在此过程中，生命的安全是社会活动的重要条件。意外伤害的发生与社会的经济发展是同步的。在我国，尽管经济发展还处于上升时期，但意外伤害已成为严重的儿童健康问题，且由于我国经济、文化、传统习俗的某些特点，儿童意外伤害的发生率较高。然而，成长中的儿童，他们既是当今社会关爱的对象，又是未来社会依靠的对象。所以，关注儿童的健康与安全，为儿童创造一个自由而和谐的生存空间，是树立和坚持科学发展观的当代社会的共同责任。2002年，联合国儿童问题特别大会通过了《共同生活“适合儿童生长的世界”的决议》，进一步明确了在保健、教育等领域保护儿童权益、改善儿童生存条件的原则和目标。决议重申：“我们将齐心协力，建立一个适合儿童生长的世界，所有儿童都能在一个安全、有利的环境中获得充足的机会发展个人的能力。我们将促进儿童的身体、心理、精神、社会、情感、智力和文化的发展，将其作为国家和全球的优先事项……使儿童在快乐、关爱和理解的气氛中成长发展。”关爱儿童，珍视生命，既是当务之急，又是千秋大业。

4.1.2 影响幼儿安全的因素

美国心理学家马斯洛在其发表的《人类动机的理论》中提出了需要层次理论。该理论认为，人的需求有五种，由低到高依次为生理需求、安全需求、社会需求、尊重需求和自我实现需求。只有安全的需要得到满足，才会有更高的需要。生命安全需求是人类最基本的需求，人类的其他一切活动都是建立在生命安全保障的基础上。

1. 环境创设

儿童受伤的种类一般有：骨折、挫折伤、擦伤、扭伤等，而事故发生较为频繁的一些地方就是户外活动场地以及一些大型游戏设施，例如滑梯、秋千、攀登架等。所以，环境创设是安全教育的前提，在环境创设中经常把安全放在第一的位置，对于幼儿工作者来说是比较关键的。

2. 情感体验

儿童敏感于成人的言行，所以，他们会因为成人的担忧焦虑而产生一种不安全感。因此，在幼儿园中照料孩子的教师要注意给孩子以情绪情感上的安全经验。例如，经常给孩子以拥抱、微笑或身体接触等，给孩子确定的安全感，让孩子确定自己是被关爱的。

3. 游戏生活

幼儿在幼儿园中游戏活动的时间比例非常大，所以安全教育应与孩子们的游戏融合在一起，并与生活相结合，让儿童在游戏当中自己去体会什么是安全，逐渐形成一种安全意识以及应对危险的能力等。

4. 教师职责

在幼儿园中保护幼儿的安全是教师的职责之一，教师也是幼儿园安全教育的主要实施者。教师的职责非常重要，有时老师的一时疏忽，就可能造成一些事故。举个例子来说，一名幼儿把一颗扣子塞在了鼻子里，他告诉老师他的鼻子痛，但老师并没有重视这件事，直到这名幼儿回到家后，其家长才发现孩子的鼻子里有一颗纽扣。这一例子可以说明教师在幼儿园中保护幼儿的安全至关重要。

5. 家长社区

幼儿园的安全工作、安全教育的目的就是保障儿童的安全，这不只是幼儿园及教师的任务，家长和社区的参与也是必不可少的，与家长的沟通、社区资源的共享等都是幼儿园安全教育顺利进行的前提。

4.2　学前儿童安全教育活动的目标和内容

要对学前儿童进行高质量的安全教育，首先必须明确其总目标与分阶段目标，再按照目标选择与组织适宜的教育活动内容，本节就从这两个方面来介绍学前儿童安全教育。

4.2.1　学前儿童安全教育活动的目标

1. 总目标

《3～6岁儿童学习与发展指南》中在健康领域的子领域“生活习惯与生活能力”中提出了“幼儿要具备基本的安全知识和自我保护能力”的发展目标。根据幼儿的年龄特点，我们可以将学前儿童安全教育的目标总结为以下几点。

(1) 引导幼儿了解安全知识与技能

通过教学活动与游戏活动，引导幼儿了解一些基本的安全常识，如遵守交通规则，走人行横道，不在马路上停留或玩耍，不玩火和危险品，认识简单的消防标识，知道火警电话和报警电话，懂得如何报警等。

(2) 帮助幼儿建立安全意识

幼儿由于自身知识经验不足，常常意识不到周围存在的潜在危险。安全教育要让幼儿了解在家庭、幼儿园和社会公共场所存在的潜在危险，使他们知道在什么情况下将会发生危险、怎么样才能避免危险的发生或者减小危害的程度。

(3) 培养幼儿良好的安全习惯

习惯是在一定情景下自动化的动作系统，人的行为只有养成习惯才具有稳定性和一贯性。安全教育应帮助幼儿养成良好的安全行为习惯，如回到家中要关门，洗完手后要擦干，不用湿手摸电器开关，上下楼梯靠右行走，在公共场所主动排队、不拥挤等。

2. 年龄阶段目标

学前儿童安全教育的年龄阶段目标，如表4-1所示。

表4-1　学前儿童安全教育的年龄阶段目标

3～4岁	4～5岁	5～6岁
不吃陌生人给的东西，不跟陌生人走； 在提醒下能注意安全，不做危险的事； 在公共场所走失时，能向警察或有关人员说出自己和家人的名字、电话号码等简单信息	知道在公共场合不远离成人的视线单独活动； 认识常见的安全标志，能自觉遵守基本的安全规则； 运动时能主动躲避危险； 知道简单的求助方式	未经大人允许不给陌生人开门； 能自觉遵守基本的安全规则和交通规则； 运动时能注意安全，不给他人造成危险； 知道一些基本的防灾知识

4.2.2 学前儿童安全教育活动的内容

学前儿童安全教育是为了实现儿童安全教育目标，帮助儿童了解安全知识与技能、建立安全意识、养成安全习惯，而选择与组织的各种教育活动。具体内容包括：日常生活中的自我保护、交通安全、消防安全、食品饮食安全、户外活动安全、自然灾害防护、疾病防护等方面。

1. 自我认识与保护

能够认识自身的外形特征和一些主要的身体器官，了解身体器官的基本功能，形成保护身体的意识。认识五官，知道五官对于自身活动的重要性。注意用眼卫生，不用脏手擦眼睛；爱护牙齿，养成认真刷牙的好习惯；爱护鼻子，不玩弄鼻孔，不随意抠鼻子。

运动时养成自我保护意识，有意识地保护身体，不过度运动，小心不要擦破皮肤，也不要在运动中伤害其他伙伴。

能在成人的帮助下根据气温的变化增减衣物，知道保暖和御寒的基本方法。身体过冷、过热时能向成人寻求帮助。

知道出门在外要紧跟成人，不独自走开。不跟陌生人走，不接受陌生人的馈赠。能记住家庭成员的姓名、电话和工作单位，走失后能向警察求助。培养自我保护的能力，学会识别坏人的能力，独自在家不给陌生人开门，公共场所偶遇陌生人诱拐能大声求救。

2. 交通安全

认识日常交通标志；了解日常生活中的交通规则；遵守并督促他人遵守交通规则；掌握基本的交通安全知识。会按红绿灯过马路，知道过马路时走斑马线，能根据车辆的灯光判断车辆行驶的方向；知道右侧通行；人走人行横道，不走机动车道，行路时能发现障碍物，不在马路上玩耍、打闹，坐车时不将头伸出窗、扶稳；坐车时系好安全带；不在行驶的车辆上饮食、玩弄尖锐的物品。

3. 消防安全

认识紧急逃生出口；知道火灾发生时要按照紧急出口的方向撤离；了解火在生活中的用处；懂得不玩火柴、蜡烛，不在室内燃放烟花爆竹等安全用火的常识；掌握应对火灾的求生技能。

4. 饮食安全

知道食用不卫生的食物会危害身体；能识别不卫生的食物，如生水、没有清洗的瓜果、变质的食物；养成健康饮食的好习惯，不喝生水，少喝饮料；学会观察食品信息，不吃没有生产厂家、生产日期的食品。

养成健康的进食习惯，进食前先看、闻或摸食物或饮料，以防被食物烫伤；进食过程中细嚼慢咽，安静不玩闹，以防烫伤、噎、呛等危险。

5. 疾病自护

了解疾病的症状，如发烧、呕吐、腹泻、鼻塞、鼻出血、便血、便虫、头疼头晕、腹疼、眼睛不适等。发现身体不适或有疾病症状，能及时告诉大人，以便及时治疗。有病应诊治，并主动配合医生，打针、吃药不哭叫，知道不同的药治不同的病，吃错了药会加重病情。发现药味有变化能及时告诉大人。

6. 意外伤害的发生

遇到水灾、火灾、风灾、地震、车祸、冰雹等时不慌张哭叫，紧跟家人寻求保护；不怕雷声、闪电；与家人失散时，应走向有人声、有灯光的地方去呼救；不慎陷进坑洞时，不要惊慌，注意倾听，如有人声或走步声时要大声呼救；同伴不慎落进坑内或溺水时要大声呼救。

4.3　学前儿童安全教育的实施途径

对学前儿童进行安全教育，应该通过多种途径，根据每种途径的不同特点，采用适宜的方法有针对性地进行高质量的教育。本节详细介绍一下学前儿童安全教育的各个途径。

4.3.1　学前儿童安全教育的途径

学前儿童安全教育的实施可以有多种渠道、多方途径，它可以涉及幼儿园的各种环境、各个层面及环节。

1. 课程与资源

随着课程改革的深化，课程模式的变革已经将教师与幼儿都看作课程的主体和创造者。教师是课程的主要设计者，可以在执行课程实践中适时适宜地将安全教育的内容有机地纳入其中；幼儿则可以在学习、体验和完成课程内容的过程中，获取有关安全知识方面的教育。对于幼儿园来说，进行安全教育可以充分挖掘和利用各种有效的课程资源，不断丰富安全教育的内容，为安全教育的实施注入活力。

家长与社区资源方面：在日常生活场景中与幼儿一起识别周围的安全标识；带幼儿共同去公园、商场、影院等公共场所走走看看，讲述如果发生了特别的情况该怎么办；经常与儿童谈论有关生命安全的常识与话题。

2. 游戏与生活

游戏的情景、生活的实景很容易为儿童所感知，儿童在玩的过程中、在真实的体验中可以学习有关安全的知识。以消防安全教育这一主题为例，教师通过组织儿童讨论关于消防安全的相关内容，如消防演习有哪些步骤，怎样逃离火灾现场，有哪些消防用品等，然后幼儿就可以玩消防灭火的游戏，亲身体验讨论过的内容，了解有关的安全知识。

角色游戏是儿童生活经验的反映，同时也是对成人社会的模仿。游戏是孩子最喜欢的活动，若能将健康生活的相关内容以游戏的形式呈现，使一些生活中的安全常识在游戏的情景中再现，让孩子去操作、去尝试、去感受，使得儿童在模仿中学习，在情景中体验，那么这样的教育是切实有效的。

3. 器具与玩法

有关统计表明，儿童受伤的种类一般有骨折、挫折伤、擦伤、扭伤等，而事故发生地点最频繁的就是户外活动场地、游戏设施等处，如滑梯、秋千、攀登架等。对这些事故高发场地及设施采取相应的对策，教会儿童正确的玩法，在恰当的时候给儿童以适当的安全提醒，可以让儿童既能在充满“危险”的环境中得到锻炼，又能确保儿童的安全。

幼儿园中的活动器具种类多样，内容丰富，如车子就有摇摇车、滑板车、自行车等。在组织活动的过程中，可以通过障碍围栏、指示牌、模型加油站、平地、斜坡等场地的布置，让儿童既玩得开心，又懂得开车和走路各自的安全要求，并在乐此不疲的活动中学到安全知识。

4. 教师与家长

保障儿童的安全是幼儿园教师和家长的共同任务。教师的重视、与家长的沟通、社区资源的共享等都是幼儿园安全教育顺利进行的前提。教师在保护幼儿的安全及进行安全教育时，角度是多重的，也是灵活多变的。教师既要培养儿童预测、判断、回避危险的能力，探索、创新、自主的精神，允许儿童尝试各种他们自创的具有“冒险性”的活动，以及自己发明的一些游戏的“非常规”玩法，又要适时地向儿童进行安全知识的教育。同时，关于幼儿的安全及安全教育方面，幼儿园教师应当始终与家长保持沟通交流。如国外的许多幼儿园在外出参观游览时，都会向家长发放专门的意见书，家长签字表示同意为外出危险承担一定的责任。

【拓展阅读】 家庭中教给孩子的安全知识

1. 防止意外教育

孩子都喜欢登高爬低，虽然他们对高也有恐惧，但好动与好奇，又常使他们在玩耍中忘了危险。爸爸妈妈要常提醒孩子，不去危险的地方，不做危险的动作。如不要从滑梯上跳下来，不要在双杠上随便放手，不要到处乱爬等。当出现危险倾向时，要严厉制止。

在室外活动时，要让孩子知道躲避汽车。不要在小区的马路中间玩，不要在横穿马路时猛跑，要告诉孩子汽车开过来后躲避的方式。当汽车过来时，妈妈不要只想着急忙抱起孩子，最好是牵着孩子的手，避到近侧的路边，让孩子能亲身体验到应该怎样做。

2. 防止走失教育

在孩子刚学会说话时，就要告诉他家庭地址、爸爸妈妈的姓名、自己的名字，再大一点，最好能让孩子知道爸爸妈妈的电话和单位。当孩子在小区里玩耍时，爸爸妈妈应在边上看护，如一时有事，也要托付他人，并告诉孩子不能跟不认识的人走，即使是熟人，在爸爸妈妈不在的情况下，也不能跟着离开。

3. 防止伤人教育

孩子在小区里玩耍，会有很多相熟的小朋友一起玩。孩子在游戏中常不知轻重，有时会伤着对方或被对方伤害。要教育孩子尊重生命，在平时讲故事时，给他灌输这方面的内容。要告诉孩子不能拿石头、棍子打人，也不能用手去触碰对方的眼睛，不要用力去推倒小朋友，不要咬小朋友等。当然，也应该让孩子知道避开他人的攻击，要告诉孩子不与拿棍子的小朋友玩，如小朋友动手时，要挡开他，使他不能抓伤、捅伤自己。

4. 分清鲁莽和勇敢

崇尚勇敢精神是孩子的共性。但是，孩子尚小，往往不清楚什么是勇敢，什么是鲁莽。特别是现在不少动画片，打打杀杀的镜头颇多，“英雄人物”又常常具有超人能力，可以刀枪不入，可以凌空飞行……孩子理解能力差，看到这些镜头会认为是可行的而加以模仿。因此，如果电视中的“英雄”做了什么勇敢之举时，要告诉孩子，这是不应该学的。如果孩子鲁莽地要做危险的事，要及时想办法防止发生危险，并妥善处理。

4.3.2　学前儿童安全教育实施的原则

教育原则有助于教育行为的贯彻到位。在实施学前儿童安全教育的过程中，我们认为有必要把握以下几方面的原则。

1. 倡导安全氛围

各种社会媒介的宣传，电视、广播、网络、报刊、书籍等形式的安全知识的传播，能帮助儿童逐渐改变其不良的生活行为，以避免意外事故的发生。同时，父母的言传身教是儿童行为塑造的重要途径，应当强调父母在教育中发挥的关键作用，以身作则，注意营造良好的安全生活环境。幼儿园要严格按照国家的相关规定，把安全教育纳入教育教学内容之内，对儿童实施交通安全、饮食安全、使用设施安全和防火、防电、防中毒、防溺水、防雷击等方面的教育。

2. 重在自我保护

有研究表明，导致悲剧发生的一个重要原因是儿童欠缺安全防范知识、安全意识和安全习惯，加之自我保护能力差。教育者加强对儿童的保护固然重要，但加强对儿童自我保护能力的培养才是解决问题的关键，同时这也是安全教育的要求。教师和家长应对儿童加强行为规范的教育，培养他们独自应付环境、适应环境的能力。要启发和诱导儿童，让他们认识到什么是安全的、什么是不安全的以及不安全的后果。要采用儿童乐于接受的形式，使儿童有兴趣接受教育。

3. 发挥教育合力

预防伤害是一项社会性很强的系统工程，它需要全社会、全方位、全面性的协作。要有医学、行为学、环境学、教育学等多个学科，公安、司法、行政等多个部门的参与；要有儿童、家长、教师、医生、心理学家、社会活动家、警察等的共同努力；还要有家长、相关管理人员、看护人员、教师的警觉性和责任心。唯有如此，才能做好儿童伤害的防范和教育工作。

4. 实现模式转变

有人根据意外伤害流行病学模式提出了预防儿童意外伤害的十项要点：预防危险因素的形成，减少危险因素的量，防止或减少危险因素的释放，减少危险因素释放率及空间分布，分离危险因素与受害人(从时间和空间等方面)，利用屏障分离危险因素与受害人，减少危险因素的危险性，增强人对危险因素的抵抗力，加强处理伤害的快速反应能力，加强有效地急救治疗和康复治疗的能力。因此，儿童安全教育应该根据实际情况实现如下转变。

(1) 由急救型向预防型转变

在儿童生活与学习环境发生改变时要特别予以关注，做好心理安全和事故防范工作。在日常生活中，要确保儿童有一个安全的环境，保管好火种、煤气、农药、有毒药品和物品、烟花爆竹、其他危险品，对这些物品的出售、保管、使用、查验等环节都要做好安全防范工作，保证儿童居家安全、校园安全、出行安全和社会安全。

(2) 由封闭型向开放型转变

以往的安全教育存在以教师为主、较随意地进行的状况。现在的安全教育必须改变只由老师在幼儿园里进行教育的状况，可以采取多种形式，利用园内外的诸多资源，对儿童进行生动、活泼、具体、有效的安全教育。

(3) 由纪念日型向经常型转变

除了一些节假日、特别日的安全教育以外，要对儿童进行饮水安全、饮食安全、交通安全、用电安全、游泳安全、游戏安全、消防安全、活动安全、园舍安全、设施安全等长效性的、经常性的教育。

(4) 由常规型向探索型转变

要提高儿童安全教育和健康保护的科技含量，建立和健全“预警系统”，培养社会、学校、家庭和儿童对不安全事件的快速反应能力，提高全社会的避难能力和救护能力。

(5) 由简单报道型向正面引导型转变

媒体对儿童安全事故应从客观的角度予以报道，探究原因和教训，减少对儿童的暗示和误导，提高儿童的判断能力、选择能力和明辨是非的能力。

4.3.3 学前儿童安全教育的方法

学前儿童的年龄特点决定了在对他们进行安全教育的时候，应当将安全教育的内容融入生动有趣的方法之中，以使儿童能够接受。

1. 对照比较法

对一些危险性不大的活动，可鼓励学前儿童大胆体验，逐步找出最佳的行为保护方法。如玩皮球时，把儿童分成两组，一组不提任何要求，让儿童自己玩耍；另一组则按老师提出的要求玩皮球。儿童通过两种玩皮球的行为的比较，会逐渐懂得只有遵守游戏规则，才能玩得好，玩得有趣，不会撞倒碰伤，不会出安全事故。

2. 实例分析法

教师可以利用学前儿童生活中的所见所闻以及经常发生的一些事件，对儿童进行实例分析，让他们知道什么事情(动作)是可以做的，什么事情(动作)是不可以做的，让他们知道一些引起危害的原因，也让他们学习一些简单的自救动作和方法。

3. 游戏模拟法

教师可以通过游戏的形式模拟各种意外事故发生的场景，让儿童学会在特定情况下的操作动作，培养其安全意识和自我保护能力。如通过角色游戏，模拟发生火灾的情景，让儿童掌握自救的动作、方法和技能。

4.3.4　学前儿童安全教育活动设计与指导的基本要求

1. 户外安全篇

教育幼儿活动前要衣着整齐，衣服束在裤子里并系紧鞋带，以防摔跤。

教育幼儿懂得安全要点，明白什么是危险并说明防范措施。

教导幼儿正确运用活动器具以自制玩具。

教导幼儿不在拥挤、有坑洞、潮湿等场地进行活动。

教育幼儿在游戏中不可随意藏在无人照顾的地方。

教育幼儿在游戏中勿推挤、拉扯、互丢东西。

玩绳子时，教育幼儿不可将绳子套住脖子。

玩爬网活动，要求幼儿攀爬时要双手抓牢，不推别人。

2. 校园安全篇

(1) 游泳时的安全

① 游泳前应先做准备动作，游泳时脚抽筋了，可以叫老师，或者自己尽力将抽筋的脚伸直，然后呼救。

② 游泳时遇到左耳朵进水，就提起右脚，左脚原地跳，水就会从耳朵里流出；反之一样。

③ 游泳结束后应由保健医生替幼儿滴眼药水，以防得眼病。

(2) 教会幼儿正确关门、开门

① 开门前应先敲敲门，如果教室里没有人，就旋开门锁，轻轻把门推开，切勿用力一脚把门踢开，以免里面正好有人要出来被撞伤。

② 关门时也应轻轻关门，关门前应先看看门缝附近有没有小朋友的手，以免手被挤压。

(3) 遇到自然灾害的应变能力

① 首先保持镇定，远离玻璃、吊灯等危险坠落物，就地寻求避难点。

② 在人潮拥挤处切勿慌忙奔向出口，宜就地寻找掩护。

③ 听从指挥有秩序离开，迅速往空旷的地方移动。

3. 居家安全篇

幼儿独自在家时，需告诉幼儿注意以下事项。

(1) 不随便开门

如果有陌生人敲门要进来，并告诉你他是爸爸或妈妈的同事时，你千万不要轻信。可以让幼儿告诉来客：“现在爸爸妈妈不在家，请你晚上来。”如果他执意要进来，有电话的就打110报警，没有电话就在窗口呼救。

(2) 掌握听电话的技巧

让幼儿掌握接听电话的技巧，如果有电话进来，告诉你他是你的亲人或父母的朋友，并让你告诉他你家的地址时，千万不要说，以免坏人乘机上门撬窃，你可以说："对不起，我说不清。"既有礼貌，又造成一种父母在家的错觉，坏人就不敢来你家了。

4. 自身安全篇

(1) 教育幼儿不要轻信陌生人

① 要经常对幼儿讲一些深入浅出的道理，让他们认识到社会上既有好人也有坏人，而坏人脸上并没有"我是坏人"的字样，也没有像电影里坏人的那种形象。要教育幼儿，如果大人不在身边，有陌生人前来领你，或带你去公园玩，或说带你到父母那里去时，不要相信陌生人的话，不要跟陌生人走，不要吃陌生人的东西。如果遇到陌生人硬拉你走，要大声叫喊周围的叔叔阿姨。

② 让幼儿知道自己的家庭住址、家长的姓名和工作单位，并反复念叨，牢牢记住，做到准确无误。另外还要告诉幼儿自己家附近有什么明显的标记，有哪几路公共汽车可以到达，万一迷路，就比较容易找到自己的父母，也可以及时安全回家。

③ 告诉幼儿，如果遇到陌生人跟踪你，应跑到就近的商店找大人求救，也可以找巡警帮助，或者随便找一户人家，在门口假装大声叫："爸、妈，我回来了"，这样坏人就会吓跑了。

(2) 保护身体入口处

幼儿园里有很多吸引幼儿的玩具，如小木珠、胶粒等塑料玩具。教师要教育幼儿不要把这些玩具放在嘴里，并告诉他们由此产生的后果：这些东西会误入食道、气管而造成窒息。吃饭时，教师要教育幼儿不要边吃边说话，或边吃边笑，以防食物呛入气管。

【案例】

着火了怎么办

活动思路：

为了使幼儿了解和掌握一些在火灾发生时保护自己的正确方法，我们设计了这一教育活动，目的是让幼儿在充分感受和体验的基础上，知道遇到危险时不惊慌、动脑筋想办法躲避危险。

活动目标：

1. 学会运用遇到火情时的自护自救方法。

2. 鼓励幼儿遇到危险时，不惊慌、动脑筋想办法躲避危险。

活动准备：

动画短片，演习用的盆、打火机，蘸有汽油的毛巾以及湿毛巾。

活动方法：

情景设置法、问题讨论法。

活动过程：

1. 看动画想办法

(1) 观看动画片

动画情景一：一只小鹿在森林里做游戏，突然在离他不远处的地方着火了，这只小鹿吓得不知道应该怎么办，站在原地着急地喊起妈妈来。

教师提问：小鹿遇到火情时是怎么做的？这个办法好吗？为什么？

动画情景二：第二只小鹿在火场里乱跑乱叫。

教师提问：小鹿遇到火情时是怎么做的？这个办法好吗？为什么？

动画情景三：第三只小鹿先是镇定地想了一下，然后朝着森林边的小溪飞快地跑去，他站在了水源边上。

教师提问：这只小鹿遇到危险时用的是什么方法？他是怎么做的？往哪里跑的？

(2) 讨论

谁的方法好？

提问：哪只小鹿的方法好，能更好地保护自己？你愿意做哪只小鹿？为什么？

(3) 再次观看动画片

教师结合录像进行小结：当发生火灾时，第一只小鹿站在原地不动等着妈妈来救他，这种做法不正确，大火会迅速烧到他站的地方，这样做是很危险的；第二只小鹿乱跑乱叫也不好，不知道他会跑哪里去了，也许他离火场更近了，离危险也更近了。

在发生火情时，第三只小鹿不惊慌，动脑筋先想好往哪里跑，然后快速跑开，远离危险的火场，这种办法最好，也是最安全的。

2. 情境体验：着火了怎么办

(1) 体验前进行对话

教师提问：如果我们也像小鹿一样，遇到着火的危险时应该怎么办？

幼儿：……

(2) 教师小结

火情发生的时候会伴有很浓的黑烟，人们呼吸这些浓烟，就会造成生命的危险。这些黑烟会往房间的高处飘，我们要用湿毛巾捂着口鼻，低头、弯腰，这样就不会呼吸有害的气体了。

4.3.5 学前儿童安全教育活动案例

幼儿园是学前儿童学习与发展的主要场所，故安全教育活动的开展是不容忽视的。

【案例一】

不跟陌生人走

一、活动目标

1. 知道不接受陌生人的东西，不跟陌生人走。

2. 能用语言拒绝陌生人。

3. 提高自我保护意识。

二、活动准备：视频课件

三、活动过程

1. 活动导入

教师与幼儿随着音乐一起做游戏，教师借故离开，引出情景体验。

教师：小朋友们，你们想看动画片吗？老师忘记带光盘了，你们等一下，我去拿。

2. 初次情景体验，引发思考

(1) 情景体验：教师借故离开教室，让一位阿姨扮演陌生人出场。

陌生人：小朋友们好，我是你们老师的朋友，她说她有事不能来了，让我带你们出去玩。我这里有好多零食和玩具，想要零食和玩具的小朋友排队跟我走吧。

(2) 教师在外面观察幼儿，当幼儿即将离开教室与陌生人走时，教师出现，并帮助幼儿理解什么是“陌生人”。

教师：小朋友们，你们要去哪里？你们认识那个阿姨吗？阿姨跟你们说了什么？

(3) 通过提问，引导幼儿说说为什么不能跟陌生人走。

3. 通过观看两段视频课件并做游戏，帮助幼儿建构经验

(1) 观看第一段视频，帮助幼儿梳理不接受陌生人的东西和不跟陌生人走的方法。

提问：视频中的姐姐遇到陌生人给予的好吃的零食和好玩的玩具时是怎么做的？

(2) 游戏：其他教师扮演陌生人给幼儿玩具和糖，观察幼儿反应。

(3) 观看第二段视频，进一步帮助幼儿提升不跟陌生人走和不吃陌生人给的东西的经验。

提问：视频中的姐姐和哥哥遇到陌生人给糖，谁做得对？

4. 再次体验情景，巩固经验

(1) 情景体验：教师再次借故离开教室，陌生人出场。教师在外面观察幼儿的反应。

(2) 教师适时出现，给予提醒、指导。

5. 教师总结

小朋友们千万要牢记，不接受陌生人的东西、不跟陌生人走，才能保护自身的安全。

四、活动延伸

小朋友们，回到家后可以和爸爸妈妈做游戏，让他们扮演陌生人，看看你们能不能很好地保护自己。

【案例二】

安安全全滑滑梯

一、活动目标

1. 掌握正确滑滑梯的方法。

2. 知道采用不正确滑滑梯的方法容易造成伤害。

3. 培养初步的安全意识。

二、活动准备

幼儿滑滑梯的图片和照片若干。

三、活动过程

1. 故事导入，激发兴趣

教师：有一天，兔妈妈带着小白兔去公园玩，小白兔第一次滑滑梯，又紧张又兴奋。一不小心，小白兔受伤了，小白兔大哭起来。小白兔为什么哭呢？小朋友们能教教小白兔如何滑滑梯吗？(引导幼儿回答自己滑滑梯的方式)

2. 观看图片，并指出错误的动作

教师：小白兔听了小朋友们的建议后，很开心地滑滑梯。但是，小白兔在和小伙伴们一起滑滑梯的时候，发现了小伙伴们的一些不安全的行为，我们一起来看看。

3. 出示本班幼儿滑滑梯的照片，引发幼儿思考

教师提问：照片中的哪些行为是危险的？为什么？人多的时候应该怎样滑滑梯？

4. 教师总结

玩滑梯时，先要用手扶着滑梯两边的扶手，从台阶爬上去，坐好后再往下滑。人多时要排好队，一个跟着一个不推不挤。滑下来以后要赶紧离开滑梯，排到队伍的后面去。看到别人做危险动作时要告诉老师，万一不小心受伤了，也要及时告诉老师。

四、活动延伸

刚才我们了解了滑滑梯的正确方法，我们一起去户外滑滑梯好不好？进行滑滑梯活动，教师注意观察幼儿滑滑梯的情况，及时纠正幼儿不正确的玩法，鼓励幼儿按照规则安全地滑滑梯。

【案例三】

不能吃的糖果

一、活动目标

1. 学习认识日常生活中几种容易误食的东西(如：药、玻璃球、樟脑丸、干燥剂)，了解误食的危害性。

2. 尝试制作禁止食用的安全标记，提高安全意识。

3. 体验游戏的快乐。

二、活动准备

布置场地：草丛；执教教师佩戴羊村长、灰太狼头饰扮演角色；幼儿戴喜羊羊、美羊羊、沸羊羊、暖羊羊、懒羊羊头饰扮演角色；小朋友自制表演《药丸不是糖豆豆》；糖果袋(内装有玻璃球、樟脑丸、干燥剂)人手一份；标签；记号笔人手一份；玩具手枪一把。

三、活动过程

小朋友表演场景《药丸不是糖豆豆》，教育小羊不能乱吃药。

1. 羊村长带小羊围坐在草地上

羊村长：小羊们，今天森林里出了一件事。小超人卡卡被救护车紧急送往医院抢救，到底是什么原因呢？我们一起来看看。

2. 小朋友表演《药丸不是糖豆豆》

内容：小超人卡卡把药丸当成糖豆豆吃进了肚子里，结果被救护车紧急送往医院

抢救。

教师提问：小超人卡卡为什么被送往医院抢救呢？(幼儿回答：卡卡把药丸当成糖豆吃进肚子里了)

3. 教育小羊不能乱吃药

羊村长：药丸看起来像糖豆，但不能乱吃。没有生病的人吃了药反而会生病的。

灰太狼来到草地上，撒下“糖果”等待小羊误食。

羊村长：小羊们，灰太狼来了，大家赶紧躲在草丛里。

灰太狼拎着糖果袋来到草地。

灰太狼：好久没有吃小羊了，肚子真饿呀。瞧，又香又甜的糖果，这可是我精心为小羊准备的。那群傻羊们要是把它们吃到肚子里，就会头晕眼花、肚子痛得在地上打滚。到那时，我再把它们一起抓住吃掉。(灰太狼分发糖果袋在草地上)好，我待会儿来。

4. 小羊学习认识这些“糖果”的名称和用途，了解误食的危害性

1) 每只小羊拾起一包糖果袋，打开认一认里面的“糖果”是什么。

羊村长：灰太狼已经走远了，小羊们快出来吧。瞧，这么多的糖果袋，里面装了什么呀？能不能吃呀？现在每只小羊去拿一包糖果袋，打开看看。

小羊自由议论。

2) 小羊一一认识它们的名称及用途，了解误食之后的危害性。

5. 小羊制作禁止食用的安全标志

1) 羊村长：小羊们，现在赶紧把这些不能吃的东西都装回糖果袋里吧。你们瞧，我这里有一个禁止食用的安全标志，上面画了一个大大的嘴巴和一个×，表示不能吃。把它贴在糖果袋上，就可以提醒其他小动物不要吃。大家一起来动手做做吧。

2) 小羊制作和粘贴禁止食用的安全标志。

6. 灰太狼回到草地，羊村长拉响礼炮将灰太狼赶走

1) 灰太狼回到草地，小羊们赶紧躲回草丛。灰太狼：咦？怎么一只小羊也没有？

2) 羊村长拉响礼炮将灰太狼赶走。小羊们欢呼。

7. 教师总结

羊村长：小羊们，以后我们看到自己不认识的东西，虽然它看上去很漂亮，闻起来很香，但千万不要吃哦，我们要先去问问大人，同意了你再吃，知道了吗？

四、活动延伸

教师：小朋友们，老师在美工区摆放了好多礼物，请你们去看一看，哪些是可以吃的，哪些是不可以吃的吧。

【案例四】

生活中的火

一、活动目标

1. 了解火对人们生活的影响，知道火在生活中的重要作用。

2. 知道火灾对人类的危害，懂得简单的防火常识，并初步掌握几种自救逃生的方法。

3. 形成安全用火的习惯，防患于未然。

二、活动准备

经验准备：生活中有关“火”的经验。

物质准备：“火”的象形文字、《火的进化史》视频、火灾新闻视频及图片、湿毛巾。

三、活动过程

1. 活动导入

教师出示象形文字“火”，请幼儿猜猜这是什么字。

提问：生活中我们在哪里可以用到火？

2. 观看《火的进化史》视频，了解火的使用历史

小结：火不仅能用于我们的生活，如取暖、做饭等，还能用于工业生产，如发电、炼钢等。火为人类生活提供了很多方便。

3. 观看火灾新闻视频及图片

教师：除了在自己家的厨房里，你还在哪里见过火呢？(对，发生火灾的时候)

提问：小朋友们，看过新闻后你的心情怎样呢？我们能为在火灾中失去家的人们做些什么呢？为了避免悲剧的再次发生，我们应该怎么做呢？

小结：这场巨大的灾难让很多人失去了生命，有的人虽然逃出来了，但失去了亲人，失去了家庭，他们的心灵也受到了重创。我们除了捐款、捐物、献爱心，更应该了解火灾的危害，更好地保护自己，避免受到伤害。

4. 谈论火灾的防范与自救

提问：在日常生活中，我们怎么做才能预防火灾的发生呢？(不玩火、离开家时断开电源、准备灭火器……)

如果真的发生了火灾，我们该怎么办呢？怎样保护自己？又有哪些好方法呢？

5. 请消防员为幼儿讲解遇到火灾时如何自救

教师：老师为小朋友们请来了夏夏的爸爸，他是一位消防员，请他来给我们大家介绍一下当火灾发生时，我们应该如何自救。(打火警电话119、大声呼救、用毛巾捂着口鼻低下身子跑离现场、在地上打滚、用水自救……)

初步掌握几种自救逃生的方法及技能，提高自我保护能力。

6. 教师总结

灾难发生是可怕的，但只要我们学会了逃生和自救的方法，就能够保护自己不受伤害。

四、活动延伸

安全游戏：防火演习。

【案例五】

神奇的电话号码

一、活动目标

1. 了解110、119、120这三个紧急号码，并知道分别在什么情况下拨打。

2. 能够独自拨打紧急号码，报警时能够表达清晰，并说明家庭住址。

3. 通过模拟情境体验，提高自我保护意识，并形成乐于助人的品质。

二、活动准备

1. PPT视频课件。

2. 玩具电话。

3. 突发事件的卡通图片：抢劫、着火、突发疾病。

三、活动过程

1. 活动导入

播放小兔子独自在家中的视频，创设情境，引起幼儿兴趣。

教师：小朋友们，兔子妈妈今天要去集市给小兔子买胡萝卜。临走时，兔妈妈反复叮嘱小兔子要注意安全，不要给陌生人开门，不要玩火。你们想知道小兔子独自在家发生了什么事吗？我们一起来看一看。

2. 通过提问的方式，帮助幼儿了解电话110、119、120的作用

(1) 播放陌生人来敲小兔子家门的视频。

提问：这时候小兔子应该给谁打电话呢？(报警电话110)教师出示玩具电话，请幼儿演示如何拨打报警电话。

(2) 播放家中发生火灾的视频。

提问：小兔子应该拨打什么电话号码呢？(火警电话119)请幼儿演示如何拨打火警电话。

(3) 播放兔妈妈回家的视频。

提问：兔妈妈带着胡萝卜回来了，小兔子可真高兴啊。可是兔妈妈突然肚子痛得厉害，在地上直打滚。小兔子想为妈妈叫救护车，应该拨打什么电话号码呢？(急救电话120)请幼儿演示如何拨打急救电话。

3. 游戏环节：打电话

教师出示不同的图片(着火、迷路、突发疾病)，请小朋友依照图片的情况，选择正确的紧急电话拨打，并指导幼儿正确地描述紧急情况。

4. 教师总结

今天小朋友们认识了三个紧急号码，分别是报警号码110、火警号码119、急救号码120。这三个号码是我们在紧急时刻拨打的。拨打时要冷静，清楚地描述情况，并说清家庭地址。

四、活动延伸

课后请小朋友们在“神奇的电话”区角进行游戏，巩固拨打紧急电话的能力，还可以拨打爸爸妈妈、爷爷奶奶及好朋友家的电话号码。

【案例六】

我是心情预报员

一、活动目标

1. 通过扮演心情预报员，理解和体验他人的情绪情感。

2. 发展幼儿的想象力及创造力，培养幼儿互爱、互助的情感。

二、活动准备

小动物头饰、天气示意图片等。

三、活动过程

1. 活动导入

(1) 与幼儿谈论天气，引发兴趣，提出主题。

教师：小朋友们好，今天的天气怎么样呢？哪位小朋友来说一说。今天老师是森林电视台天气预报的播报员："各位小朋友们好，现在播报天气预报。今天白天晴转多云，有小雨，北风三到四级，天气预报播报完毕，谢谢大家收看，再见！"

(2) 教师提问：刚才的天气预报播报了哪几种天气情况？你还知道哪些天气情况？(幼儿边说，教师边出示天气示意图片)

(3) 小结：天气情况真是千变万化，通过天气预报我们就能预知明天的天气情况了，这给我们的生活带来了很大方便。

2. 通过听听、想想、说说心情预报，帮助幼儿理解他人的情绪

(1) 教师：森林电视台不仅有天气预报，还有心情预报呢！我们一起来听听吧！

请副班教师播报心情预报："各位观众，大家好！我是森林电视台的主持人机灵猴，现在播报心情预报。今天森林里大部分小动物的心情是晴天，只有狮子的心情是雨天，并伴有八级脾气。心情预报播报完毕，谢谢大家收看，再见！"

(2) 教师提问：刚才的心情预报是怎样播报的？

(3) 小结：小朋友们太棒了，主持人先和大家问好，然后介绍小动物的心情，最后有礼貌地和大家说再见。

(4) 再次提问：心情预报说狮子今天的心情怎么样？心情好可以用哪些天气情况来表示？

(5) 小结：今天狮子的心情是雨天，可能因为什么事呢？(引导、鼓励幼儿大胆想象，完整表述)

3. 让幼儿议论心情预报，引导幼儿充分发挥想象力、创造力，培养互爱、互助的情感

教师：到底什么事让狮子的心情是雨天呢？我们一起来看看吧！(教师出示背景图及狮子生病的图片)

提问：原来狮子生病了，那么生病了有哪些不良反应呢？森林里的小动物听了这个预报后，会怎样做呢？(引导幼儿充分发挥想象力和创造力，激发幼儿的互爱互助情感)

教师出示小动物来看望狮子的图片。

教师：小动物听到狮子生病了的消息后，急急忙忙地来到狮子家，看到它孤孤单单地躺在床上，你们看，小鸟、小兔子给狮子唱歌；小松鼠、小绵羊给狮子跳舞；梅花鹿、小鸭子给狮子送来了礼物。你们说这时狮子的心情会发生怎样的变化呢？

小结：狮子看到有这么多朋友来看望它、关心它，它一定很高兴，头也不疼了，身体也不难受了，心情就慢慢变成晴天了。

4. 学说心情预报，体验成功的快乐

教师：心情预报真是太好了，森林里还有几位小动物，请你们仔细观察一下，看看它们的心情怎样？可以用哪些天气情况来表示？

四、活动延伸

请小朋友们将自己今天的心情画出来，并与大家分享交流，在区角中进行展示。

4.4 学前儿童意外伤害的紧急处理

学前儿童年幼无知，缺乏独立生活的能力，各种感知觉及动作能力发育尚未成熟，识别危险的能力差，缺乏自我保护能力，加上好奇心强，活泼好动等，在日常生活中，如果成人一时疏忽，就容易发生意外事故，如外伤、灼伤、气管异物、中毒、溺水等。掌握意外事故的急救处理方法是非常重要的。

1. 简单性创伤

(1) 擦伤

若伤口较浅，仅仅蹭破了表皮，只需将伤口处的泥沙等杂物清洗干净即可；若伤口较深或有出血，应先用生理盐水清洁伤口，然后用消毒药品对伤口消毒，处理后无须包扎。

(2) 扎伤

用消毒过的针或镊子顺着刺的方向把刺全部拔出来，不应有残留，并挤出瘀血，随后用酒精消毒伤口。如果有刺扎入指甲盖等难以拔除时，应送医院处理。

(3) 划伤与割伤

幼儿使用剪刀、小刀等或触摸破碎的玻璃器具时，常会发生划伤或切割伤。处理时用干净的纱布按压伤口止血，止血后在伤口周围用75%的酒精由里向外消毒，敷上消毒纱布，包扎。

(4) 挤伤

处理时若无皮肤破损，迅速用凉水冲洗冷敷，防止局部瘀血，可减轻痛苦；若有出血，应消毒、包扎冷敷；若出现指甲脱落，应及时就医。

2. 呼吸、心跳停止

(1) 人工呼吸

意外事故都可能导致呼吸停止，需要立即进行人工呼吸。

口对口进行人工呼吸，是在无抢救用具的情况下，最常用的简单有效的方法。首先，迅速清除小儿口内的杂物或呕吐物，使小儿仰卧，头尽量后仰。然后，急救者一手托起小儿的下颌，避免舌根后坠而减少气体进入消化道；另一只手捏住小儿的鼻子，嘴紧紧对住小儿的嘴，用力吹气；当看到患儿胸腹部稍膨起，则停止吹气，放开鼻孔，移开嘴，转压其胸部，帮助小儿呼气。

牙关紧闭者可用口对鼻孔吹气，重复上述动作，直至小儿恢复呼吸。吹气与排气的时间为1 : 2，人工呼吸频率在学前儿童中应为20～24次/分，婴儿可达30～40次/分。人工呼吸时吹入学前儿童肺部的气体中含氧量为16%，二氧化碳占4%，对于严重缺氧的学前儿童，16%的氧气，4%的二氧化碳有兴奋呼吸中枢的作用。

(2) 胸外心脏按压

当患儿心跳停止，要立即采用心脏复苏的方法恢复心跳和血液循环。

患儿仰卧于坚硬的地面或床板，急救者跪在患儿身边。用手掌根压住患儿胸骨下段，肘关节伸直，有节律地向脊柱方向按压胸骨下段。压力要适中，频率为100次/分左右。心脏复苏成功的标志：摸到颈、肱、股动脉搏动，测得血压大于8kpa (60mmHg)；听到心音、心律失常转为窦性心律；瞳孔收缩；口唇、指甲颜色转红。

在一般情况下，口对口人工呼吸和心脏按压需要同时进行，称为“心脏复苏”。每吹一口气，做心脏按压4～5次。若是一名救护人员，可先吹两口气，做8～10次心脏按压，反复、有节奏地进行，也能收到较好的抢救效果。

3. 出血

不少意外事故的伤害可引起不同程度的出血。对于出血，特别是大动脉出血，首先应采取有效的止血措施，然后做其他处理。学前儿童的血液量较少，如在短时间内失血过多，超过人体血液量的三分之一，就可危及生命。

(1) 出血类型

① 皮下出血多发生在跌倒、受挤压、受挫伤时，皮肤没有破损，只是皮下软组织形成血肿、瘀斑。一般外用活血化瘀的药，不久即可痊愈。

② 外出血是指皮肤损伤，血液从伤口流出。外出血可分为毛细血管出血、静脉出血和动脉出血三种。

a. 毛细血管出血：血液像水珠样渗出，多能自动凝固止血。

b. 静脉出血：血色暗红，血液缓慢流出，较动脉出血易止血。

c. 动脉出血：血色鲜红，出血量多，血液呈喷射状，与心跳一致，时间稍长，就可危及生命，应立即止血，送伤者去医院抢救。

③ 内出血是指深部组织或内脏损伤时引起的出血。体表没有伤口，无血液外流，但对伤者生命的威胁很大。伤者脸色苍白，出冷汗，手脚发凉，呼吸急促，心慌，脉搏细弱。怀疑有内出血应火速送医院抢救。

(2) 止血方法

① 加压包扎止血法：常用消毒纱布、干净毛巾、棉布等，折成比伤口稍大的垫子盖住伤口，然后用绷带或三角巾加压包扎，以达到止血的目的，可用于毛细血管或静脉出血。

② 指压止血法：用手指或手掌等将出血的血管上端(近心端)用力压向贴邻的骨骼上，以阻断血流，达到暂时止血的目的。此法常用于紧急抢救时的动脉、静脉出血，不适用于长时间止血。

③ 止血带止血法：适用于大血管出血，尤其是动脉出血，一般加压包扎无效时可使用此法，止血效果较好。使用此法时常用橡皮管、绷带、三角巾等。上止血带前，先抬高

伤肢，帮助静脉血回流。看准出血点，在止血带与皮肤间垫上垫子，将止血带扎在伤口的近心端接近伤口处，止血带的松紧应适度，以摸不到远端的脉搏为宜。每隔半小时左右，应放松止血带，以免组织坏死，如果出血停止，就不必再扎止血带，如仍出血，则放松30秒至1分钟后再扎上止血带。

4. 骨折与脱臼

(1) 骨折

学前儿童在意外事故中容易发生骨折，以四肢骨折为多见。骨折分为闭合性骨折和开放性骨折，两者紧急处理方法不相同。骨折处理的正确与否，直接影响到骨骼的愈合。若处理不当会造成肢体严重残废，甚至危及生命。

① 症状。学前儿童的骨折常伴有剧烈的疼痛，骨折的肢体失去功能，骨折处肿胀、畸形，复杂性骨折除以上症状外，还可伴有血管、神经、肌肉的损伤，发生出血、骨折远端以下的肢体麻痹等。学前儿童发生“青枝骨折”后疼痛不明显，肢体仍能活动，易被忽视，骨折自愈后会形成畸形。

② 急救处理。急救的重点应是及时止痛、止血、防止休克，不要盲目地搬动患儿，特别是在可能伤及患儿的脊柱和颈部时更应小心，以免加重伤势，引起严重的并发症。

固定骨折：确定是闭合性骨折后，可使用细带和夹板，将骨折处上下关节都固定起来。上肢应采用屈肘固定，下肢应采用直肢固定。绷带不宜绑得过紧，时间不宜过长。四肢固定时，应露出伤肢的指尖和趾尖，以便观察血液循环，如出现指趾苍白、发凉、麻木、青紫等现象，表明夹板绑得太紧，应放松绑带，重新固定。在紧急情况下，如无夹板，也可用木棒、竹片、手杖等代替，下肢骨折也可将伤肢和健肢绑在一起进行固定。

如是开放性骨折，在夹板固定以前应先止血，创面消毒处理，外露骨头应盖上无菌纱布，再用夹板固定，送医院治疗。

(2) 脱臼

外伤、牵拉上肢或穿脱衣服用力过猛，常引起学前儿童脱臼，即骨与骨之间的连接完全或部分地脱离了原来正常的位置，正常的运动功能受到了限制。脱臼后肢体变形，如发生关节肿胀。脱臼后的紧急处理方法与骨折相似，不能胡乱搬动，止痛固定以后送医院处理。

5. 烧(烫)伤

高温(如热水、蒸汽、火等)、电以及化学物质作用于学前儿童的皮肤和黏膜，会引起此部位的损伤。

(1) 烧(烫)伤：深度分类

① I度烧(烫)伤：仅损伤皮肤表层，局部皮肤红肿，感到灼痛，无水泡。

② II度烧(烫)伤：伤及真皮，局部红肿，并有水泡，疼痛剧烈。

③ III度烧(烫)伤：伤及皮下组织、肌肉，痛觉丧失。

(2) 对于烧伤或烫伤的处理应注意的问题

① 消除烧(烫)伤的原因。如果学前儿童是由于火焰烧伤的，则应立即脱去着火的衣服。如果衣服和皮肤粘在一起，切勿撕拉，只能将未粘的部分剪去，粘着的部分留在皮肤上，以后处理，并用冷水冲患处，防止烧伤范围的扩大。

② 保护创面。用清洁的被单包裹，以免创面再污染。除轻度烧(烫)伤，均应送医院处理。

(3) 特殊处理

被化学药品烧伤时，一般损伤面应用大量净水冲洗；被碱烧伤，则可用弱酸性溶液，如醋酸冲洗。但是，被石灰烧伤时，切忌用水冲洗，因为生石灰与水作用可放出大量热能，加重烧伤，在这种情况下可用干净纱布轻轻擦去石灰颗粒后再清洗。

6. 急性中毒

引起学前儿童中毒的物品较多，出现的症状亦各有不同。常见的急性中毒包括食物、有毒植物、药物等。近年来，药物中毒事件有增多之势，在农村发生有机磷农药中毒较常见。

(1) 煤气中毒

煤或炭在燃烧不完全时产生一氧化碳，天然石油液化气也含有一氧化碳，一氧化碳与血液中的血红蛋白结合，会破坏氧气的运输，使人体缺氧，发生煤气中毒。冬季室内用煤炉取暖，若室内通风不良、烟筒漏烟、风倒灌等常可使人发生煤气中毒。

① 症状。中毒轻者感到头痛、头晕、耳鸣、恶心、全身无力。中毒严重者呼吸困难，最后不省人事，如不及时抢救，可出现呼吸、心跳停止。煤气中毒特有的症状是中毒者的皮肤、嘴唇呈樱桃红色，这与其他疾病引起缺氧而表现为嘴唇青紫有明显不同。

② 急救处理。

a. 立即打开门窗，尽快将病人移至通风好的房间或户外，呼吸新鲜空气，同时注意保暖。

b. 呼吸、心跳已停止者，立即进行胸外心脏按压和口对口的人工呼吸，并护送至医院。

(2) 食物中毒

食物中毒是误食含毒的食物而引起的中毒，包括细菌性食物中毒、化学性食物中毒以及有毒动植物中毒，其中以细菌性食物中毒最为多见。

细菌性食物中毒，多发生于天气炎热的季节，主要由于食物在制作、储存、运输、出售过程中处理不当而被细菌污染，食用后引起中毒，常见的细菌有沙门氏菌、大肠杆菌、嗜盐菌等。另一种原因是食物被葡萄球菌、肉毒杆菌和链球菌污染后，细菌在食物中大量繁殖，释放出毒素，食用后被肠道吸收引起中毒反应，这种被细菌外毒素污染的食物经高温处理后，细菌虽被杀死，但毒素未被破坏，食用后仍可引起中毒。

① 症状。食物中毒往往为短时间之内儿童食用同种食物，同时或相继发病，症状相似，先有恶心、呕吐、腹痛、水样便或脓血便，继而体温升高，迅速出现失水、酸中毒甚至休克。

② 急救处理。急救室需要及时催吐、导泻、补液、抗休克等，应立即将患儿送医院进行抢救，并收集残留食物、呕吐物、排泄物，及时送医院检查。

(3) 误服毒物

学前儿童误吃了有毒的东西，或乱吃了药片、药水等，要立即催吐、洗胃，以尽量减少有毒物质的吸收。

① 洗胃的方法。只要病儿未处于昏迷状态，就要耐心给孩子讲清道理，取得合作。可先让病儿喝些清水，再采用机械刺激的方法催吐。令孩子张大嘴，用筷子、匙柄或手指，轻轻刺激他的嗓子眼(咽弓和咽后壁)，引起呕吐。反复喝水、催吐，直到吐出的全为清水，表明洗胃已经较彻底了。

② 兼有保护胃黏膜作用的洗胃剂。现场急救除可用清水洗胃以外，当遇到一些腐蚀性较强的毒物，为保护食道、胃的黏膜，可使用面糊、蛋清、豆浆、牛奶等清洗，既可达到洗胃的目的，又能保护胃黏膜。若误将碘酒当作止咳药服用了，可用米汤洗胃。米汤中的淀粉与碘发生化学变化，可达到解毒的目的。催吐后，吐出像蓝墨水样的东西，然后反复喝米汤再催吐，直到米汤不变颜色为止。

③ 迅速送医院急救。若吃进毒物已过4个小时，毒物进入肠道，洗胃就没有用了。如果病儿已昏迷，应速送医院处理。

④ 注意事项。在急救的同时，要收集病儿吃剩的东西、呕吐物以及小孩口袋内的残留的有毒物质，以供医生检验毒物的性质，为进一步解毒、治疗提供依据。

7. 异物入体

(1) 气管异物

学前儿童将小物件如纽扣、珠子等放入口中，或在进食花生米等食物时说笑哭闹而做呼吸动作，由于喉的保护性反射较差，常将这些异物吸入气管，造成气管异物。异物进入气管后，学前儿童常有剧烈的刺激性呛咳、呕吐、面色发紫、呼吸困难等症状出现。

一旦发生气管进入异物，要进行及时急救，方法是：救护者站在孩子的背后，搂住他的腰，用右手大拇指的背顶住上腹部，左手重叠于右手之上，间断地向上后方用力推压，使膈肌挤压肺，产生气流，将气管异物冲出。若病儿已昏迷，可采用仰卧体位，在其上腹部进行冲击性推压。经上述方法，若不能迅速排出异物，速送医院急救。

(2) 外耳道异物

外耳道异物多由学前儿童自行放入或由他人放入。异物在耳道，会引起异物感，如触及鼓膜，可发生耳鸣，异物还可引起局部感染。

较小的异物可用袖珍镊子取出，豆类等植物性异物忌用水灌冲，因为遇水后会发生膨胀，更不易取出，还会引起感染。

小虫爬入外耳道，则应让幼儿身处黑暗之中，用手电筒照射外耳道，诱使小虫自行爬出，也可用酒精滴入耳内，杀死小虫，再用镊子取出。

(3) 鼻腔异物

幼儿常将异物放入鼻腔，常见的异物有花生米、豆类、小物件等。鼻腔异物可引起小儿鼻塞、流涕、打喷嚏，异物长期存留在鼻腔，鼻腔黏膜易溃烂感染，引发鼻炎。如幼儿将异物塞入一侧鼻孔，可用手压住另侧鼻孔，让幼儿用力向外擤，使异物随气流冲出；也可刺激小儿的鼻黏膜，使其打喷嚏，使异物喷出。这些方法均无效时，应送医院处理。

(4) 眼内异物

眼内异物多因灰沙落入眼中所致。幼儿常感觉有异物刺激，感到疼痛，睁不开眼，流泪不止。处理眼内异物，不能用手或手帕揉擦，可让幼儿眨眼，利用泪水带出，也可用温水或蒸馏水冲洗眼睛，还可翻开上、下眼睑，找到异物后，用干净的棉签、纱布或手帕轻轻擦去。

(5) 咽部异物

骨头渣、鱼刺、枣核等扎在嗓子上，不能采用用力往下吞咽，以求将异物咽下的办法。硬吞食物可能将异物推向深处，若扎破大血管，十分危险。若咽部有异物，要去医院处理。

8. 惊厥、晕厥、休克

(1) 惊厥

惊厥又称抽风，是学前儿童常见的急症。原因多见于高热、低血糖、低血钙、癫病以及某些急性传染病等。

惊厥常突然发作，表现为意识短暂丧失，眼球固定、上转或斜视，面部及四肢肌肉发生阵发性痉挛，面部呈青紫色，呼吸弱而不规则，或有窒息。惊厥时间可从一分钟到十几分钟不等。

学前儿童惊厥时，应让其平卧，保持安静，少移动，解开衣服，用筷子或手帕垫在患儿的牙齿之间，防止患儿咬破舌头，用针刺或手指重压人中、合谷、内关等穴位，使痉挛停止，并及早送医院治疗。

(2) 晕厥

晕厥是短时间大脑供血不足而失去知觉。常因疼痛、精神过度紧张、闷热、站立时间过久等引起。

晕厥发生前，病儿多有头疼、恶心、心悸、眼前发黑等症状，然后晕倒，面色苍白、出冷汗，但很快能清醒过来。

幼儿晕厥时，应让其平卧，头部略放低，脚略抬高，以改善脑缺血状况，松开衣领、裤带。清醒后，喝些热饮料。一般经短时间休息后即可恢复。

(3) 休克

休克是疾病发展到一定程度时的严重表现。如外伤大出血、频繁地吐泻、大面积烧伤、剧烈疼痛等可引起休克。

幼儿发生休克时血压下降，脸色苍白，肢端发冷。此时，应迅速将病儿放平，头部略低，注意保暖，速送医院治疗。

9. 溺水

迅速清除溺水者口鼻内的淤泥、杂草，松解内衣、裤带。救护者取半跪姿势，将溺水者俯卧在救护者的膝盖上进行控水，使其头部下垂，按压其腹、背部，使溺水者口、咽及气管内的水控出。但控水时间不能太久，否则可能失去心肺复苏的时机。迅速进行心脏按压和人工呼吸。检查溺水者呼吸、心跳的情况。有心跳、无呼吸者，可做口对口人工呼吸；如果心跳、呼吸都停止了，应就地进行胸外心脏按压和口对口人工呼吸，以保证溺水者脑部的血流供给，不至于因缺氧造成不可逆的损害。边运送溺水者，边进行复苏，复苏开始得越早，成功率越高。

10. 触电

幼儿触电常因玩弄电器、湿手摸开关、摸灯头等引起。室外高压线落地，就会以断落处为中心，形成电场，在周围10米内都会使人触电，电压越大，离高压线落地点越近，危险也越大。电闪雷鸣时，人在树下或高大建筑物下避雨，可能遭到雷击。

救护者需冷静分析现场情况，选择一个安全的方法，既能尽快使触电者脱离电流，又保证自己不遭电击。比如，穿上胶底鞋，踩在干木板上等。首先要切断电源，如果电闸离得很远或一时找不到，可用干燥的木棍、竹竿等绝缘工具，把触电者身上的电线挑开。

对呼吸、心跳已停止的触电者，应立即做口对口吹气和胸外心脏按压，不可中断，直到送进医院。保护烧伤的创面，用干净纱布、被单等覆盖创面，待医生做进一步处理。

11. 中暑、冻伤

(1) 日射病

阳光长时间照射头部致使大脑缺血而引起日射病，为中暑的一种类型。

① 症状。头痛、头晕、耳鸣、眼花、口渴等症状，严重时可发生昏迷。

② 急救。迅速将病儿移至阴凉通风的地方，解开衣扣，躺下休息。用冷水浸湿毛巾敷在头上，用扇子扇风，帮助散热。病儿若能自己饮水，多喝一些清凉饮料，还可服十滴水、人丹等。较轻的日射病经上述处理，能很快痊愈。

(2) 冻伤

冬季落水、衣着不暖、疲劳、饥饿且在严寒中长时间停留，可发生全身冻伤。急救的原则是保暖复温，将病儿救护到温暖的屋里，搬动时动作要轻柔，以免用力不当造成肢体扭伤或骨折。脱去已经冻结的衣服，裹上厚棉被，用温热的水灌热水袋，将病儿放入棉被内以暖和身体。病儿清醒后，提供热饮料，如牛奶、姜糖水等。

局部冻伤、轻度冻伤多发生在耳廓、手、足等部位，仅伤及皮肤表层，局部红肿，感到痒和痛。在冻伤部位可用白酒、辣椒水轻轻涂擦，再涂上冻疮药膏，伤愈后不留疤痕，但再受冻易复发。重度冻伤，局部皮肤呈紫黑色、肿胀、有水疱，不要用热水烫、用火烤，不要捶打伤处，勿弄破水疱，应保暖并送医院处理。

12. 咬伤、蜇伤

(1) 蛇咬伤

在现场，有时难以区分有毒蛇或无毒蛇咬伤，可按有毒蛇咬伤处理。

① 阻止蛇毒扩散。用布带捆扎伤口近心端(距伤口5厘米)，以避免蛇毒扩散。

② 去除毒液。用清水或盐水冲洗伤口。用刀片在伤口牙痕的中心处划个十字切口，用手挤伤口使毒液通畅流出，多次冲洗伤口后，将结扎的带子放松，速送医院进一步治疗。

③ 服解毒药。立即口服蛇药(如季德胜蛇药)，同时将药片用温水溶化后涂于伤口周围。

(2) 疯狗咬伤

被疯狗咬伤后，狂犬病毒进入人体，可以引起狂犬病而导致死亡，应尽快进行处理。用20%的肥皂水彻底冲洗伤口，至少半小时。冲洗后用90%的酒精涂擦，如有免疫血清，可注入伤口底部及四周，伤口不可缝合，也不宜包扎，尽快送医院进一步处理。操作者注意要戴手套。将咬人的狗捕获、观察，若怀疑为疯狗，被咬的人应注射狂犬疫苗和免疫血清。

(3) 黄蜂蜇伤

黄蜂也叫马蜂。人被黄蜂蜇伤，轻则伤处红肿、疼痛，重则有气喘、呼吸困难等症状。黄蜂毒液呈碱性，可在伤口涂弱酸性液体，如食醋。有气喘等过敏症状者，可服用扑尔敏、苯海拉明等，并送医院治疗。

(4) 蜜蜂蜇伤

蜜蜂的毒液呈酸性，伤口可涂弱碱性液体，如淡碱水、肥皂水等。

13. 鼻出血

小孩鼻出血的原因以外伤居多，鼻黏膜干燥、挖鼻孔、用力擤鼻、鼻内异物以及感冒发高烧等均可引起鼻出血。出血的部位大多位于接近鼻孔的鼻中隔上部，该处鼻黏膜娇嫩，血管密集成网，为易出血区。头略低，张口呼吸，捏住鼻翼，一般压迫10分钟可止血，前额、鼻部用湿毛巾冷敷。出血较多时，可用脱脂棉卷塞入鼻腔，填塞紧些才能止血。若有麻黄素滴鼻液，可把药洒在棉卷上，这样止血效果更好。若经上述处理，鼻出血仍不止，应立即送医院处理。

第5章 学前儿童饮食营养教育活动

本章首先介绍了学前儿童饮食与营养教育的概念、目标及内容；其次介绍了学前儿童饮食营养的基础知识，为进行高质量的饮食与营养教育打下坚实的理论基础；最后重点介绍了学前儿童饮食营养教育活动设计的相关内容，为其教育实践进行相关指导。

5.1 学前儿童饮食营养教育概述

学前儿童饮食营养教育，是指教师通过一系列教育教学活动，使幼儿获得关于饮食营养的各种知识，形成正确的饮食营养健康信念和态度，并养成良好的饮食营养行为习惯。儿童的营养与健康状况是社会和家庭关注的焦点，也是衡量国家综合国力的重要指标之一。儿童期营养不良不仅影响体格发育和健康状况，更重要的是影响智力发育、学习能力、心理健康和成年后的劳动效率。我国《居民营养与健康状况调查》报告指出：我国学前儿童营养现状，超重与肥胖患病率呈明显上升趋势，一些营养缺乏病依然存在，婴幼儿喂养状况不尽合理，儿童的膳食构成尚不尽如人意，儿童的营养健康越来越引起家长及社会的关注。

5.1.1 学前儿童消化和饮食特点

1. 消化系统组成

消化系统由消化道和消化腺组成。消化道包括口腔、咽、食道、胃、小肠、大肠(包括盲肠、结肠和直肠三部分，盲肠有一孔通向阑尾，阑尾为一盲管)和肛门。消化腺主要有唾液腺、胃腺、肠腺、肝脏和胰腺等。消化腺能分泌消化液，消化液含有水、无机盐和多种消化酶，能分别消化分解不同的营养物质。消化系统的基本生理功能是摄取、转运、消化食物和吸收营养、排泄废物。食物中的营养物质除维生素、水和无机盐可以被直接吸收利用外，蛋白质、脂肪和糖类等物质均不能被机体直接吸收利用，需在消化管内被分解为结构简单的小分子物质，才能被吸收利用。食物在消化管内被分解成结构简单、可被吸收的小分子物质的过程被称为消化。这种小分子物质透过消化管黏膜上皮细胞进入血液和淋巴液的过程就是吸收。对于未被吸收的残渣部分，消化道则通过大肠以粪便形式排出体外。

2. 学前儿童消化系统的特点

营养对小儿的发育成长和健康起着重要作用，特别是婴幼儿处于生长发育时期，生长发育速度较年长儿和成人快，代谢旺盛，对营养的需要量较大。因此不仅要满足营养物质的需要，还要掌握合理供给。婴幼儿每日营养素的需要量与成人不同，婴幼儿越小，需要量相对越高。同时婴幼儿体内营养素的储备量相对小，适应能力也差。一旦某些营养素摄入量不足或消化功能紊乱，短时间内即可明显影响发育的进程，错过幼儿生长的最佳时期。

学前儿童生长发育速率与婴幼儿相比略有下降，但仍处于较高水平，这个阶段的生长发育状况也直接关系到青少年和成人期发生肥胖的风险。经过7～24月龄期间膳食模式的过渡和转变，2～5岁儿童摄入的食物种类和膳食结构已开始接近成人，是饮食行为和生活方式形成的关键时期。与成人相比，2～5岁儿童对各种营养素的需要量较高，消化系统尚未完全成熟，咀嚼能力仍较差，因此其食物的加工烹调应与成人有一定的差异。与此同时，2～5岁儿童生活自理能力不断提高，自主性、好奇心、学习能力和模仿能力增强，该时期也是培养良好的饮食习惯的重要阶段。

3. 学龄前儿童膳食指南

2～5岁是儿童生长发育的关键时期，也是良好饮食习惯培养的关键时期。足量食物，平衡膳食，规律就餐，不偏食不挑食，每天饮奶，多饮水，避免喝含糖饮料是学龄前儿童获得全面营养、健康生长、构建良好的饮食行为的保障。

家长要有意识地培养孩子规律就餐，自主进食不挑食的饮食习惯，鼓励每天饮奶，选择健康有营养的零食，避免喝含糖饮料和吃高脂肪的油炸食物。为适应学龄前儿童心理发育，鼓励儿童参加家庭食物的选择或制作过程，增加儿童对食物的认识和喜爱。此外，户外活动有利于学龄前儿童身心发育和人际交往能力的提升，应特别鼓励。

目前，我国儿童钙摄入量普遍偏低，对于快速生长发育的儿童，应鼓励多饮奶，建议每天饮奶300～400ml或相当量的奶制品。儿童新陈代谢旺盛，活动量大，水分需要量相对较多，建议2～5岁儿童每天水的总摄入量(即饮水和膳食中汤水、牛奶等总合)为1300～1600ml。饮水时以白开水为主。零食应尽可能与加餐相结合，以不影响正餐为前提，多选用营养密度高的食物，如乳制品、水果、蛋类及坚果类等食物。鼓励儿童体验和认识各种食物的天然味道和质地，了解食物特性，增进对食物的喜爱。建议多采用蒸、煮、炖、煨等方式烹制儿童膳食，从小培养儿童清淡口味，少放调料、少用油炸。鼓励儿童经常参加户外游戏与活动，实现对其体能、智能的锻炼培养，维持能量平衡，促进皮肤中维生素D的合成和钙的吸收利用。此外，增加户外活动时间，可有效减少儿童近视眼的发生。2～5岁儿童生长发育速度较快，身高、体重可反映儿童膳食营养摄入状况，家长可通过定期监测儿童的身高、体重，及时调整其膳食和身体活动，以保证正常的健康生长。

5.1.2　学前儿童饮食与营养教育的总目标和分目标

1. 总目标

学前儿童饮食与营养教育的总目标包括：让学前儿童初步了解食物的名称、种类及特点，知道不同食物有不同的营养，懂得平衡膳食的基本道理，掌握保护消化器官的知识和技能；培养学前儿童良好的饮食习惯，纠正偏食、挑食、过食等行为；教给学前儿童独立进餐和使用餐具的技能；防治学前儿童营养不良，促进其生长发育和身心健康发展。

2. 学前儿童饮食与营养教育的分类目标

学前儿童饮食与营养教育的分类目标包括知识经验、情感态度、行为习惯三方面。

(1) 知识经验

① 了解食物中的主要营养素。

② 知道常见的富有营养的食品的名称和营养。

③ 知道营养与健康的关系。

④ 知道常见的不良饮食习惯以及对身体的危害。

⑤ 知道饮食的卫生要求。

(2) 情感态度

① 对了解营养知识、培养良好的饮食习惯感兴趣。

② 喜欢吃各种常见食物。

③ 愿意讨论营养问题。

④ 对自己以及周围他人的饮食状况予以关注。

(3) 行为习惯

① 有文明进餐的行为习惯。

② 不吃零食，不挑食、不偏食。

③ 能评价自己和别人的营养状况、饮食行为。

3. 学前儿童饮食与营养教育的年龄阶段目标

年龄阶段目标是以小、中、大各年龄班学前儿童的身心发展特征为依据而确定的健康教育活动目标，是对终极目标的细化，也是制定具体活动目标的直接依据。学前儿童饮食与营养教育年龄阶段目标如下所述。

小班

(1) 健康知识

① 知道健康的身体需要营养，营养食物有多种多样。

② 认识几种常见的营养食物，知道它们对身体的益处。

③ 懂得饭前要洗手，饭后要漱口、擦嘴、洗脸。

(2) 情感态度

① 对了解营养知识感兴趣。

② 愿意参加健康教育活动。

③ 愿意吃富有营养的奶类、蛋类、蔬菜、水果等。

④ 愿意参加体育锻炼。

(3) 行为习惯

① 学会愉快地独立进餐。

② 初步形成良好的饮食习惯，不挑食、不偏食、不边玩边吃。

③ 学会用勺吃饭。

④ 初步养成饭前洗手、饭后漱口、洗脸的习惯。

中班

(1) 健康知识

① 知道身体的生长发育与营养摄入状况有关系。

② 知道常见的富有营养的食品的名称和作用。

③ 知道饮食卫生的要求。

④ 知道常见食物的特性、食用方法。

⑤ 了解家乡特色的饮食文化。

(2) 情感态度

① 对了解营养知识感兴趣，喜欢摄入多种食物。

② 愿意参加健康教育活动。

③ 关心自己的营养与健康，愿意吃富有营养的常见食物。

④ 愿意参加体育锻炼。

⑤ 喜欢讨论营养与健康问题。

(3) 行为习惯

① 进餐前主动洗手，会用餐巾纸。

② 能熟练用勺吃饭，并学习用筷子吃饭。

③ 进餐时细嚼慢咽，不多说话，不边走边吃。

④ 不偏食、不挑食，不多喝饮料。

⑤ 能评价自己的身体健康状况和饮食习惯。

大班

(1) 健康知识

① 了解消化系统的作用，知道保护消化系统的重要性。

② 知道简单的营养知识。

③ 知道我国的特色食品，初步了解饮食文化的粗浅知识。

④ 知道营养全面的重要性。

⑤ 知道营养与健康的关系，初步了解营养不良的症状及矫正方法。

(2) 情感态度

① 喜欢了解营养健康知识。

② 有意识地克服偏食、挑食、过食等饮食习惯，喜欢吃各种食物。

③ 感觉到集体进餐的愉悦，并愿意为同伴服务。

④ 有关注家人营养状况的兴趣。

⑤ 主动锻炼身体，保持精神愉快。

(3) 行为习惯

① 巩固和保持良好的饮食习惯。

② 掌握正确使用筷子吃饭的技能。

③ 运用已有的营养知识选择营养食品，主动不吃非健康食品。

④ 能主动收拾食物残渣、食具，摆放好桌椅，认真做好值日生工作。

⑤ 能够评价自己和他人的身体健康状况、饮食情况和自己的饮食习惯。

5.1.3 学前儿童饮食与营养教育的内容

学前儿童饮食与营养教育的内容广泛，各个年龄阶段的学前儿童饮食与营养教育内容各有侧重，具体来说包括以下几个方面。

1. 学习粗浅的食品营养和饮食知识

通过实物观察、多媒体、图片等方式，认识各类常见食物的名称及其作用，如奶类、谷物、蛋、鱼、肉、蔬菜、水果、豆类及其制品，认识几种常见的调味品，并学习怎样调味；观察食物的加工过程，初步认识人体生长发育所需要的各种营养素，知道不同的食物含有不同种类的营养素；懂得有些食物不能吃，有些食物不能多吃的简单道理。

2. 形成平衡和合理膳食的积极态度

能自觉自愿地食用各种食物，让学前儿童有自我控制饮食的意识及其能力，意识到不良饮食习惯对自己身体的影响，不暴饮暴食，防止厌食、过食。

3. 培养良好的饮食卫生习惯

养成良好的进餐习惯，包括饭前洗手、进食定时定量、不乱吃零食和过多饮用冷饮，进餐时细嚼慢咽、不边吃边说笑，不挑食、不偏食、不厌食等；注意饮食卫生，要让学前儿童懂得“病从口入”的道理，做到不吃没有洗烫消毒的生食品，不吃霉变、腐坏的食品，不吃被农药、金属毒物等污染的食品；饭前饭后不做剧烈运动、吃饭时安静进餐等。

4. 掌握饮食方法与技能

在饮食过程中，学会使用勺子、筷子等餐具，学会剔鱼刺和动物骨头的方法，学会吃面条等面食的技能，并指导学前儿童了解在自助餐、西餐厅等不同场合的进餐方法，提高学前儿童的饮食处理技能。

5. 了解民间饮食文化及风俗习惯

教师及家长结合节假日和故事，让学前儿童了解民间饮食文化和风俗习惯，使我国的饮食文化传统不断发扬光大。

6. 了解简单的食物处理和烹调方法

让学前儿童参与到食物的处理和烹调过程中，不仅可以使他们对食物有进一步认识，丰富生活经验，同时也能增进儿童对食物成品的兴趣，增强成就感，珍惜劳动成果，不偏食不挑食。

5.2 学前儿童饮食营养基础知识

3～5岁是学前儿童生长发育的关键时期，也是良好的饮食习惯培养的关键时期。足量食物，平衡膳食，规律就餐，不偏食不挑食，每天饮奶，多饮水，避免喝含糖饮料是学龄前儿童获得全面营养、健康生长、构建良好的饮食行为的保障。促进儿童生长发育，维持身体健康的六大营养素有蛋白质、碳水化合物、脂肪、矿物质、维生素和水。人体需要每天从膳食中摄取这些营养素，从而满足机体生长发育的需要。现将六大营养素的主要功能及食物来源概述如下。

5.2.1 能量的需要

1. 能量的单位与能量系数

人体维持生命、进行活动和保证生理功能均需一定的能量，又叫热能。热能包括热和能两种。在体内，热量维持体温的恒定并不断地向环境散发，能量可维持各种生理和体力活动的正常进行。膳食中热能来自于碳水化合物、脂肪、蛋白质三大产热营养素。这三大营养素需要学前儿童从每日膳食中获取，在体内经过氧化分解释放能量供应机体需要。三种产热营养素在总热能中应有一个恰当的比例。学前儿童每日膳食中蛋白质所供热能应占总热能的10%～15%；脂肪占25%～30%，最多不宜超过30%；碳水化合物占55%～65%。

国际上通用的热能单位是焦耳。常见的热能单位及其符号为焦耳(J)、千焦耳(kJ)、卡(cal)、千卡(kcal)。

$$1cal=4.184J$$

$$1J=0.239cal$$

1克蛋白质在体内氧化可提供16.7kJ(4.0kcal)的能量。1克碳水化合物在体内氧化可提供16.7kJ(4.0kcal)的能量。1克脂肪在体内氧化可提供37.7kJ(9.0kcal)的能量。

2. 热能的消耗

学前儿童对热能的需要，主要体现在基础代谢、食物特殊动力作用、生活活动、生长发育和排泄的损失几个方面。

(1) 基础代谢

人体在空腹、安静、体温正常、卧床、清醒的状态下，在适宜的温度(18℃～25℃)环境中维持基本的生命活动时所消耗的能量叫基础代谢。一般相对来说，男性基础代谢比女性高，儿童比成年人高。

(2) 食物特殊动力作用

人体在摄食过程中，由于要对食物中的营养素进行消化、吸收、代谢转化等，需要额外消耗能量，同时引起体温升高和散发热能，这种因摄食而引起的热能的额外消耗称为食物热效应，也叫食物特殊动力作用。各种营养素的特殊动力作用是不一样的，其中尤以摄取蛋白食物消耗的热能最多。

(3) 生活活动

学前儿童用于生活活动的热能个体间差异很大。活动的强度和时间不同，所消耗的热能也不同。活泼好动的学前儿童比安静、不喜欢锻炼的儿童，热能消耗要大得多。

(4) 生长发育

学前儿童正值生长发育时期，需要能量消耗，其需要量与生长发育的速度呈正比，在此期间若膳食中供给的热量不能满足需要，生长发育就会迟缓甚至停顿。

(5) 排泄的损失

摄入人体内的食物有少量未被吸收而随粪便排出，此部分通常相当于基础代谢的10%。

5.2.2 蛋白质

蛋白质的基本组成单位是氨基酸，氨基酸有20余种，按照是否能在体内合成，分为必需氨基酸和非必需氨基酸。必需氨基酸不能在体内合成或合成量很少，必须由食物蛋白质供给，它们是缬氨酸、亮氨酸、异亮氨酸、苏氨酸、蛋氨酸(甲硫氨酸)、苯丙氨酸、色氨酸和赖氨酸8种。婴儿的必需氨基酸再加上组氨酸共有9种。非必需氨基酸可在人体内合成或从其他氨基酸转变而来。根据蛋白质的营养价值，蛋白质尚可分完全蛋白质、半完全蛋白质和不完全蛋白质3类。

完全蛋白质：所含必需氨基酸种类齐全、数量充足、比例适当，不仅能维持成人的健康，还能促进儿童的生长发育，如乳类中的酪蛋白、乳白蛋白，蛋类中的卵白蛋白、卵磷蛋白，肉类中的白蛋白、肌蛋白，大豆中的大豆蛋白，小麦中的麦谷蛋白，玉米中的谷蛋白。

半完全蛋白：所含必需氨基酸种类齐全，但有的数量不足，比例不适当，可以维持生命，但不能促进生长发育，如小麦中的麦胶蛋白。

不完全蛋白：所含必需氨基酸种类不全，既不能维持生命，也不能促进生长发育，如玉米中的玉米胶蛋白，动物结缔组织和肉皮中的胶质蛋白，豌豆中的豆球蛋白等。

1. 蛋白质的生理功能

(1) 构成和修复组织

蛋白质是构成人体细胞组织的材料，是机体所有细胞、体液的重要成分，是构成肌肉、内脏、骨骼和内分泌系统等所必需的物质，是机体生长发育、组织更新的物质基础，尤其是婴幼儿正处在生长发育的旺盛时期，需要不断增加新的细胞和组织。

(2) 构成生理活性物质

蛋白质是人体内酶、激素和体内许多重要物质的基本原料，机体生命活动之所以能够有条不紊地进行，有赖于多种生理活性物质的调节。

(3) 供给能量

当食物中的碳水化合物和脂肪供给不足时，蛋白质可作为能量来源物质。1克蛋白质在体内氧化可提供16.7kJ(4.0kcal)的能量。

(4) 增强抵抗力

当蛋白质摄取充足，营养状况好时，幼儿对疾病的抵抗力就强；相反，营养状况较差时，往往会因抵抗力弱而易生病。

2. 蛋白质的来源

蛋白质广泛存在于动植物性食物中。含蛋白质较为丰富的动物性食物有：乳类、鱼类、蛋类、瘦肉、肝脏等；植物性食物中豆类及其制品、干果类也含有丰富的蛋白质。

动物性食物的蛋白质质量好、利用率高，是人类蛋白质的良好来源，但同时含大量饱和脂肪酸和胆固醇。而植物性食物蛋白质的良好来源是大豆及其制品，其他质量较差、利用率较低。因此，要注意动植物性食物合理搭配，提高蛋白质的利用率和营养价值，一般幼儿饮食要求优质蛋白质占每天总蛋白质需要量的30%～50%。

3. 蛋白质互补作用

两种或两种以上食物蛋白质混合食用，其中所含有的必需氨基酸取长补短，相互补充，达到较好的比例，从而起到提高蛋白质利用率的作用，称为蛋白质互补作用。互补作用在饮食的选择、调配和提高蛋白质生物价方面有重要意义。日常生活中提倡荤素搭配、粗细粮搭配、粮菜搭配的原因之一就是要充分发挥蛋白质的互补作用。

为了发挥蛋白质的互补作用，必须遵循以下三项原则。

第一，食物的生物学种属越远越好，如动物性和植物性食物之间的混合比单纯植物性食物之间混合要好。

第二，搭配种类越多越好。搭配食物的种属宜远不宜近。如动物性食物与植物性食物混合食用。

第三，食用时间越近越好，同时食用最好，因为单个氨基酸在血液中的停留时间约为4小时，然后到达组织器官，再合成组织器官的蛋白质，而合成组织器官蛋白质的氨基酸必须同时到达才能发挥互补作用，合成组织器官蛋白质。

5.2.3　碳水化合物

碳水化合物，也称糖类，由碳、氢、氧三种元素组成，是人体健康重要的营养素之一。营养学上将糖分成四类：单糖、双糖、寡糖和多糖。食物中单糖的种类很多，常见的有葡萄糖、果糖和半乳糖，常见的双糖有蔗糖、乳糖和麦芽糖，多糖是糖原和淀粉。糖原是葡萄糖在动物及人体内贮存的主要形式。

1. 糖类的功能

(1) 机体供能的主要来源

糖类的主要功能是为机体提供生理活动和体力活动所需要的能量。占人体每天热能总量的60%，糖类是人类从膳食中获取的最经济、最主要的能量来源。

(2) 参与机体组成

所有神经组织和细胞都含有糖类，体液中的黏液含有糖蛋白，细胞核中遗传物质DNA和RNA含有脱氧核糖或核糖，软骨、骨骼、角膜、玻璃体中含糖蛋白，细胞间质和结缔组织含有氨基多糖，细胞膜中含有氨基己糖。

(3) 维持神经系统功能

神经系统功能的正常作用需要一定浓度的血糖作为保证。大脑组织对低血糖反应十分敏感，轻者发生昏厥，重者发生低血糖休克。当血糖浓度下降时，大脑组织因缺乏能量而发生功能性障碍，出现头晕、心悸、出冷汗、饥饿感、反应迟钝、注意力不集中等症状。

(4) 维持蛋白质正常代谢

膳食中糖的摄入不足，能量供给不能满足机体需要时，部分氨基酸通过糖原异生作用分解供能，使蛋白质合成代谢减弱，分解代谢加强。

(5) 维持正常脂肪代谢

当膳食中糖的摄入不足时，体内脂肪组织中贮存的甘油三酯被分解成脂肪酸，然后氧化供能。但在脂肪酸代谢过程中，如果没有足够的糖类，会因为氧化不完全产生大量酮体，酮体是酸性物质，它在血液中浓度过高会引起酸中毒，造成高酮血症。

(6) 增强肝脏解毒功能

肝脏是人体最大的代谢器官和解毒器官，体内的毒物主要是通过肝脏代谢而降解失活的。当肝脏中糖原贮存充足时，对酒精、四氯化碳等化学毒物和各种致病微生物产生的毒素有较强的解毒能力。

2. 糖类的来源

碳水化合物在自然界中分布很广，膳食中主要来源于谷类食物(如大米、小麦、玉米、高粱及干果类)和根茎类食物(如甘薯、马铃薯)以及蔗糖和蜂蜜等。婴儿所需的碳水化合物主要来源于乳类中的乳糖、葡萄糖、蔗糖等，随着辅食的添加，淀粉也成了重要来源。

5.2.4 脂类

脂类包括脂肪和类脂，而类脂包括磷脂、糖脂、固醇类、脂蛋白等。脂肪由脂肪酸和甘油构成，脂肪酸分为饱和脂肪酸、单不饱和脂肪酸、多不饱和脂肪酸，脂肪酸构成比例1 : 1 : 1有利于人体身体健康，饱和脂肪酸越低，多不饱和脂肪酸越高越好。

1. 脂肪的生理功能

脂肪的生理功能包括：体内贮存和提供能量、维持体温正常；脂肪是构成人体细胞和组织的重要组成成分，有保护肌体、滋润皮肤、内分泌功能以及有效利用碳水化合物和节约蛋白质的作用；脂肪中的必需脂肪酸是婴幼儿生长发育的重要物质基础，对中枢神经系统的发育、细胞膜的完整性极为重要；脂肪可促进脂溶性维生素A、E、D、K的吸收。如果婴幼儿缺乏脂肪的摄取，可导致脂溶性维生素的缺乏症；膳食中的脂肪还可增加美味、促进食欲，增加饱腹感等。

2. 脂类来源

动物性油脂，如猪油、牛油等，含饱和脂肪酸较多，而植物性油脂，如花生油、豆油、菜籽油等，含人体必需脂肪酸较多，所以提倡选用植物性油脂。

婴幼儿摄取脂肪应适量。若脂肪摄取不足，可使婴幼儿体重下降；若摄取量过多，超过机体的消耗，会在体内堆积形成肥胖。幼年时的不良饮食习惯、不合理的饮食结构得不到纠正，人到中老年时将会增加动脉硬化等的发病率。

3. 了解反式脂肪酸

食物中天然存在的脂肪酸主要是顺式脂肪酸，但一些生产加工可引起顺式脂肪酸转化为反式脂肪酸，如人造黄油、豆油、色拉油的脂肪中占5%～45%的反式脂肪酸；面包、炸鸡、油炸马铃薯、糖果的脂肪中含27%～37%的反式脂肪酸。

反式脂肪酸对人体健康存在不利影响，主要表现为以下几个方面。①对生长发育有抑制作用：孕妇、婴幼儿和青少年要尽量减少含反式脂肪酸较多食物的摄入。②诱发心血管疾病：反式脂肪酸能增加血液中低密度脂蛋白含量、胆固醇的含量，降低高密度脂蛋白的含量。③致癌作用，这是反式脂肪酸能诱导原癌基因的表达。

5.2.5 维生素

维生素是维持人体正常生理活动所必需的营养素，它的主要作用是调节人体生理机能。它在体内不能合成，只能由食物来供给。依据溶解性，维生素可分为两大类：脂溶性维生素和水溶性维生素。脂溶性维生素包括维生素A、D、E、K，溶于脂肪及有机溶剂，在食物中常与脂类共存，摄取多时可在肝脏贮存，若摄取过多可引起中毒。水溶性维生素包括B族维生素(B1、B2、B6、PP、B12、叶酸、泛酸、生物素等)和维生素C，溶于水，体内不能贮存。水溶性维生素及其代谢产物较易从尿中排出，因此可通过尿中维生素的检测而了解机体代谢情况。另外，有些化合物具有生物活性，有人称之为“类维生素”，如类黄酮、肉碱、牛磺酸等。

1. 维生素A

(1) 主要功能

维生素A可以维持正常视觉，促进细胞内感光物质视紫红质的合成与再生，维持正常的暗适应能力，维持上皮细胞的正常生长与分化，促进生长发育，并有抗癌作用，维持正常免疫功能。维生素A缺乏，会造成人的暗适应时间延长，患夜盲症，干眼症，上皮干燥、增生及角化，儿童生长发育迟缓。

(2) 食物来源

维生素A主要来源于动物性食品，如肝脏、肾、蛋黄、乳类等。某些红色、黄色或深绿色的蔬菜水果，如胡萝卜、辣椒、红心甘薯、柿子等，含有丰富的胡萝卜素，可以转变为维生素A，但吸收和转化的比例约为6∶1。鱼肝油富含维生素A，但要遵照医嘱适量服用，如果过量，可能出现维生素A中毒。

2. 维生素D

维生素D是指含环戊氢烯菲环结构并具有钙化醇生物活性的一大类物质，以维生素D2(麦角钙化醇)和维生素D3(胆钙化醇)最为常见。前者是由酵母菌或麦角中的麦角固醇经紫外光照射后的产物，后者由来自食物中和体内皮下组织的7-脱氢胆固醇经紫外光照射产生。维生素D的化学性质稳定，在中性和碱性溶液中耐热，不宜被氧化，但在酸性溶液中则逐渐分解。

(1) 生理功能

促进小肠钙吸收，在小肠黏膜上皮细胞内，诱发一种特异的钙运输的载体——钙结合蛋白合成，即将钙主动转运，又增加黏膜细胞对钙的通透性；促进肾小管对钙、磷的重吸收，减少丢失；参与血钙平衡的调节，与内分泌系统一起发挥作用；还有对骨细胞的多种作用及调节基因转录作用等。钙若缺乏，小儿易患佝偻病，成人易患骨质软化症，老年人易患骨质疏松。若摄入量过多，尤其是药物型摄入或注射过量时会发生中毒，软组织钙化，患肾结石。

(2) 食物来源

海水鱼(如沙丁鱼等)、动物肝脏、蛋黄、奶油及鱼肝油制剂等。

3. 维生素B

(1) 主要功能

硫胺素又称维生素B1，是人类发现最早的维生素之一。维生素B1溶于水，耐酸、耐热，不易被氧化，但在碱性环境下加热时可迅速分解破坏；在有亚硫酸盐存在时也可迅速分解破坏；某些食物，如鱼类等含硫胺素酶，生吃鱼类时可在此酶的作用下使硫胺素失活。典型的缺乏症为脚气病，主要损害神经血管系统。

核黄素又称维生素B2，在酸性溶液中对热稳定，在碱性环境中易于分解破坏。游离型核黄素对紫外光高度敏感，在酸性条件下可光解为光黄素，在碱性条件下光解为光色素而丧失生物活性。典型的缺乏症有口腔生殖综合征之称，主要表现为：口角炎、唇炎、舌炎、睑缘炎、结膜炎、脂溢性皮炎、阴囊皮炎等。目前尚未见有毒副作用。

(2) 食物来源

良好的食物来源主要是动物性食物，以肝、肾、心脏、蛋黄、乳类为丰富。植物性食物中绿叶蔬菜类及豆类含量较多。

在谷类、豆类、硬果类、动物内脏、干酵母中含较丰富的维生素B族，尤其在谷皮及胚芽内含量较高。因此，吃米面不要过精过细，若加工过细，会损失大量的维生素B。另外，淘米时不要用力搓揉，煮粥不要加碱，这样可以较多地保留维生素B。

4. 维生素C

(1) 主要功能

参与体内氧化还原反应，具有多种生理功能，如抗氧化作用，促进铁的吸收，使叶酸还原为四氢叶酸，使高铁血红蛋白还原为正常血红蛋白及解毒等。它能防治坏血病，故又称抗坏血酸。此外还能协助造血、促进伤口愈合、增强机体对传染病的抵抗力，并有抗癌作用。若机体内缺乏维生素C，易出现全身血管出血、骨骼和牙齿断裂等症状。

(2) 食物来源

维生素C广泛存在于新鲜蔬菜和水果中，如辣椒、西红柿、山楂、草莓、豆芽菜等。因维生素C溶于水，加热易被破坏，所以提倡做菜时要先洗后切、急火快炒。

5.2.6 矿物质

人体是由多种元素组成的。除碳、氢、氧、氮构成蛋白质、脂类、碳水化合物等有机物及水外，其余元素统称为矿物质，其中含量大于0.01%的称为常量元素，有钙、镁、钾、钠、磷、硫、氯7种；含量小于0.01%的称为微量元素，一般认为维持正常生命活动必不可少的微量元素有铁、锌、碘、硒、氟、铜、钼、锰、铬、镍、钒、锡、硅、钴14种。矿物质也叫无机盐。它是构成人体的重要成分之一，同时参与人体的生理功能。婴幼儿较容易缺乏的矿物质有钙、铁、锌、碘等。

1. 钙

钙是人体内重要的元素成分之一，其含量仅次于碳、氢、氧、氮，居第五位。同时，钙又是人体内含量最多的金属元素矿物质，相当于体重的1.5%～2%。

(1) 主要功能

钙对于维持人体的多种生理活动，如调节神经肌肉正常的兴奋性、调节毛细血管的通透性、参与凝血机制等起着必不可少的作用。钙是构成人体骨骼和牙齿的重要物质，若幼儿摄入的钙量不足，则牙齿发育不良，骨骼的正常发育受到影响，易患佝偻病。当血钙含量下降时，神经和肌肉的兴奋性增加，会引起手足抽搐症。

(2) 食物来源

钙质广泛存在于奶类及其制品、虾皮、骨粉、豆类及其制品、硬果类等之中。膳食中钙的存在形式：一种是有机钙，主要存在于水产品、乳制品中，吸收率较高；另一种是无机钙，主要存在于谷物、蔬菜、动物甲壳中，吸收率较低。

(3) 促进钙吸收的因素

维生素D：维生素D可促进小肠对钙的吸收，婴幼儿补充适量含维生素D的鱼肝油、早晚晒晒太阳都能增加机体中维生素D的含量，有利骨骼生长发育。成年人应该每天适当晒晒太阳，有利于肠道钙的吸收。

氨基酸：蛋白质在肠道被分解成氨基酸，有些氨基酸如赖氨酸、色氨酸、组氨酸、精氨酸、亮氨酸等可以与钙结合形成可溶性钙盐，促进钙的吸收。

乳制品：乳制品中含有乳糖，经过有益微生物的发酵产生乳酸，与钙结合形成吸收率高的乳酸钙。因此，适量喝些脱脂乳制品或发酵的酸乳制品，有利于肠道中钙的吸收。

适宜运动与体力活动：运动和体力活动对骨骼有机械刺激作用，可以增加成骨细胞活性，提高机体对钙的需求，从而促进钙的吸收。

合理的膳食结构：调整现有的饮食结构，增加含钙较高的水产品、蔬菜和脱脂乳制品的摄入量，改善食品中钙磷比例，有利于肠道中钙的吸收。

另外，钙的吸收受膳食中草酸盐、植酸盐、膳食纤维的影响，脂肪消化不良可使未被吸收的脂酸与钙形成皂钙，而影响钙的吸收。

2. 铁

铁是人体必需微量元素中含量最多的一种，总量为4～5克。体内60%～75%的铁存在于血红蛋白中，3%在肌红蛋白中，1%为含铁酶类。上述铁存在形式又称为功能性铁。其余25%为贮存铁。

(1) 主要功能

铁为血红蛋白与肌红蛋白、细胞色素A以及某些呼吸酶的成分，参与体内氧与二氧化碳的转运、交换和组织呼吸过程。

当体内缺铁时，铁损耗可分三个阶段，即铁减少期、红细胞生成缺铁期和缺铁性贫血期。铁缺乏对儿童的影响表现为易烦躁，抗感染能力下降。婴幼儿由于生长较快，需要量相对较高，需从食物中获得铁的比例大于成人。如果饮食中缺铁，可使幼儿患缺铁性贫血。

(2) 食物来源

铁的良好来源为动物肝脏、动物全血、畜禽肉类、鱼类。

(3) 铁的吸收与利用

植物性食物中铁吸收率较动物性食物(除蛋类)低。铁在食物中主要以三价铁(非血色素铁)形式存在，少数食物中为还原铁(血色素铁)形式。非血色素铁在体内吸收过程受膳食因素的影响，如粮谷和蔬菜中的植酸盐、草酸盐以及存在于茶叶及咖啡中的多酚类物质等均可影响铁的吸收。此外，无机锌与无机铁之间有较强的竞争作用，互有干扰吸收作用。但维生素C、某些单糖、有机酸以及动物肉类有促进非血色素铁吸收的作用。核黄素对铁的吸收、转运与储存均可良好地影响维生素C，以促进铁的吸收。婴幼儿饮食习惯不良，比如好吃零食、偏食、挑食，不喜欢吃蔬菜、瘦肉、肝脏等含铁丰富的食物，就势必造成铁的摄入量不足。

3. 锌

(1) 主要功能

锌是酶的组成成分或酶的激活剂。人体约80多种酶的活性与锌有关，如碳酸酐酶、碱性磷酸酶、乳酸脱氢酶、羧肽酶、RNA聚合酶、DNA聚合酶等。锌可以促进生长发育与组织再生。锌与蛋白质和核酸的合成，细胞生长、分裂和分化等过程都有关，还可促进食欲。锌参与构成唾液蛋白而对味觉与食欲发生作用，促进维生素A代谢和生理作用，参与免疫功能。

锌缺乏表现为：生长迟缓、食欲不振、味觉迟钝甚至丧失、皮肤创伤不易愈合、易感染、性成熟延迟、异嗜癖等。锌过量常可引起铜的继发性缺乏，使机体的免疫功能下降。婴幼儿轻度缺锌较为常见。

(2) 食物来源

牛羊肉、海产品(特别是牡蛎)、奶类及豆类中含锌较多。

4. 碘

(1) 主要功能

碘是合成甲状腺素不可缺少的原料，可以促进人体正常的新陈代谢，促进婴幼儿生长发育。碘缺乏可引起甲状腺肿大。碘缺乏多由环境、食物缺碘造成，常为地区性，是为地方性甲状腺肿。孕妇严重缺碘，可殃及胎儿发育，使新生儿生长损伤，产生呆小症。采用碘化食盐(也有采用碘化油)的方法，可以预防碘缺乏。

(2) 食物来源

海产品中的海藻类(如海带、紫菜等)含碘最为丰富，是碘的最佳食物来源。幼儿园和家庭在为幼儿提供膳食的时候，除食用碘盐外，还要适当增加海藻类食品，防止婴幼儿缺碘。同时，也要杜绝滥服碘剂的情况，防止碘中毒。

5.2.7 水

水是构成体内一切细胞的主要成分，是体内一切代谢反应的媒介，是输送养分和排泄废物的媒介。水可调节体温和起润滑作用。水可提供一些矿物质和微量元素。新生儿体内水分约占体重的78%，学前儿童体内水分约占体重的72%，比成人高，成人体内水分占体重的60%～65%。儿童新陈代谢较成人快，因此，更应多喝水，为身体提供丰富的矿物质。《中国居民膳食指南》推荐3～5岁的儿童每天饮用白开水1000～1500ml。

5.3　学前儿童饮食营养教育的活动设计与实施

学前儿童饮食营养教育设计和实施必将落脚到教育活动的实践中，每一个教育活动的设计都需要教师有清晰的思路、准确的表达，需要教师考虑活动的具体目标。活动的具体目标是饮食营养教育总目标及年龄阶段目标的细化，活动前还需要作好多方面充分的准备，活动过程中教师要明确目的。

5.3.1　学前儿童饮食营养教育的活动设计

1. 活动目标的设计

我国《幼儿园教育指导纲要》根据《幼儿园工作规程》的精神提出四条幼儿园健康领域总目标，宗旨就是促进幼儿身心健康发展，也是幼儿健康教育的终极目标。饮食营养教育在健康教育之中，学前儿童饮食营养教育的目标必须依据学前儿童健康教育总目标，并通过实践研究将饮食营养教育活动目标明确化和细化，使其既适合学前儿童的年龄特点，又具有操作性。学前儿童饮食营养教育的具体活动目标又是年龄阶段目标的细化，因此，表述应简洁、清晰、准确、具体，目标的内涵不要过大，条目不要过多，一般两三条即可。

2. 活动准备的设计

全面充分的准备是学前儿童饮食营养教育活动成功的基础。充分的准备应当体现在各个方面，包括教师的准备、儿童的准备、环境资源的准备等。

教师的准备包括对教育活动的内容、方法、途径进行选择。教师要丰富自己的知识，提前操作和练习，要根据活动需要准备相应的物质材料。同时，教师还应具备应对教育活动发展变化的心理准备。

儿童的准备包括知识和能力方面的准备，这是儿童在教育过程中强烈的学习兴趣和探究愿望得以维持的重要保证，也是他们能够更好发展的基础。同时，学前儿童对于教育活动的内心期待、心理准备将有助于他们集中注意力、珍惜机会。

环境资源方面的准备，包括环境的创设和物质资源准备两个方面。不同主题、不同内容的饮食营养教育活动，对于环境资源的需求不完全一样，有些活动主要在园内开展，而另一些活动则需要更多地利用园外的环境。园内环境的创设应安全、卫生、美观，有合理的物质材料的准备，要充分满足学前儿童与环境互动的需要。对于园外的活动，教师应充分了解和熟悉环境，做到合理运用。

3. 活动内容的设计

学前儿童饮食营养教育的内容可以根据目标来选择，要注意符合不同年龄段儿童的需要和兴趣，同时还应兼顾营养教育的全面性。学前儿童饮食营养教育的内容并非单纯地涉及各种食物的名称、形状、色彩、性质等，而是应该帮助幼儿理解人体需要的营养素与人体健康的关系，建立良好的饮食行为，养成良好的饮食卫生习惯，掌握饮食的方法，即能了解我国民间饮食文化及各国饮食风俗习惯，以及养成健康文明的饮食礼仪和掌握简单的处理和烹调食物的方法。学前儿童饮食营养教育在做到以上内容的整合后，还应考虑和幼儿园其他领域教育内容的整合，如与语言、艺术、科学、社会等领域内容的有机结合。

4. 活动方法的设计

根据健康教育活动的组织原则、形式、途径、方法，开展相应的饮食营养教育活动。学前儿童饮食营养教育方法与受教育者的年龄特点、心理特点以及教育内容是相关联的。如通过讲解示范、种植、游戏等活动，认识日常食品，如水果、蔬菜、米面，引起学前儿童对食品的兴趣和喜好，形成良好的饮食习惯。

(1) 讲解示范法

要具体而又形象地为学前儿童讲解粗浅的与饮食营养教育有关的知识，结合食物、影视模型进行示范，借助各种教育手段和媒介，让学前儿童通过视、听、触等多种感官进行具体形象的学习，即讲解示范应注意形式灵活多样，生动有趣。如可借助儿歌、谜语、故事等形式进行，讲解说理要贴近儿童的实际生活，要适合其年龄和发展水平。

(2) 情境表演法

教师或学前儿童就特定的生活情境加以表演，然后让学前儿童思考分析情境中所涉及的饮食营养教育问题。情境表演的主题取自于学前儿童的现实生活，能够引起学前儿童的注意和兴趣，故这种方法能较好地帮助学前儿童认识生活中可能遇到的问题和冲突。

(3) 感知体验法

学前儿童通过感觉器官认识、判别事物的特性。这种方法能加深学前儿童对事物的印象，也能激发学前儿童的兴趣，引起学前儿童的注意。例如：在介绍各种有营养的食物时，如果学前儿童能亲眼看一看，亲手摸一摸，亲口尝一尝，他们往往十分乐意。再如，幼儿园尝试将种植活动与饮食教育相结合，孩子们通过亲自种植、照料、收获、品尝，可以亲历各种蔬菜的生长过程，并在老师的引导下去观察、记录蔬菜的特点，讨论可以食用的部分，通过这些活动培养孩子们对蔬菜的喜爱，养成科学合理的饮食习惯。同时，培养孩子们对植物的关心、爱护，让孩子们学会观察、善于观察，并能通过记录、统计的方式进行探究，激发他们对活动的热爱。

(4) 游戏法

游戏是学前儿童健康教育的一种重要活动，它强调的是过程和儿童自主的活动。通过做各种游戏，使学前儿童在没有负担、没有压力、轻松愉快的气氛中自然地获得饮食营养教育的基础知识。

(5) 讨论评议法

组织讨论，能使学前儿童积极地参与健康教育的过程，为学前儿童提出问题、发表意见以及与他人交流思想和情感提供机会，并能帮助学前儿童理解和尊重他人的观点。比如，针对小班的“认识常见、常吃的干果”以及大班的“初步了解干果的营养价值高”，开展这些营养教育活动时，可以先借助故事导入活动内容。

学前儿童饮食营养教育的方法是多种多样的，不管哪一种教育方法都不要脱离家庭教育和社区教育，托幼机构要与家庭、社区密切配合、协调一致，以实现家庭、托幼机构和社会健康教育的一体化。

5.3.2　学前儿童饮食营养教育的具体实施与案例

1. 从小对儿童进行饮食营养教育

从认识食物开始，学龄儿童应了解食物和营养的相关常识，学会选择与合理搭配食物，并养成健康的饮食行为。学校、家庭和社会要将营养健康知识融入学龄儿童的日常生活中，从认识食物开始，对他们进行饮食教育。在保证安全的情况下，应鼓励儿童参与家庭食物的选择和制作，帮助儿童了解食物的基本常识和对健康的重要意义，增加对食物的认知，对食物产生认同心理和喜爱，减少对某些食物的偏见，从而学会尊重和爱惜食物。家长或幼儿园老师可带儿童去市场选购食物，辨识应季蔬果，尝试自主选购蔬菜。在节假日，带儿童去农田认识农作物，实践简单的农业生产过程，参与植物的种植，观察植物的生长过程，介绍蔬菜的生长方式、营养成分及对身体的好处，并亲自动手采摘蔬菜，激发孩子对食物的兴趣，享受劳动成果。让儿童参观家庭膳食制备过程，参与一些力所能及的加工活动如择菜，体会参与的乐趣。

家长应学习和掌握营养知识，改变自身不健康的饮食行为，不把食物作为奖罚工具，通过言传身教引导和培养孩子选择食物的能力。

学校应开设符合学龄儿童特点的营养与健康相关课程，营造营养健康的支持环境。充分利用教室和学校食堂等场所，采用班会、竞赛、展板、液晶屏、手抄报、宣传栏、校园广播、专题讲座和同伴教育等形式，结合开辟“校园菜园”、学生帮厨等活动开展形式多样的营养宣传教育。

学习烹饪：鼓励学龄儿童参与食物的准备和烹调，学习餐桌礼仪，体会珍惜食物，鼓励社会提供健康合理的营养氛围。

享受食物：家长应该与孩子一道共同营造轻松快乐的就餐环境，享受家人、朋友、同学团聚的快乐。在进餐过程中，保持心情愉快，不要在进餐时批评孩子，以促进食物更好地消化吸收，享受食物的味道和营养。

愉悦的进餐环境还需要保持室内整洁、光线充足、空气流通、温度适宜、餐桌与食具清洁美观等。由于2～5岁儿童注意力不易集中，易受环境影响，如进食时玩玩具、看电视、做游戏等都会降低其对食物的关注度，影响进食和营养摄入。要尽可能给儿童提供固定的就餐座位，定时定量进餐；避免追着喂、边吃边玩，边吃边看电视等行为；吃饭细嚼慢咽不拖延，最好30分钟内吃完；让孩子自己使用筷、匙进食，养成自主进餐的习惯，既可增加儿童进食的兴趣，又可培养其自信心和独立能力。

【案例】

蔬菜大会餐(中班)

1. 活动目标

(1) 了解、认识一些常见蔬菜的名称，知道多吃蔬菜有利于身体的健康。

(2) 通过洗刷、分切蔬菜，增强学前儿童的劳动、合作、分享意识。

(3) 体验分享的快乐。

2. 活动准备

(1) 学前儿童自带的各种蔬菜。

(2) 切蛋糕的刀、叉。

3. 活动过程

第一步，组织教学，引起兴趣：教师出有关蔬菜的谜语，儿童进行猜谜。

第二步，认识蔬菜的外形，了解蔬菜的名称。

(1) 学前儿童以“请朋友”的方式，介绍自己带来的蔬菜。

(2) 教师根据儿童的介绍，通过比较，总结各种蔬菜的名称、外形。

(3) 请学前儿童对各种蔬菜进行分类，如有叶的、无叶的，或是根据蔬菜瓜果的颜色进行分类。

第三步，知道多吃蔬菜的好处。

“你们愿意与蔬菜做朋友吗？为什么？”

“你最喜欢吃什么蔬菜？”

教师小结：“多吃蔬菜可以使我们的身体变得棒棒的。”

第四步，分组进行“蔬菜品尝会”，学前儿童合作洗刷、分切蔬菜。

(1) 学前儿童和教师对蔬菜进行分类。“哪些可以生吃，哪些需要炒熟了吃。”

(2) 师幼共同讨论：可以直接生吃的蔬菜怎么办？需要炒熟的蔬菜怎么办？能生吃的蔬菜清洗后切了直接吃，其他让食堂的厨师炒熟了吃。

(3) 师幼商讨洗蔬菜时、切蔬菜时要注意的问题。

(4) 学前儿童分组进行蔬菜的清洗。

(5) 学前儿童进行分享活动。

4. 延伸活动

(1) 区域活动时进行“蔬菜写生”。

(2) 区域活动开展“我们班的小菜场”的游戏。

2. 培养健康饮食行为教育

(1) 合理选择零食

选择卫生、营养丰富的食物作为零食，例如水果和能生吃的新鲜蔬菜含有丰富的维生素、矿物质和膳食纤维；奶类、大豆及其制品可提供丰富的蛋白质和钙；坚果，如花生、瓜子、核桃等富含蛋白质、多不饱和脂肪酸、矿物质和维生素E。谷类和薯类，如全麦面包、麦片、煮红薯等也可作为零食。油炸、高盐或高糖的食品不宜作为零食。吃零食的量以不影响正餐为宜，两餐之间可以吃少量零食，不能用零食代替正餐。吃饭前、后30分钟内不宜吃零食，不要看电视时吃零食。

(2) 不喝或少喝含糖饮料，更不能用饮料替代水

多数饮料含有大量的添加糖，要尽量做到少喝或不喝含糖饮料，更不能用饮料替代饮用水；如果喝饮料，要学会查看食品标签中的营养成分表，选择“碳水化合物”或“糖”含量低的饮料。

(3) 合理选择快餐

多数快餐在制作过程中用油、盐等调味品较多，要尽量少在外就餐，合理选择快餐。尽量选择含蔬菜、水果相对比较丰富的快餐，少吃含能量、脂肪或糖高的食品。如果某餐食用含油炸食品比较多的快餐，其他餐次要适当减少主食和动物性食物的食用量，多吃新鲜的蔬菜水果。

(4) 不偏食节食、不暴饮暴食

要避免盲目节食，或采用极端的减肥方式控制体重；也要避免暴饮暴食，做到遵循进餐规律，减缓进食速度。低年龄儿童可以用较小的餐具进餐，帮助他们形成定量进餐的习惯。家长自身应养成合理的饮食行为，做到以身作则，对孩子健康的饮食行为给予鼓励。要早发现、早纠正儿童的偏食、挑食行为，调整食物结构，增加食物多样性，提高儿童对食物的接受程度。

(5) 禁止饮酒

提高学龄儿童对饮酒危害的认识。不让儿童尝试饮酒。加强对儿童聚会、聚餐的引导，避免饮酒。学校应开展预防酒精滥用的宣教活动，加强对学生的心理健康引导。

要加强《中华人民共和国未成年人保护法》中规定的不向未成年人售酒的执行力度，如饮酒销售人员要核查购买者的身份证。制定相关法律法规以限制最小饮酒年龄，并加强对酒精饮料的管理，普及酒及酒精饮料标示“儿童不饮酒”的警示标识，逐步开展对儿童饮酒行为的监测，做好预防酒精滥用的早期预防控制工作。

【案例】

养成饮食好习惯(中班)

1. 活动目标

1) 养成良好的饮食卫生习惯。

2) 了解浅显的营养学的知识，知道人体生长发育需要从各种食物中吸取不同的营养。认识到偏食会造成不良的后果。

3) 养成不挑食、注重营养搭配的良好的饮食习惯。

2. 活动准备

1) 视频、课件。

2) 课前把各种菜的卡片贴在黑板上，用布挡着，准备好快餐盘。

3. 活动过程

1) 激趣导入

(1) 小朋友们，这堂课我们先来看一组视频(食堂的各种蔬菜)。

(2) 这是在哪里？我们食堂里的菜可丰富了，你能叫出它们的名字吗？

(3) 哪些菜是你最喜欢吃的？哪些菜你不喜欢吃呢？为什么不喜欢？

2) 认识明理

(1) 你们不喜欢它们，可它们是你们身体里不可缺少的朋友呢！你们看，这是什么？(出示：豆腐、青菜、西红柿)听听它们的自我介绍吧！

(2) 豆腐、青菜、西红柿的自我介绍。(豆腐：我是又白又嫩的豆腐，是用圆溜溜的黄豆加工而成的，既柔软又有弹性，吃了不会胖，还可以预防心脏病。我的吃法有一千多种，外国人都喜欢我，一见到我就说OK，还夸我是健康食品呢！青菜：小朋友们好，我是你们不可缺少的好朋友青菜，瞧我这绿绿的裙子，不光好看，还含有丰富的维生素、叶绿素和人体必需的微量元素，谁要是不喜欢我，会影响消化、皮肤开裂的，快来和我做好朋友吧！番茄：我有两个名字，大名叫西红柿，小名叫番茄，我是蔬菜中长得最漂亮的一个，我的本领可大着哩！我含有很多水分、糖分和维生素，人们喜欢把我当成水果来吃，我可以防治牙齿出血、皮肤病、退高烧，还可以美容呢！)

(3) 小结：听了它们的介绍，你们愿意做它们的好朋友吗？是呀，我们要跟它们做好朋友。有些小朋友不喜欢吃荤菜，比如鱼、肉等都不吃，这个也不好，因为它们含有丰富的脂肪和蛋白质，身体里也是不可缺少的。所以我们吃东西要注意荤素搭配。

3) 深化理解

(1) 如果平时不合理用餐，对你们的身体是不利的。你们瞧！

① (出示：胖子)这个小朋友长得怎么样？越胖越好吗？为什么？(行动缓慢，做了一点儿事就气喘吁吁，跳跃运动都做不起来，还容易生病，太胖了还会影响智力)哎呀，怪不得，很多小胖墩要减肥。怎样才能苗条一点？(锻炼、少吃肉、多吃蔬菜)

② (出示：瘦子)这个小朋友长得怎么样？他为什么这么瘦？他的表情怎么样？(不开心)你从哪看出他不开心？是呀，身子长得瘦瘦的，就像一根豆芽。最近他又发现：我的牙经常出血。老师请你们当个小医生，能给他治治病吗？当然，吃药能治好，但食物也很重要。吃哪些食物能帮他治病？给他一些建议。是呀，多吃蔬菜和水果，增加维生素C，牙齿出血的毛病肯定会好的。

③ 不过，他还是很痛苦。(出示：我经常便秘)什么叫便秘？哪些小朋友也便秘过？有什么感觉？后来怎么办的？除了吃药以外，在饮食上注意什么？对呀，多吃水果、杂粮、蔬菜就没有这么痛苦了。看来，小朋友的确要不挑食，不偏食，增加各种营养，这样身体才能长得棒！

(2) 为了让小朋友的身体长得棒棒的，学校里的营养师不仅在菜上动了一番脑筋，而且在粮食的品种上想得非常周到。夸我们食堂里早餐品种多，教小朋友唱儿歌。(儿歌：星期一红豆粥，星期二绿豆粥，星期三糯米粥，星期四麦片粥，星期五八宝粥。早餐品种真正多，小朋友吃得真欢乐！)

(3) 怪不得，小朋友长得多健康、多有精神呀！你们看看，我们教室里哪些同学是健康小子？一起把他们请出来！(音乐、鼓掌，健康女孩)跟大家说说，你们怎么长得这么健康？个个都是健康宝宝！大家可要向他们学习哦！通过这节课的学习，老师相信，小朋友们以后一定会合理用餐，身体棒！(出示课题)是吗？

4. 活动结束

3. 避免儿童挑食偏食教育

2～5岁仍处于培养良好的饮食行为和习惯的关键阶段，挑食偏食是常见的不良饮食习惯。由于儿童自主性的萌发，对食物可能表现出不同的喜好，出现一时性偏食和挑食，此时需要家长或看护人适时、正确地加以引导和纠正，以免形成挑食、偏食的不良习惯。家长良好的饮食行为对儿童具有重要影响，建议家长以身作则、言传身教，并与儿童一起进食，起到良好的榜样作用，帮助孩子从小养成不挑食不偏食的良好习惯。应鼓励儿童选择多种食物，引导其多选择健康食物。对于儿童不喜欢吃的食物，可通过变更烹调方法或盛放容器(如将蔬菜切碎，将瘦肉剁碎，将多种食物制作成包子或饺子等)的方式，也可采用重复小分量供应的方法，鼓励尝试并及时给予表扬，不可强迫喂食。增加儿童身体活动量，尤其是选择儿童喜欢的运动或游戏项目，能使其肌肉得到充分锻炼，增加能量消耗，增进食欲，提高进食量。此外，家长还应避免以食物作为奖励或惩罚的措施。

教师和家长要教会孩子合理搭配食物，懂得膳食搭配的基本原则。

(1) 颜色搭配

几种不同颜色的食物搭配在一起烹调。如什锦炒饭，米饭搭配鲜豌豆(绿)、胡萝卜(红)、鸡蛋(黄)、虾仁(白)、少量木耳(黑)，颜色可以吸引孩子产生食欲。注意蛋白质互补，如动物蛋白加植物蛋白、鸡蛋羹加少许肉末、蛋花粥加蚕豆泥、蒸蛋羹加葡萄干、卧鸡蛋中加碎番茄等。搭配食物要注意营养素含量，尽量选营养素高的食物，如虾皮紫菜蛋花汤(蛋白质、脂肪、碳水化合物、钙、铁、磷、碘等)。

(2) 干稀搭配

有助于消化食物，保护儿童消化系统。

(3) 粗粮细粮搭配

有助于营养成分互补，提高营养价值和利用率。如金银卷、杂粮饭等。

(4) 荤素搭配(酸碱搭配)

如鳝鱼与藕，鳝鱼提供黏蛋白、黏多糖，促进蛋白质吸收和利用，藕提供天冬酰胺、络氨酸、维生素B12、维生素C。

此外，还有生熟搭配、精神和物质搭配，色香味形器和谐统一。

【案例】

黑色食品有营养(大班)

1. 活动目标

(1) 让学前儿童知道黑色食品营养丰富，培养儿童不挑食、不偏食的良好饮食习惯。

(2) 通过活动培养学前儿童的好奇心和喜欢探索新事物的创造性情感特征。

(3) 形成儿童喜欢接受新事物、喜欢多样性的高灵活性人格特征。

2. 活动准备

黑木耳、黑米、黑豆、紫菜、海带、黑芝麻及其他食品，并布置一个食品展。

3. 活动过程

(1) 出示挂图让学前儿童观察，挂图内容如下：

晶晶在家吃早餐，妈妈拿出一碗热气腾腾的黑芝麻糊和鸡蛋，晶晶看了看黑芝麻糊，皱了皱眉头说："我不吃这黑糊糊的东西，我要吃鸡蛋。"

(2) 教师问："小朋友们，晶晶不喜欢吃黑芝麻糊，你们喜欢吃吗？为什么？"引导学前儿童探索黑色食品的营养价值，知道黑芝麻糊属于黑色食品。

(3) 分组讨论：吃过哪些黑色食物？这些黑色食物可以制成什么点心和菜肴？

(4) 让学前儿童参观食品展，并分别把属于黑色类的食品挑选出来。

(5) 引导学前儿童互相探讨"我的黑色食品"，谈谈自己篮子中黑色食品的名称，看谁说得又对又多。

(6) 游戏：学做小厨师，发挥学前儿童的独创性，鼓励儿童把黑色食品配成菜肴。

(7) 评选搭配得营养丰富的菜肴。

4. 各领域渗透

美术：学习创造性地画黑色食品及食品搭配。

社会：参观农贸市场。

生活中渗透：鼓励学前儿童不挑食、不偏食，黑色食品及其他食品都要吃。

环境中渗透：在活动室内外粘贴各类黑色食品的图片。

家庭中渗透：要求家长多带学前儿童到超市认识各类黑色食品，在家中多煮黑米粥、紫菜蛋花汤、黑芝麻糊等营养丰富的黑色食品给孩子品尝。

4. 培养和巩固儿童饮奶习惯教育

我国2～3岁儿童的膳食中，每天钙的推荐量为600mg，4～5岁儿童为800mg。奶及奶制品中钙含量丰富且吸收率高，是儿童钙的最佳来源。每天饮用300～400ml奶或相当量奶制品，可保证2～5岁儿童钙摄入量达到适宜水平。家长应以身作则常饮奶，鼓励和督促孩子每天饮奶，逐步养成每天饮奶的习惯。如果儿童饮奶后出现胃肠不适(如腹胀、腹泻、腹痛)，可能与乳糖不耐受有关，可采取以下方法加以解决：①少量多次饮奶或喝酸奶；②饮奶前进食一定量主食，避免空腹饮奶；③改吃无乳糖奶或饮奶时加用乳糖酶。

【案例】

我爱喝奶(小班)

1. 活动目标

(1) 养成每天喝奶的习惯。

(2) 区分纯牛奶和牛奶饮品，了解它们的差异。

(3) 认识常见的奶制品：纯牛奶、酸牛奶、果奶等。

(4) 大胆说出自己的理解。

(5) 使小朋友们感到快乐、好玩，在不知不觉中学习知识。

2. 活动准备

课件、图片。

3. 活动过程

(1) 说说自己喜欢喝的牛奶，分别统计喜欢喝纯牛奶和牛奶饮品的人数，并说说喜欢的理由。

(2) 引导幼儿将牛奶按纯牛奶和牛奶饮品两大类分类摆放。

(3) 观看课件，了解它们的差别。

教师小结：多喝牛奶，少喝饮品。

(4) 讨论：喝牛奶对我们身体有什么好处呢?

(5) 理解喝奶好处多，喝了奶后会变得怎么样。

(6) 教育幼儿选择有营养的牛奶，掌握科学喝奶的方法，天天喝，搭配喝，在保质期内喝。

(7) 友情提醒：天天喝奶，主动关心身边的人。

(8) 做个小小宣传员，宣传健康喝奶的知识。

4. 活动结束

继续丰富对奶制品的认识。

5. 活动延伸

小百科：牛奶是最古老的天然饮料之一，被誉为“白色血液”，对人体的重要性可想而知。牛奶顾名思义是从雌性奶牛身上挤出来的。在不同国家，牛奶也分不同的等级。

5. 培养儿童养成喝白开水的习惯教育

2～5岁儿童新陈代谢旺盛，活动量多，水分需要量也大，建议每天饮水以白开水为主，避免喝含糖饮料。儿童胃容量小，每天应少量多次饮水(上午、下午各2～3次)，晚饭后根据情况而定。不宜在进餐前大量饮水，以免充盈胃容量，冲淡胃酸，影响食欲和消化。

家长应以身作则养成良好的饮水习惯，并告知儿童多喝含糖饮料对健康的危害。同时家里常备凉白开水，提醒孩子定时饮用，家中不购买可乐、果汁饮料，避免将含糖饮料作为零食提供给儿童。由于含糖饮料对儿童有着较大的诱惑，许多儿童容易形成对含糖饮料的嗜爱，家长需要给予正确引导。可适当选择家庭自制的豆浆、果汁等天然饮品，但饮后需及时漱口，以保持口腔卫生。

【案例】

我爱喝水(小班)

1. 活动目标

(1) 初步懂得人的身体需要水分，知道白开水是最好的饮料。

(2) 养成主动饮水的习惯。

2. 活动准备

ppt、一桶温开水，每人一只水杯。

3. 活动过程

(1) 导入活动。

师：小朋友们刚锻炼过，现在你们的嘴里感觉怎么样？

师：请你去倒半杯水，先观察一下水是什么颜色的？尝尝水是什么味道的？

(2) 欣赏ppt。

师：请你欣赏完ppt后告诉我，儿歌里讲到人们在什么时候最想喝水？

(口渴时、锻炼后、劳动后、游玩时、洗澡后、起床时)

(3) 喝水有益健康。

① 师：我们不感觉渴时要不要喝水呢？为什么？

(引导幼儿懂得，不管在什么时候，人们都需要补充水分，它可以帮助我们将身体里面的毒素通过小便排出体外，使我们的身体更健康。)

② 师：小朋友们，老师这里准备了很多饮料瓶，这些饮料你们喝过吗？喜欢喝吗？

(出示各种饮料的外包装盒、瓶，向幼儿简单说明只有白开水才是最好的饮料。)

4. 活动延伸

教师在日常生活中提醒幼儿多喝开水。

6. 正确烹调儿童膳食教育

从小让儿童保持饮食清淡，有助于形成一生的健康饮食习惯。在烹调方式上，宜采用蒸、煮、炖、煨等烹调方式，尽量少用油炸、烤、煎等方式。对于3岁以下幼儿膳食应专门单独加工烹制，并选用适合的烹调方式和加工方法，应将食物切碎煮烂，易于幼儿咀嚼、吞咽和消化，特别注意要完全去除皮、骨、刺、核等；大豆、花生等坚果类食物，应先磨碎，制成泥糊浆等状态进食。

保持食物的原汁原味，让孩子品尝和接纳各种食物的自然味道。口味以清淡为好，不应过咸、油腻和辛辣，尽可能少用或不用味精或鸡精、色素、糖精等调味品。每人每次正餐烹调油用量不多于1瓷勺(10ml)。应少选用饱和脂肪较多的油脂，如猪油、牛油、棕榈油等。多选用富含必需脂肪酸(亚油酸和a-亚麻酸)的植物油，如大豆油、优质菜籽油等。长期过量食用钠盐会增加高血压、心脏病等慢性疾病风险。为儿童烹调食物时，应控制食盐用量，还应少选含盐高的腌制食品或调味品。可选天然、新鲜的香料(如葱、蒜、洋葱、柠檬、醋、香草等)和新鲜蔬果汁(如番茄汁、南瓜汁、菠菜汁等)进行调味。

【案例】

好吃的面食(大班)

1. 活动背景

面食是幼儿生活中比较常见的主食之一，但是幼儿并不是很了解，很多人认为面食就是面条，也有很多人认为面食是用米做成的，这些都是错误的观念。为了拓展孩子们在这一块的知识面，可以开展这次活动。本次活动采用图文结合的方式进行教学，用诱人的图片冲击幼儿视觉，用语言叙述丰富的知识内容，使幼儿从多渠道获取面食信息，从而达到本次活动的目标。

2. 活动目标

(1) 对面食感兴趣，感知面食的多样性，知道吃面食有益身体健康。

(2) 了解面食与人们生活的关系，知道几种常见的面食烹饪制作的方法。

3. 活动准备

(1) 物质准备：白色小猫、PPT、和好的面粉、关于面粉来历的视频。

(2) 经验准备：幼儿已学会几样简单的面食制作方法。

4. 活动过程

1) 激发兴趣

师：有一只小黑猫，非常顽皮，整天在家跳上跳下。这不，一不小心掉进了一个盆里。哎呀，小黑猫怎么啦？怎么会变成白猫的呢？(引出白白的面粉)

2) 说说面粉的来历

师：你们知道这白白的面粉是用什么磨出来的吗？麦子又是谁种出来的？(出示视频)

小结：白白的面粉哪里来，黄黄的麦子磨出来。黄黄的麦子哪里来，农民伯伯种出来。

3) 了解多样的面食

(1) 认识多种面食。

师：白白的面粉有什么用？可以加工什么？

师：今天老师带来了一些面食，我们一起去看看、说说，它们是什么？是什么样的？(出示PPT第一页)

师：你看见什么？它是怎样的？

师：在这么多面食里，你最喜欢哪一种？为什么？

(2) 展示烹饪技法，以问答的方式小结面食的烹饪方法。

师：老师还带来了一些好吃的面食，看一看，它们是用什么方法做出来的？(出示PPT第2～5页)

儿歌小结：好吃的面食哪里来？白白的面粉做出来。

油条、麻花怎么来？油条、麻花炸出来。

馄饨、饺子怎么来？馄饨、饺子煮出来。

面包、蛋糕怎么来？面包、蛋糕烤出来。

馒头、包子怎么来？馒头、包子蒸出来。

各种面食做得好，小朋友吃了身体好。

4) 多渠道获取面食的信息

(1) 师：除了这些面食，在生活中，你还见过哪些面食呢？

(2) 利用多种渠道了解面食信息。

师：今天我们一起到面食城去看一看有哪些好吃的面食吧！

① 图片(花式面食)

② 录音(面食自述)

(3) 小结：面食不仅种类多，而且是中国的饮食文化之一。面食容易消化，而且热量高，可以用来填饱肚子。像烹饪方式为蒸煮的面食还有一个很重要的本领：保护、调养我们的胃。有些人吃饭不规律，使得胃受伤了，经常胃疼胃胀，这个时候你就要多吃面食来调理你的胃。像烹饪方式为炸的面食，我们应该少吃，炸后的面食会破坏其原有的营养成分，变成垃圾食品。

5) 洗手自制面食

(1) 师：如果你是面食师傅，你想做出什么好吃的面食呢？

(2) 幼儿洗手制作面食。

5. 活动反思

本次活动开展得还是比较顺利的，幼儿参与的积极性也比较高。在导入部分，用黑猫变白猫的一个情景，把幼儿的好奇心充分调动起来了。其次，通过诱人的图片，让幼儿了解面食的种类和烹饪方式丰富多样。接着，运用听、看的方式深入理解面食因烹饪方式的不同而产生营养的变化。在层层深入中了解面食与人们的关系，从而完成本次活动的目标。

7. 要从小加强体育锻炼教育

饭后1小时再进行运动，运动中和运动后注意补充水分。制定适合学龄前儿童生理特点的作息时间表和运动计划，保证学习、运动和睡眠时间。鼓励家长与孩子一起进行形式多样的运动，为其提供必要的运动服装和器具等，培养运动兴趣。将运动生活化，如上下园步行、参加家务劳动等。充分利用在园期间的课间活动或在户外阳光下活动。学校要改善户外活动场地和设施，为学生提供运动指导，提高运动技能。

让学龄前儿童了解久坐不动和长时间玩电子产品带来的危害，提醒他们每坐1小时，就要进行身体活动。不在卧室摆放电视、电脑，减少使用手机、电脑和看电视的时间，每天不超过2小时，越少越好。保证充足的睡眠时间，学龄前儿童每天12小时、小学生每天10小时、初中生9小时、高中生8小时。已经超重的肥胖儿童，在保证正常生长发育的前提下，要调整膳食结构、控制总能量摄入，减少高脂肪、高能量食物的摄入；做到食物多样，适当多吃杂粮、蔬菜、水果、豆制品；同时矫正不健康行为，合理安排三餐，避免零食和含糖饮料。同时，逐步增加运动频率和强度，养成运动生活化的习惯，减少久坐活动。

【案例】

从小锻炼身体好(小班)

1. 活动目标

(1) 认知目标：幼儿了解锻炼身体的重要性，掌握锻炼身体的4个肢体动作，即伸手、弯腰、跳和跑。

(2) 能力目标：通过做健康操的活动，引导幼儿掌握锻炼身体的基本技能，提高幼儿的模仿能力和动作协调能力。

(3) 情感目标：培养幼儿热爱体育，养成锻炼身体的好习惯。

2. 活动重难点

重点：灵活掌握锻炼身体的几个肢体动作。

难点：培养幼儿养成终身锻炼的好习惯。

3. 活动方法：情景展示法，示范法，分组练习法

4. 活动准备

3张体育锻炼的图片，分别是跑步、跳绳、游泳；多媒体。

5. 活动过程

1) 开始部分：歌曲导入，激发兴趣

先给幼儿演唱健康歌，之后提问幼儿，从歌曲中听到了哪些内容。

设计意图：通过这种方式可以帮助幼儿对锻炼身体的重要性有初步的认识。

2) 基本部分

(1) 讲解故事，讨论新知。

给幼儿讲一个喜羊羊和懒羊羊的故事，喜羊羊喜欢锻炼，而懒羊羊比较懒惰，不喜欢体育锻炼，经常生病。通过这个故事，幼儿认识到懒羊羊生病的原因是缺乏锻炼，接着提问幼儿：大家喜欢和谁结交朋友呢？为什么呢？并请大家分小组讨论锻炼身体有哪些好处。

设计意图：通过故事调动幼儿兴趣，引发讨论和思考，认识到锻炼身体的重要性。

(2) 设计方案，强调安全。

拿出3幅图片，分别是跑步、跳绳、游泳，提问他们看看分别是什么，启发幼儿思维，进一步请幼儿帮助懒羊羊设计一套锻炼身体的方案。同时强调，锻炼前一定要热身，扭腰要控制幅度，跑步要注意安全。最后做总结，在锻炼身体的同时，一定要注意个人安全。

3) 结束部分：学习儿歌，巩固记忆

给幼儿演示一首儿歌：伸伸手，弯弯腰，跑一跑，跳一跳，做做运动深呼吸，经常锻炼身体好。带领大家一起做一做，伸手、弯腰、跑步、跳跃。4个肢体动作的练习。

分小组以竞赛的方式让小朋友表演一下，看谁做得好、记得牢。最后提问幼儿：我们大家锻炼身体都有什么动作？谁能给大家做出来呢？以幼儿表演的方式结束本节课的教学。

6. 活动延伸

让幼儿回家将儿歌复述并演示给家长，并强调要经常锻炼身体。

5.3.3　学前儿童饮食营养教育存在的问题

幼儿身体健康是幼儿园教育的首要任务，幼儿的身体健康需要均衡的膳食营养作保

障。目前，幼儿园在实施饮食营养教学活动的过程中，存在的问题主要为四个方面。

(1) 教师制定的活动目标多低于幼儿的认知发展水平，忽视了培养幼儿良好的饮食习惯这一核心目标。

(2) 饮食营养教学活动的内容在健康教育活动中所占的比例较少，重点不突出，科学性不强。

(3) 教学活动过程的组织形式单一，忽视幼儿实际操作与生活体验。

(4) 教学活动评价限于表面，量与质有待提高。

造成上述问题的原因主要有以下两个方面。

首先，健康教育起步晚，开展的活动少，园长和教师重视不够。

其次，教师有关饮食营养教学的本体性知识储备不足，教师有关饮食营养教学的条件性知识欠缺，教师有关饮食营养教学的实践性知识有待提高等。

针对存在的问题，应该建立健全幼儿园膳食管理机制；加强幼儿一日三餐的管理；增加幼儿饮食营养课程；让幼儿成为活动的主人；充分利用家长资源，家园协作共同促进幼儿健康饮食。

第6章 学前儿童心理健康教育活动

本章将介绍学前儿童心理健康教育活动所涉及的相关概念，包括学前儿童心理健康及学前儿童心理健康教育活动的概念、学前儿童心理健康教育的意义、学前儿童心理健康教育活动的目标与内容、学前儿童心理健康教育活动的设计与实施等内容，使读者能对学前儿童心理健康教育活动有宏观的认识和了解，从而更好地开展学前儿童心理健康教育活动。

6.1 学前儿童心理健康教育活动概述

联合国世界卫生组织在1946年发表的《世界卫生宣言》中提出："健康是指生理、心理和社会适应均良好的状态，而不仅仅是指没有疾病或体质健壮。"在1988年，世界卫生组织又进一步提出了21世纪关于健康的新概念："健康不仅是没有疾病，而且包括躯体健康、心理健康、社会适应良好和道德健康"。由此可见，健康不仅包括身体健康，还包括社会适应和心理健康。一名幼儿只有身体、心理、社会适应同时处于良好的状态时，才是真正的健康。

6.1.1 学前儿童心理健康的概念及标准

什么是心理健康呢？心理是动态的过程，心理健康应该是人的整个心理系统相对稳定、协调发展并与环境相适应的状态。心理健康是心理得以良好发展的条件，心理发展是心理健康的基本内容。

学前儿童心理健康，是指儿童心理发展达到相应年龄组的正常水平，情绪反应适度、自我体验愉悦、环境适应良好，没有严重的心理障碍和问题。

一般认为，学前儿童的心理健康可以从动作、认知、情绪、意志、行为及人际关系等方面来衡量。概括来说，有以下几条基本标准。

1. 动作发展正常

皮亚杰认为，动作是儿童智力的起源。动作发展与脑的形态及功能的发育密切相关，也是影响儿童心理发展的因素之一。学前儿童躯体大动作和手指精细动作的发展，符合同年龄正常范围，是心理健康的基本条件。如果一个2～3岁的学前儿童，在走路更有节奏的基础上，由快走转变为跑，能做跳起、前跳、简单接物、推玩具小车等动作，手指能做简单的穿衣和脱衣，能拉上或拉开衣服拉链，能用小汤匙吃饭、喝水等，就说明其心理健康发展处于正常水平。学前儿童躯体大动作和手指精细动作发展的大致情况，如表6-1所示。

表6-1　学前儿童躯体大动作和手指精细动作发展的大致情况

年龄段	躯体大动作	手指的精细动作
2～3岁	走路更有节奏，由疾走转变为跑；跳跃和做接物动作时上身显得僵硬；能边走边推小车，但经常把握不住方向	能做简单的穿衣和脱衣的动作；会拉上或拉开外衣的拉链；会用小勺吃饭
3～4岁	能用双脚交替上楼梯，但下楼时只能用一只脚引导另一只脚下，不能双脚交替下；做跳跃动作时上身已显得较为灵活，但仍需依靠上身扔球和接球；已经能双手扶住车把踩三轮小童车	能扣上或解开外衣的大扣子；已经会自己吃饭、会使用剪刀；会模仿画垂线和圆圈，但画的是“蝌蚪人”
4～5岁	能双脚交替下楼，跑得很稳，能单足向前飞快跳跃；能依靠躯体的转动和改变双脚的重心来扔一个球；能飞快地踩三轮小童车，方向也能把握得很稳	会用叉子吃东西；会用剪刀剪直线；能模仿画出矩形、十字形；会写字母
5～6岁	奔跑越来越快，飞跑也能很稳；能踩带训练轮子的自行车	会用餐刀切较软的东西；会系鞋带；画人能画出六个部分；能模仿写出数字和笔画简单的字

2. 认知发展正常

一定的认知能力是学前儿童获得与周围环境平衡协调的基本心理条件，是正常学习和生活的重要前提。实际上，学前儿童的认知发展个体差异较大，应根据其认知能力特点，促进其认知发展，避免因脑损伤、不良环境刺激等因素，影响学前儿童的心理健康发展。

3. 情绪积极向上

积极的情绪状态是中枢神经系统功能协调的表现，也是个体身心处于良好的平衡状态的表现。学前儿童的情绪具有易冲动、易变化和不稳定等特点，但随着年龄的增长，其对情绪的自我调节控制能力有所增强，情绪稳定性也逐渐提高，并开始学习合理地理解、表达、宣泄消极的情绪。如果某个学前儿童经常处于不良的情绪状态，如整天闷闷不乐、烦躁或动辄一触即发、暴跳如雷，那么其心理是不健康的。

4. 人际关系融洽

学前儿童之间的交往，既是维持心理健康的重要条件，又是提升其心理健康水平的途径，能为其一生发展打下良好的基础。心理健康的学前儿童，活泼开朗，能主动与人交往或做出积极回应，经常发表意见或显示游戏成果，能与同伴在游戏中快乐地合作。心理不健康的儿童，往往会远离同伴，或攻击同伴，或不回应他人，往往会成为同伴中不受欢迎的人。

性格是个性中最核心的部分，能反映人对现实的态度，是行为方式中较稳定的个性心理特征。它最能表现个别差异，不同的学前儿童在对人、对事的态度和行为方式上，表现出来的心理特点不同。心理健康的学前儿童，一般表现出勇敢、自信、大方、主动、乐于合作等性格特征，而心理不健康的学前儿童常表现出冷漠、胆怯、固执、自卑、被动、孤僻等性格特征。

学前儿童不健康的心理，往往有一定的外在行为表现，诸如过度害羞、吮吸手指、遗尿、口吃、多动等障碍。

6.1.2　学前儿童心理健康状况的影响因素

学前儿童心理健康教育活动的影响因素主要包括：生物因素、家庭因素、社会文化因素和个人因素。

1. 生物因素

(1) 遗传

遗传是一种生物现象，是指祖先将生物特征传递给后代的现象，它是心理发展的生物前提和自然条件。遗传对学前儿童心理健康发展的作用主要表现在以下两个方面。

首先，遗传为学前儿童心理健康发展提供了最基本的自然物质前提。生下来没有大脑的“无脑畸形儿”，不能发育成正常的人，也不可能有正常的心理活动；由遗传缺陷造成的大脑发育不全的学前儿童，其智力障碍往往难以克服。与此同时，一个天生缺陷的学前儿童经常受到别人的嘲笑，也易产生自卑或报复心理。

相关案例：

唐氏综合征(Down's syndrome)又叫先天愚型，它是最先得到证明的由常染色体的异常引起人类智力低下的例子。它主要源于第21号常染色体没有分离，使子代的第21对染色体上出现三条染色体。唐氏综合征患儿一般颜面扁平，眼睛小而且向外上斜出，鼻梁较塌，口小舌大，常半张嘴唇，伸舌流口水，耳位低，上颚较窄而且高拱，舌头上常有裂开之沟痕，脖子较短，后颈部的层较厚。四肢较短，手掌宽短，第5小指短而向内侧弯。有些小孩第5小指只有两个指节。几乎都有轻度或中度的智力低下，所以该病症还可称为伸舌样白痴。

在上述特殊情况下，遗传素质不仅是必要条件，而且是决定因素，所以遗传学不仅是科学家的事，也是整个社会所必须重视的。

其次，遗传奠定了学前儿童心理个体发展差异的基础。初生的婴儿就表现出差异，如有的活泼、好哭闹，有的安静、好睡觉等，这些都是由遗传素质造成的个体差异。

(2) 胎内环境

子宫是影响个人成长的最早环境，又称为胎内环境。孕妇的身体健康状况，接触烟酒、毒品及其他药物的情况，怀孕时的年龄，母亲的情绪状态以及分娩状况等都有可能直接或间接地影响胎儿的心理发展。

(3) 生理成熟

儿童生理成熟的水平和速度的差异，影响着学前儿童心理健康的发展。

生理成熟是指儿童身体生长发育的程度或水平，也称生理发展。儿童出生时，具有一定遗传素质的身体各部分及其器官并没有发育好，还要经过一个长时期的生长发育过程，才能达到结构上的完善和机能上的成熟。掌握好学前儿童心理成熟的程度有利于促进学前儿童心理健康的形成。例如，学前儿童之所以不能学习高等数学，其根本原因是他的大脑还未达到生理成熟，不具备掌握高等数学的生理机制。

相关案例：双生子爬楼梯实验

美国心理学家格赛尔，选择了一对双胞胎，他们的身高、体重、健康状况都一样。哥哥在出生后的第48周开始学习爬楼梯，48周的小孩刚刚学会站立，或者仅会摇摇晃晃、勉勉强强地走，每天训练这个孩子15分钟，中间经历了许多次跌倒、哭闹、爬起的过程。终于，这个孩子艰苦训练了6周后，也就是到了孩子54周的时候，他能够自己独立爬楼梯了。

双胞胎中的弟弟，基础情况跟哥哥完全一样。不过格赛尔让他在52周的时候才开始练习爬楼梯，这时孩子的走路姿势已经比较稳定了，腿部肌肉的力量也比哥哥刚开始练的时候更加有力，并且他每天看着哥哥训练，自己也一直跃跃欲试。结果，同样的训练强度和内容，他只用了两周就能独立地爬楼梯了，还总想跟哥哥比个高低。

一个是从48周开始，练了6周，到了54周学会了爬楼梯；另一个是从52周开始，练了2周，也是在54周时学会了。后学的尽管用时短，但效果很好，而且具有更强的继续学习意愿。

这个案例告诉我们，教育要尊重孩子的实际水平，在孩子尚未成熟之前，要耐心地等待，不要违背孩子发展的自然规律，不要违背孩子发展的内在“时间表”人为地通过训练加速孩子的发展。

每一个孩子就好像一幢房子，房子的窗户打开的时间并不一样，当窗户开着的时候，阳光、空气、鲜花就能进来，但是如果窗户还没有开，再好的东西也放不进来。所以，我们要对孩子进行合适的早期教育，就必须在孩子智慧的某扇窗户开着的时候，也就是在心理成熟的“关键期”，给予适当的环境和教育。

2. 家庭因素

家庭是孩子长期生活的场所，也是孩子最早接触的环境。在当今社会，家庭因素对学前儿童心理健康已造成非常重要的影响。

(1) 家庭结构

家庭结构在这里主要指主干家庭和核心家庭。主干家庭，指传统的由三代人组成的家庭，家庭成员多，关系复杂，家庭成员间易发生冲突，尤其是新旧教育观念的冲突对孩子的发展尤为不利。

(2) 家庭心理氛围

国内外研究及现实经验均已表明：安定和睦、融洽温暖、民主平等的气氛，有助于良好个性的形成；紧张冲突、家长与孩子处于不正常的沟通或无法沟通的家庭，则易导致学前儿童出现不良情绪、性格缺陷和退缩行为等心理问题。张梅发现，非健全家庭儿童的行为问题发生率显著高于健全家庭较正常的儿童；有行为问题的儿童，其家庭心理气氛以矛盾性高，亲密性、知识性、组织性低为特征。

(3) 家庭经济地位

马可比(Maccoby)曾把父母社会经济地位对儿童社会化的影响进行如下概括：

① 社会经济地位低的父母强调服从，尊重权威，而社会经济地位高的父母注重独

立、创造和抱负；

② 社会经济地位低的父母倾向于专制和严厉，而社会经济地位高的父母则倾向于允许和权威性；

③ 社会经济地位高的父母更多地与儿童交谈、说理；

④ 社会经济地位高的父母向孩子表示更多的温情。

(4) 家长受教育程度

父母受教育程度不仅影响了他们对职业的选择，也在一定程度上影响了婚姻的选择范围，从而形成特定的家庭经济地位、家庭文化氛围、对孩子的期望及教育方式的选择等，而这些因素将会影响儿童的社会行为、心理健康的发展。

父母文化程度越高，就越重视子女的教育，他们的教育能力强，会选择运用正确的教育方式、方法引导儿童，相应地学前儿童就具有良好的心理健康状况。

(5) 父母的教养方式

父母是孩子的第一任老师，学龄前儿童离不开父母的教养，从日常生活到游戏活动，无一不受到父母的关心和爱护，家长的教育方式也时时刻刻伴随着学前儿童的成长。家长自身的行为习惯以及对孩子采用什么样的教育方式，在孩子的一生中，起着至关重要的作用。

不同的父母教养方式对学前儿童心理健康的影响如下所述。

① 权威型——控制＋爱(接受)。权威型教养方式是一种高控制、情感上便于接受的温暖式的教养方式，这样的父母尊重孩子，对儿童个性的发展有积极的影响，易使孩子形成亲切温和、情绪稳定和深思熟虑的性格或者形成独立、直爽、积极协作的性格；他们培养的孩子快乐、有责任感，能参与决策；他们的孩子讲民主、讲道理，自我依靠、成就动机强、能与成人和同伴合作。纵向研究表明，权威型教养方式能够促进各种气质类型的孩子走向成熟。

② 专制型。这种方式下教养的儿童往往会有恐惧心理，缺乏自信心。持专制态度的父母往往会强迫孩子按父母的意愿办事，而且用惩罚来强制执行。不许孩子有差错或失误，否则就打骂或给予其他惩罚。专制型家庭的幼儿受到很少的关爱并且受到极大的限制。父母往往一味地按照自己的主观意愿行事，要求子女绝对服从。

③ 娇宠型。娇宠型教养方式会导致孩子的行为和性格发生扭曲，使孩子形成较强的冲动性和攻击性的心理行为，导致其缺乏独立性和责任感、懒惰、自私、任性、撒娇、为所欲为。这种教养方式容易使孩子形成一系列不适应社会要求的行为习惯和性格特征。这种教养方式往往使孩子觉得什么都是应该的。

④ 冷漠型。这种方式下教养的儿童容易形成较强的冲动性、攻击性、不顺从、自傲、自狂、目中无人、自以为是的心理，在青少年时期很容易发生不良行为问题。例如，某小班的豆豆小朋友，已经连续三四天咳嗽不止，老师向他妈妈反映了这个情况，并且告诉她长时间咳嗽对肺不好，让她抽空带孩子去医院看看，但是他妈妈却无动于衷，根本不带他去医院，每天接送也不见“药”的踪影。可见，在这种家庭里成长的孩子，从小缺乏父母的关爱，家长无视孩子的健康和需要，并且缺乏与孩子的交流沟通，久而久之，孩子

幼小的心灵将会受到极大的创伤。

3. 社会环境因素

(1) 幼儿园

幼儿园是学前儿童接触的第一个社会教育机构。幼儿园的环境以及各种教育教学活动，都是在有目的、有计划、有组织的安排下进行的，是一个以教师和学前儿童之间的相互关系为主轴构成的社会集体。其基本功能就是通过教师与学前儿童之间的双向交互作用来促进幼儿的社会性发展。应当说，幼儿园是促进学前儿童身心健康发展最理想的场所。

《幼儿园工作规程》中明确指出，“幼儿园是对3周岁以上学前儿童幼儿实施保育和教育的机构”“幼儿园的任务是实行保育与教育相结合的原则，对幼儿实施体、智、德、美诸方面全面发展的教育，促进其身心和谐发展”。可见，在幼儿园中，保育和教育是相互渗透，相互联系的。

首先是幼儿园园舍环境的影响，幼儿园园舍环境是孩子成长的摇篮，在学前儿童心理健康发展过程中，幼儿园园舍环境作为重要的因素，影响着学前儿童心理健康发展。著名教育家陈鹤琴先生曾在1935年发表的《为儿童创造良好的环境》一文中指出，“孩子生来大概都是好的，但是到了后来，或者是好，或者是坏，都是因为环境的关系。”

其次是幼儿园的心理环境，幼儿园的基本功能是通过教师与幼儿之间、幼儿与幼儿之间的双向交互作用来促进幼儿的社会性发展。要注意发现幼儿的优点，接纳他们的个体差异，不与同伴做横向比较，幼儿做错事时要冷静处理，不要厉声斥责和打骂。其目的是要求教育者应为学前儿童创设一个安全温馨的良好心理环境。亲切和蔼、民主温馨的师幼关系可以诱发学前儿童良好的情绪和情感；与同伴和睦相处、互助互爱的伙伴关系能够培养良好的交际能力；轻松愉快、给学前儿童以充足的心灵自由的心理环境有助于培养学前儿童努力进取、奋发向上的个性品质。

(2) 幼儿园教师

学前教育是基础教育的重要组成部分，是我国学校教育和终身教育的奠基阶段。幼儿教师是幼儿园日常教育工作中对学前儿童的心理健康施加积极影响的教育者。幼儿教师的职业是多重的：教师不管是向学前儿童传播文化，还是领导班级活动，不管是作为学前儿童的知心朋友，还是塑造学前儿童的灵魂，都与学前儿童有着密切的心理交流。学前儿童通过与幼儿教师进行思想情感的交流，模仿幼儿教师的行为习惯，来接受幼儿教师的影响。

幼儿教师的观念、态度和处理问题的方式，对待成败荣辱得失的表现，工作中的一举一动及所有的心理状态，都能被学前儿童捕捉到，都在有形无形之中影响着学前儿童，对学前儿童心理发展起着促进或制约作用。

幼儿教师自身心理健康对学前儿童心理健康的重要性不言而喻。幼儿教师对学前儿童的影响是深刻的、长期的、潜移默化的，也是一生的。幼儿教师心理健康状况直接影响着学前儿童的行为、身心发展和成长，最终影响到教育的成败。所以，幼儿教师对学前儿童的成长和发展起着重要作用。

总之，生物因素、家庭因素和社会因素共同影响着学前儿童的心理健康发展过程，因此，我们在进行学前儿童心理健康指导时，必须充分考虑各种因素的综合作用，认真分析每一个学前儿童的心理发展特点，从而采取相应的措施。

6.1.3　学前儿童心理健康教育活动的概念

心理健康教育是指围绕心理健康，运用有关的心理教育方法和手段，提高教育对象的心理素质，促进教育对象身心全面和谐发展和素质全面提高的教育活动。其目标是普及心理健康知识、提高心理健康意识、培育良好的心理品质、充分开发智力潜能、增强心理适应能力、维护心理健康、促进人格健全发展。

其中，学前儿童心理健康教育则是根据儿童的心理发展特点，有目的、有计划、有组织地开展的、以改善和提高儿童的心理健康认识，培养儿童的健康行为，维护和促进儿童心理健康为核心目标的一系列教育活动。该定义有以下三个方面的含义。

1. 立足学前儿童实际，注重个体差异

所有学前儿童都是心理健康教育的对象和参与者。因此，心理健康教育活动的设施、计划、组织，都要面向全体学前儿童，旨在提高全体学前儿童的心理健康水平和心理素质。但是每个学前儿童的心理发展具有个体差异性，这就要求心理健康教育在面向全体学生的同时，又要重视个体差异，关注每个学前儿童的具体问题。

2. 着眼于预防和矫治

心理障碍与精神疾病的发生密切相关，而其生成期往往从学前阶段开始；学前儿童的各类行为问题、心理障碍和心理疾病不像成年人那样典型、容易诊断。因此，学前儿童心理健康教育应着眼于充分关注、认真观察、尽早发现问题，要立足于“防患于未然”。

3. 目的在于促进和维护心理健康发展

应着重促进和维护学前儿童心理健康教育，不仅要促进学前儿童身心全面和谐发展和素质全面进步，造就其良好的心理素质，帮助其在心理成长过程中形成良好的习惯，增强社会适应和环境协调的能力，同时也要为家长和老师提供广泛、系统、实用的学前儿童心理健康知识，让家长和老师从正面对学前儿童进行养育、帮助和提高，科学地维护和促进学前儿童的心理健康。

6.1.4　学前儿童心理健康教育活动的意义

在学前教育的内容领域中，“健康”一直是放在首位的。但是，人们在理解“健康”的含义时，多将重点放在身体健康上，主要是动作发展(或者运动能力)以及良好的安全习惯方面。随着生理—心理—社会性三维医学模式的广受认同，健康概念也被重新界定，人们开始重视心理健康在其中的重要作用。

心理学家弗洛伊德非常强调童年的早期经验，他认为心理障碍与心理疾病都可以追溯到童年早期(特别是五岁以前)所遭受的挫折。童年早期所经历的创伤若没有得到及时解决，则幼儿今后的成长都会受到一定的影响。虽然我们现在认为弗洛伊德的观点过于偏颇，人的一生都具有一定的可塑性，但是我们必须肯定他对童年早期心理健康的重视。

国内外学者也曾从不同角度，运用不同的调查方法对学龄前儿童心理卫生情况做出研究。国外的研究资料表明，3～15岁儿童的心理社会问题的检出率为5%～15%。据WHO统计，大约有20%的儿童、青少年在成年之前会出现情绪或行为问题，具体表现为学业不良、自我评价低、与其他儿童或成人交往困难、吸烟、酗酒甚至吸毒，还包括过早的性行为、自杀、暴力、离家出走等行为，如果不及时干预，可能发展成为心理障碍或疾病。

2001年，《幼儿园教育指导纲要》更是明确指出："幼儿园必须把保护幼儿的生命和促进幼儿的健康放在工作的首位。树立正确的健康观念，在重视幼儿身体健康的同时，要高度重视幼儿的心理健康。"幼儿心理健康的标志是：动作发展正常、认知发展正常、情绪积极向上、人际关系融洽、性格特征良好、没有严重的心理卫生问题。

综上所述，心理健康教育是教师和家长必须提供给学前儿童的重要的早期成长援助之一。开展幼儿心理健康教育有如下现实意义：

1. 心理健康教育是幼儿心理和行为问题的现实诉求

当前幼儿的心理和行为问题比较普遍。在刘云艳的《中国0～6岁儿童心理健康与教育研究进展》研究中表明，使用Achenbach儿童行为量表测查儿童行为问题，得出的结果是：儿童行为问题发生率为6.32%～26.32%；使用Conners儿童行为问卷测查时，儿童行为问题发生率在18.0%左右。儿童行为问题主要表现为脾气暴躁、说谎、爱骂人、语言障碍、自私、咬指甲等。对这些心理和行为问题不及时予以纠正，会直接影响到幼儿的心理健康与发展。心理健康教育将有助于解决幼儿发展中存在的心理问题与不良行为，有助于幼儿良好心理品质的形成与发展。

有关调查显示，我国幼儿心理及行为问题的发生率呈逐年上升的趋势。学者夏莹、张晰月等人调查发现，幼儿存在不同程度的焦虑，缺乏自信、孤独、不合群、不会与人沟通交流、有攻击性行为，许多幼儿无法接受父母、表扬同伴。这些调查结果充分说明，幼儿心理健康教育势在必行。

2. 心理健康教育是幼儿心理发展的实际需要

幼儿处在心理成长发展的关键时期，他们具有巨大的发展潜力，可塑性强，但他们在心理上不成熟，自我调节、控制水平较低，自我意识还处在萌芽状态，易因环境等不良因素的影响形成不健康的心理。

幼儿的心理健康与否，将会对他们的认识、情感、个性、道德的发展和社会适应等产生深刻的影响。著名心理学家弗洛伊德认为，儿童经验对于人格发展极为重要，在这些经验的作用下会形成一个人长期的人格发展的基本框架与基本特征。所以，早期幼儿的生活环境和教育是否适当，直接关系到幼儿良好心理品质的形成与否。

3. 幼儿心理健康教育是现代社会对人才素质的迫切需求

当前社会发展迅速、竞争激烈，具有高节奏、高竞争、高风险、高压力等特点。伴随愿望的落空和心理挫折的出现，会出现诸如悲观、烦恼、焦虑、抑郁、孤独等消极情绪。严重的消极情绪会使心理失衡，从而导致个人生活与社会生活的失调，个人的发展也难以融入社会进步的洪流中去。因此，现代社会不仅要求人们具有竞争、合作、应变、创新的意识和能力，更要求人们具有较强的心理耐受力和自信心，而这些素质需要从小培养。

由此可见，幼儿心理健康教育不仅是幼儿心理问题的现实诉求，也是幼儿心理发展的实际需要，更是现代社会对人才素质的迫切需求。作为幼教工作者应该学习幼儿心理健康教育的相关知识，以便能为幼儿心理的健康成长提供支持和帮助。

6.2　学前儿童心理健康教育活动的目标与内容

学前儿童心理健康教育是指教师或教育工作者运用专业知识和技能，给学前儿童有针对性的帮助，引导学前儿童形成健康的心理和良好的社会适应行为能力。它是教育者根据学前儿童个体的特点，主动实施的教育干预行为。下文具体论述学前儿童心理健康教育活动的目标、内容等相关内容。

6.2.1　学前儿童心理健康教育活动的目标

1. 总目标

学前儿童心理健康教育主要是指对所有幼儿随着生理的发展而共同出现的心理适应性问题进行教育。《3～6岁儿童学习与发展指南》中健康领域儿童的发展特点囊括学前儿童的情绪情感、人际适应和独立能力等多个方面。学前儿童的心理健康教育注重培养幼儿内在的积极心理品质，开发幼儿的心理潜能，使其能够获得健全的人格。

关于幼儿心理健康教育的目标，其实众说纷纭。学者姚本先把幼儿心理健康教育目标归纳为：以发展性教育模式为主，从幼儿成长需要出发，解决他们成长中的问题，促进其心理机能的开发与发展。郑雪认为，幼儿心理健康教育的总目标是促进幼儿心理健康，培养幼儿良好的心理素质与健全人格，并从幼儿的心理成分、年龄特点和幼儿发展三个角度划分具体的分目标：根据幼儿的心理成分，划分为认知目标、情感态度目标、动作技能目标；根据幼儿的年龄特点，从快乐合群、积极参与、好奇求知、天真活泼、坚持性和毅力、不怕失败和勇于探索六个方面对不同年龄班划分了不同的层次目标；从幼儿发展的角度划分为矫正与预防幼儿心理和行为问题，培养幼儿良好的心理素质与健全人格，促进幼儿心理潜能开发三个子目标。

综合众专家的观点，我们认为幼儿心理健康教育的总目标是促进幼儿心理健康，充分开发幼儿潜能，培养幼儿积极、乐观向上的心理品质和健全的人格，提升幸福感，为其终身发展和幸福奠定基础，具体目标如下所述。

第一，使幼儿具有良好的自我意识。增强自我调控、承受挫折、适应环境的能力，提高自信心，培养幼儿的独立性和坚持性。

第二，培养幼儿积极、乐观、开朗的性格。

第三，培养幼儿的交往能力和关爱他人的品格。不仅学会关心自己、爱护自己，更要同情他人，关心和帮助他人，特别是关心父母、教师和同伴。

第四，培养幼儿广泛的兴趣，保持幼儿的好奇心，激发其求知欲，训练幼儿的思维，开发幼儿的智能和创造性。

第五，对有心理问题的幼儿给予科学有效的心理辅导，对有可能出现的问题要及早进行心理教育，避免问题的发生。

第六，促进家长和教师保持良好、积极、健康的心态，促使其更新教育观念，提高他们的心理健康水平。

2. 年龄阶段目标

学前儿童心理健康教育各年龄阶段的教育目标，如表6-2所示。

表6-2 学前儿童心理健康教育各年龄阶段的教育目标

年龄阶段	教育目标
3～4岁	1. 培养幼儿的生活自理能力； 2. 引导幼儿能用适当的方式逐步养成良好的卫生习惯，喜欢和别人分享快乐； 3. 情绪比较稳定，很少因一点小事而哭闹不止。学会排解自己的不愉快，很快平静下来； 4. 在他人帮助下能较快适应集体生活，换新环境时情绪能较快稳定，睡眠、饮食基本正常； 5. 愿意与同伴合作玩玩具和游戏，能勇敢地玩，也玩些户外大型玩具； 6. 知道男女在外形上的不同，知道并认同自己的性别角色
4～6岁	1. 经常保持愉快的情绪，不高兴时能较快缓解。当需要不能得到满足时能够接受解释，不乱发脾气。愿意把自己的情绪告诉亲近的人，一起分享快乐或求得安慰； 2. 能较快适应人际环境中发生的变化，如换了新老师能较快适应； 3. 喜欢幼儿园的集体生活，能与小朋友互相合作，团结友爱，愉快地与同伴一起参加各种活动； 4. 能自觉遵守活动的规则和要求，初步形成良好的日常行为习惯； 5. 培养他们的求知欲望，初步形成较良好的学习习惯； 6. 关心周围人、事、物，学会爱自己的亲人、朋友、老师
5～6岁	1. 经常保持愉快的情绪。知道引起自己某种消极情绪的原因，能努力化解。表达情绪的方式比较适度，不乱发脾气。能随着活动的需要较快地转换情绪和注意力； 2. 能较快融入新的人际关系环境，如换了新的幼儿园或班级能较快适应； 3. 学习与人合作、分享的能力，学会用积极的心态去理解别人、帮助别人； 4. 学会思考问题，培养独立学习、生活的能力； 5. 正确对待挫折、困难，勇敢坚强。能体验到成功的快乐，对力所能及的事情有自信心，具有较强的竞争和合作意识

6.2.2 学前儿童心理健康教育活动的内容

根据《3～6岁儿童学习与发展指南》中对健康领域的描述，学前儿童的心理健康教育，主要包括良好的情绪情感、人际适应和独立能力这三个方面。

从现实意义而言，学前儿童心理健康教育的内容其实是教育目标的具体化，直接体现心理健康教育的目标。幼儿心理健康教育内容的选择，一方面受心理健康教育目标的制约，另一方面受幼儿年龄特征和心理发展水平以及幼儿心理健康状况的制约。幼儿心理健康教育的内容包括以下几个方面。

1. 学会调整情绪

稳定、积极的情绪是幼儿心理健康的指标之一。喜悦愉快的情绪能促进幼儿身体的健康成长，具体而言，学会调整情绪包括如下内容。

丰富情绪体验，学会调控情绪。鼓励幼儿积极参加集体活动，教会他们调控自己的情绪，懂得哪些要求合理，哪些要求不合理，引导他们通过面部表情、身体动作、语言和活动等方式表达情绪，培养快乐、高兴、满足等积极情绪。在早期注重培养幼儿的积极情绪，对幼儿期乃至一生的心理健康发展具有重要意义。

在生活中，幼儿经常会遭受各种形式的心理压力。家长和教师要为幼儿提供机会，培养幼儿适应环境的能力，以支持的方式帮助幼儿应对心理压力，以保持幼儿与环境之间的平衡。帮助幼儿宣泄情绪的方法要合理，既不能影响幼儿身心发展，同时也要符合社会行为规范。

2. 学习社会交往技能

幼儿通过学习而获得的社会交往技能对其一生的社会适应能力具有非常重要的作用。大量证据表明，人际交往对幼儿身心健康具有重要影响，幼儿交往的朋友数量越多，患精神疾病的可能性越小，为此要帮助幼儿学习社会交往技能。

(1) 学会感知和理解他人的情感

帮助幼儿感知和理解他人的情感对于增进幼儿的社会交往技能具有重要价值。在日常生活中，要鼓励幼儿积极参加集体活动，体验在共同活动中的乐趣，正确地认识、感知与理解自己及他人的情感和愿望，初步学会人际交往技能。

(2) 学会互助合作与分享

幼儿需要通过人际交往认识、体验、理解并遵守日常生活中基本的社会行为规则，学习自律和尊重他人。应指导他们在活动中学会合作与分享，在交往中养成友好、合作、宽容、热情的心理品质。这对于改善幼儿的人际关系，增进其社会交往技能大有益处。

(3) 培养良好的人格特征

良好的人格特征是心理健康的主要特征，如热情勇敢、自信主动、性格温和、对人友善、意志坚强、大度乐观等。具体而言，要注重培养幼儿对人、事物的积极态度，自信心与自制力，抗挫折能力，适应环境的能力，独立性与坚持性，认识自我，悦纳自我。

(4) 形成良好的行为习惯

幼儿的心理健康与良好的行为习惯密切相关，对幼儿来说，行为习惯主要指生活与卫生习惯。良好的生活与卫生习惯有益于幼儿身体健康，精神饱满、稳定和愉快。

① 建立科学、规律的日常生活习惯。培养幼儿良好的睡眠、盥洗、饮食、排便以及室内外活动的生活习惯和生活自理能力，使他们的机体活动能按照一定的生物节律进行运转，从而维持正常的生理与心理平衡。

② 养成良好的卫生习惯。使幼儿养成勤理发、勤洗澡、勤剪指甲、早晚刷牙、饭后漱口、用自己的茶杯和手帕、不挖鼻孔及耳朵等良好的个人卫生习惯，对幼儿进行必要的安

全、营养和保健方面的教育。

③ 开展丰富多彩的户外游戏和体育活动。组织形式多样的户外游戏和体育活动，增强体质，发展基本动作，提高动作的协调性、灵活性和对环境的适应能力，培养幼儿对活动的兴趣及坚强的意志品质和主动、乐观、合作的态度。

【案例一】

大班心理健康教育活动：合作真快乐

活动目标：

1. 在活动中，学会与人友好合作，体验合作的成功和快乐。(情感)

2. 初步理解合作的意义，知道生活中处处有合作。(认知)

3. 初步学会探索的方法，学会与人友好合作。(技能)

重点：在活动中，学会与人友好合作，体验合作的成功和快乐。

难点：初步学会探索的方法，学会与人友好合作。

活动准备：

1. 经验准备：幼儿已经学会了《蚂蚁搬豆》这首儿歌。

2. 物质准备：《蚂蚁搬豆》中关于合作的相应图片(一个人睡觉、一个人跳绳、合作脱衣服、合作拉被子)。

活动过程：

一、儿歌导入：通过儿歌《蚂蚁搬豆》感知合作(出示图片)

——小朋友们，你们看这上面画的是什么动物，它在干什么？

——之前我们一起学过了《蚂蚁搬豆》这首儿歌，我们再来念一遍好不好？

——这只蚂蚁最后有没有把豆豆抬走，它是怎样做的？(回洞口请来了好朋友们一起搬着走)

——如果没有好朋友的帮忙，小蚂蚁能把豆豆抬回家吗？

——合作就是两个人或更多的人，一起努力做一件事情，就像蚂蚁和朋友们一起合作搬豆豆。

——合作可真神奇呀，大家一起合作做事情，就会把事情做得又快又好，而且更容易成功！

二、探究讨论：如何合作

1. 搬桌子比赛：配班教师一个人，然后请6个小朋友搬桌子，比一比谁搬得快。让幼儿说一说为什么他们的力气比老师小，却比老师搬得快。

(合作就是大家一起努力做一件事，会把事情做得又快又好)

2. 看图片，幼儿分辨哪些是在合作，哪些不是？

教师出示相应图片：一个人睡觉、一个人跳绳、合作脱衣服、合作拉被子。

3. 教师给出几个情景，让幼儿思考应该怎样合作(收拾玩具时、搬重的东西时、玩具不够时)，再请幼儿想一想还有什么需要合作才能做得好的事情。进一步帮助幼儿理解合作，并了解合作的形式各种各样，生活中处处都在合作。

延伸活动：和同伴一起玩蚂蚁搬豆游戏。

【案例二】

大班心理健康教育活动：原来可以这样

一、活动目标

1. 细致观察画面，猜测事件发生的原因，完整连贯地表达自己的想法。

2. 在交流过程中，体验调节情绪的简单方法，保持积极乐观的态度。

二、活动准备

记号笔若干，自制表情书一本，幼儿身贴标记，自制宝盒一个。

三、活动过程

(一) 导入部分

师：看你们这么开心，我把你们的表情画了下来。(师画)

提问：你们有什么开心的事？生活中还有哪些不同的心情？(幼儿回答，教师根据幼儿的回答在表情书上贴相应的表情图标)

师小结：每个人都有不同的心情，有时生气、有时伤心、有时还很无聊。

(二) 故事欣赏

提问：故事中的孩子在干什么？他们的心情怎样？好朋友在一起还能做些什么事情？

播放图片。提问：现在他们的心情怎么样了？可能发生了什么事情呢？(朋友之间发生了矛盾)

师：好朋友之间发生了矛盾，你有什么好方法帮助他们？

(三) 联系实际生活讨论

生活中你有什么让你心情糟糕的事情？有什么好方法能让心情好起来？(幼儿讨论、说一说)

师小结：寻找美食、吃自己喜欢的东西；找朋友一起玩，有时还可以唱歌听。

提问：当朋友心情不好时，你有什么好方法让朋友开心起来？

(四) 操作、交流

请幼儿把能让朋友开心起来的好方法画在卡片上，再将其贴在自制书上。请个别幼儿上前拿起自己的卡，大声说出好方法。

(五) 结束活动

师：用了你们的好方法，故事中的小朋友终于笑了。(播放图片)

他们把好心情装进了“宝盒”中，宝盒传递到了我这里，我打开宝盒，朝里面微微一笑，也把我的心情装进去。来，你们也来笑一笑！(教师提供宝盒，请每位幼儿笑一笑，同时总结一些好的改变心情的方法)

通过分析以上两个案例，我们可以得知，第一个活动有助于幼儿学习社会交往技能，分工合作有利于社会性的发展；第二个活动有助于幼儿学会调整自己的情绪。

6.3 学前儿童心理健康教育活动的设计与实施

著名心理学家弗洛伊德曾说过：“早期的心理健全对一个人未来的发展尤为重要。”而3～6岁更是心智成熟和人格形成的关键时期。在这一时期，如果幼儿园教师能够给予幼儿高质量的心理健康教育，将对他们的认知提升、个性塑造和心理健康的发展等产生深远的影响。在本节中，我们将从以下几个方面介绍学前儿童心理健康教育活动的设计与实施。

6.3.1 幼儿心理健康教育活动设计的流程

幼儿心理健康教育活动目标的实现必须通过一系列活动内容来体现，活动内容是活动目标的载体。活动内容是指活动项目的集合，而活动项目则表现为一个个活动单元。一方面，幼儿园教师要以活动目标为导向，正确选择适宜的活动内容；另一方面，幼儿园教师又需要将以上要求转化为实践过程。在实践过程中，教师要根据幼儿园和幼儿的具体情况，对活动从内容到形式进行自主设计和安排，设计出连续性与阶段性、操作性与有效性统一的单元活动，并把单元活动设计方案以书面的形式记录下来，形成具体的活动方案。

1. 活动设计的思路

在设计活动前，必须先了解幼儿的需要，再确定单元主题，然后设计单元目标、明确活动方法、做好课前准备、确定活动过程、开展活动延伸等。

1) 了解幼儿的需要

心理健康教育活动以直接满足幼儿、维护和发展自身的心理健康需要、促进幼儿心理健康发展为目的，因此，为了使心理健康教育活动具有实效，必须对幼儿的实际心理需要有充分的了解，做到心中有数，有的放矢。例如，幼儿学前时期的主要活动是游戏，游戏是儿童的生命，因此，在课程活动设计时融入游戏是培养幼儿合群和独立的良好手段。在角色游戏中，儿童通过对角色主题的确立、角色的选择、情节的展开等活动，学习与他人相处，发展自我意识、合作能力。幼儿心理健康发展的需要包括两个层次：一般需要和特殊需要。即教师不仅要满足一般幼儿的心理和行为发展的需要，还要为园内的某些特殊幼儿群体解除困境、度过危机。教师可以通过实地调查、收集有关信息的方式对幼儿、家长及教师和有关的社会机构等进行访谈或问卷调查，以此来了解幼儿情况，满足幼儿需要。

2) 确立单元主题

在了解幼儿需要的基础上，教师要进行科学的选题。教师要以幼儿心理健康教育的目的为出发点，结合幼儿需要和本园的实际情况，科学选题，因人、因事、因地、因时制宜。

单元主题要选用相应的名称，具体标示着心理健康教育活动的特定内容。单元有大小之分，大单元又叫主题系列单元，一般由3～6个相关的或同类的小单元构成。如在“学会交往”系列主题单元设计中，可以包括以下小主题：“学会打招呼”“学会微笑”“学会倾听”“学会称赞”“学会拒绝”“学会竞争”“学会合作”，等等。小单元就是针对某一特定的心理品质所确定的一个独立的主题，如“了解你的个性”“如何与陌生人交往”“和时间比赛”等。这样的小单元以1～3个课时为宜。

3) 设计单元目标

单元目标的设计是对具体单元活动所要达到的结果的规划。一系列单元活动的成功与否很大程度上取决于单元目标是否清晰、明确。

单元目标确定后，须用规范、明了的语言表述出来。

确定单元目标需要遵守以下几点规则：

(1) 活动目标多元、全面

活动目标的陈述应包括认知与理解、知识与技能、情感与价值观三个方面，形成多元、全面的“三维目标”体系。

(2) 明确目标主体

活动目标应以幼儿为主题，陈述幼儿应当掌握的技能或体会的情感，一般在撰写活动目标时“幼儿”两字省略不写。

(3) 活动目标表达清晰、明确

活动目标的陈述力求明确、具体，表达清晰，避免使用含糊和不切实际的语言描述。如，尽量学会演唱歌曲《爱我你就抱抱我》，“尽量”即为不切实际的语言描述。

(4) 活动目标应重视整体性与个别性的统一

教师要尊重幼儿发展的个体差异性，因人而异、因材施教，制定适合每个幼儿发展的独特性方法，从而达到教育的目的。

(5) 活动目标具有启发性和引导性

活动目标为活动而服务，教师根据活动目标选择活动内容和活动形式，活动目标具有启发性和引导性，对幼儿具有可实施性和教育性，活动才有意义。

【案例】

单元主题：我能感受你的爱

活动目标：

1. 通过活动幼儿学会亲、抱、夸、陪等爱的表达方式。(认知与理解目标)
2. 幼儿能够确切地向他人表达自己的爱。(知识与技能目标)
3. 幼儿能在与他人的交往中感受到别人对自己的爱，感受到温暖。(情感与价值观目标)

4) 明确活动方法

心理健康教育的活动方法有很多，如游戏法、角色扮演法、讲解法、集体讨论法等。教师在确定活动方法时，要综合考虑活动目标、活动主题、活动内容、幼儿的身心情况、本园的实际状况等多种因素，灵活运用多种方法，以实现心理健康教育活动的目的。

5) 做好课前准备

心理健康教育活动采用的方式方法较多，教师应根据实际情况选择活动地点，根据活动需要准备多媒体教学课件、影视录音材料、玩教具等。

6) 确定活动过程

拟订活动过程是活动设计的主要部分，它规定了活动的具体步骤和实施程序。教师对将要进行的活动进行具体的书面计划，对每个步骤的详细分析、研究，可以有效保证本次活动的顺利进行。拟订的活动过程，要符合幼儿的认识规律，由浅入深，由表及里，由感性到理性。要符合逻辑规律，即环环相扣、循序渐进，做到既完整又系统。

幼儿心理健康教育活动的一般过程如下所述。

(1) “暖身”活动

“暖身”活动，即正式活动前为活动开展奠定心理氛围而开展的小游戏、小故事或小实验等。课程导入的选择、设计与应用，应考虑两个要素：该“暖身”活动能否引发幼儿的学习动机，与新授课内容进行无缝连接；“暖身”活动能否营造出一种开放、宽容的气氛与轻松、活泼的情绪。

(2) 新课授予

① 创设情境

依据活动目标，创设有效、合适的情境，是整个活动设计的重点。

活动情境创设完成后，要注意妥善安排各活动或情境之间的次序，循序渐进，环环相扣，以突出整体效果的衔接。

② 催化互动

幼儿心理健康教育活动不同于一般教学的核心因素在于团体动力因素的应用与掌握。催化幼儿彼此参与和互动是心理健康教育活动设计的精妙之处。因此，教师在设计与实施活动时，要充分发挥集体的辅导资源，让幼儿在幼儿与幼儿、幼儿与教师之间的互动中，实现心理健康发展。

在催化互动中，教师起主导作用。教师要以温暖、尊重、理解和接纳的态度对待每一个幼儿，要尽量表现出宽容、幽默，使活动轻松、活泼地进行，从而吸引更多的幼儿参与和投入进来。

③ 巩固新知

新知巩固是教师运用各种手段与幼儿一同复习新内容的教学环节，使幼儿进一步感知、理解、记忆新的认知领域的过程。教师有针对性地根据新知内容抛出问题，引导幼儿思索并给出答案，在这一过程中，教师不要对幼儿的回答给予否定，要注意照顾幼儿的自信心，教师要一步步引导幼儿，直至幼儿给出正确答案。

④ 鼓励分享

教师要引导幼儿之间互相交流自己的体会。在这个过程中，教师不宜进行过多的说教和社会规范的灌输，只在必要时加以引导。

⑤ 引发领悟

幼儿在参与和分享中获取新的想法与感受，从而引发幼儿的领悟，成为改变幼儿成长的契机。

在这一环节，教师侧重的是诱导、启发，而不是说教和指导。教师本着激励、启发和引导的原则，尊重每个幼儿的个性，鼓励个人发表意见，重视班级内的交流与幼儿的反应。当幼儿由于思维不清而语无伦次时，教师要有针对性地对幼儿进行引导。教师如果拿不准幼儿的意思，可以用反问的方法，比如“你的意思……吗？”“你是想说……吗？”等语句。

⑥ 总结经验

幼儿的参与以及彼此间的分享与回馈，使幼儿能把别人以及在活动中获取的新经验与自身的经验加以整合，从而深化活动效果。因此，活动过程中与活动结束前的经验整合具有回顾与前瞻的重要功能。

7) 活动延伸

活动效果的取得，单单靠课堂活动是远远不够的，还要布置一定的作业，一方面要鼓励幼儿把活动中取得的领悟与演练的成果迁移运用到日常生活中去，另一方面要充分发挥幼儿园—家庭—社区这一辅导网络的支持作用。

以上环节只有在活动设计的理论架构统领下，在紧扣活动目标的前提下，才能有效运行，并获取理想的活动效果。当然，这些环节只是设计活动的基本走向，不同类型、不同内容的心理健康教育活动可根据具体的活动目标与内容有所调整，或删减或合并某些环节。

2. 撰写活动方案

活动方案是在上述单元设计思路的基础上，对单元设计的提炼和升华，它通常以小单元为单位编写。有了活动方案，教师就可以有目的、有计划、有步骤地在规定课时内有条不紊地组织活动。撰写完整、周密的活动方案是保证活动取得良好效果的前提。

心理健康教育活动方案一般包括以下内容：活动主题、活动对象、活动目标、活动方法、活动准备、活动重难点、活动过程、活动小结、活动延伸等(不一定都要有)。

只有在活动设计理论架构的统领下，综合考虑以上内容，才能撰写出优秀的心理健康教育活动方案，并获得理想的活动效果。

下面以《幼儿自我意识的心理辅导——寻找闪光点》为例，学习和体验活动方案的撰写。

【案例】

幼儿自我意识的心理辅导——寻找闪光点

一、活动对象

适宜中班下学期、大班幼儿。

二、活动目标

1. 知道每个人身上都有优点，每个人都是独一无二的存在。

2. 初步学会欣赏同伴和自己的优点。

3. 体验更多的自信心和满足感，在心理活动中感到愉悦。

三、重点与难点

重点：能够让幼儿更多地了解自身的优点，树立自信心。

难点：幼儿能够重新认识自我，悦纳自我，提高自我评价的能力。对教师而言是创设和谐的活动氛围，为幼儿创设树立自信心的心理环境。

重点与难点的突破：先从形成原因分析，幼儿年龄小，认知水平有限，会尊重和服从成人的权威，所以教师解决策略包括创设一定的故事情境，运用认知矫正法和肯定性训练相结合的方法，进行相应的心理辅导。

四、活动准备

每人一面彩旗，一套表示心情的符号，五角星若干。

五、活动过程

1. 创设情境，引出课题

教师：森林王国的国王给我写了封信，邀请我们班里优点多的幼儿去参加他们的联欢会，你们觉得自己有机会去吗？那么，我们先来找找自己有多少优点。

(意图：教师用参加动物联欢会作为兴趣点，创设情境，自然地向幼儿提出活动要求，使幼儿刚开始就有了明确的目的和浓烈的兴趣，为开展下一个环节做了心理铺垫。注意，这里要进行举手统计，作为前测数据。)

2. 说优点，初步认识自我

(1) 幼儿向同伴讲述自己的优点，说出一个优点，同伴就在彩旗上贴一颗五角星。

师：请你向你的同伴讲讲自己的优点，说出一个优点，同伴就在彩旗上贴一颗五角星，然后两个人交换进行。

(意图：这个环节为幼儿创设了认识自我、发现自己优点的机会，让幼儿能够初步地去认识自我，也为下一个环节的开展做了铺垫。活动中，邀请同伴用五角星进行记录，一方面能够体现公平，另一方面是让幼儿之间能够互相关注、互相合作。选择贴五角星这一方式进行记录，能够激发幼儿的活动兴趣，因为以往只有老师才能够给幼儿贴五角星，在这一活动中幼儿也拥有了这样的权利，那是他们无比开心的事情。)

(2) 集体交流，寻找五角星最少的幼儿。

师：请你们拿好自己的彩旗，互相看一看，谁的五角星最少呢？

在这个环节中教师了解本班幼儿自信心的状况，从幼儿获得五角星的情况来进一步了解幼儿自信心的状况，为下一步的单独辅导寻找方法。

师：小朋友们，你们来帮忙找找，他除了这些优点，还有别的优点吗？你找到一个，就告诉大家，并上来为他贴一颗五角星。

(意图：这是一个非常重要的环节，对于班级中自信心特别弱的幼儿是一个重新发现自我的过程，通过这个环节，他能够在同伴找出的各种各样的优点中，重拾自信。同时，对于其他幼儿而言，这一过程也能让他们努力去发现别人身上的优点，更加积极地评价同伴。无论对于不自信的幼儿，还是对于自信的幼儿，都有积极的心理辅导价值。)

(3) 了解此时这位幼儿的感受，帮助他树立自信心。

师：原来你(五角星最少的那位幼儿)也是个有很多优点的孩子，只是你自己没有发现。你现在感觉怎样？

(意图：这一环节中，教师重新将认识自我的权利交到了幼儿自己的手上，让幼儿重新认识自我，完成认识自我的整个心理过程。)

3. 小组活动，重新认识自我

(1) 以小组为单位，寻找组内幼儿身上的优点，方法同上。

(2) 集体交流：你的同伴为你找到了几条优点？这里为幼儿创设一个积极的交往空间，小组成员间互相寻找优点，能使组内幼儿之间多一些了解。

师：森林王国的国王看到我们班的小朋友身上优点真多，决定让我们所有的小朋友都去参加他们的联欢会，你们高兴吗？那我们就出发吧！

(最后，通过贴表情符号，可以看出幼儿参加这个心理辅导活动之后的情绪状态，也让每一个幼儿将内心的感受得到释放，同时也给教师反思自己的教学活动提供了依据。)

六、活动反思

幼儿园中该怎样进行团体心理辅导活动？在“寻找闪光点”这一活动中，教师总结出几点心得。

1. 创设一定的故事情境，帮助幼儿更快地进入角色。幼儿的思维是具体形象的，对事物的理解也是直观形象的，因此，情境是对幼儿进行心理辅导的一个很好的桥梁。在这一活动中，以争取参加动物联欢会为情境开展活动，引起了幼儿参与活动的兴趣。

2. 保证全体幼儿全身心地参与，注重活动中的心理体验。团体心理辅导不是强调掌握心理学知识，而是要在参与的过程中不断地获得情感体验，以促进幼儿个性的良好发展。

6.3.2　幼儿心理健康教育活动设计的内容

幼儿心理健康教育活动作为幼儿园活动的重要组成部分，应当有目的、有计划、有组织地进行。各个幼儿园应遵循幼儿教育的基本思想和总体要求，对心理健康教育活动的开展进行精心设计。

1. 幼儿心理健康教育活动的目标

制定幼儿心理健康教育目标必须考虑到与幼儿教育总目标的关系、与终身教育的关系，预防与干预的关系、社会发展变化与个人适应的关系。

1996年，教育部颁布的《幼儿园工作规程》明确地规定了幼儿园保育和教育的主要目标：促进幼儿身体正常发育和机体的协调发展，增强体质，培养良好的生活习惯、卫生习惯和参加体育活动的兴趣。发展幼儿智力，培养正确运用感官和运用语言交往的基本能力，增进对环境的认识，培养有益的兴趣和求知欲望，培养初步的动手能力。萌发幼儿爱家乡、爱祖国、爱集体、爱劳动、爱科学的情感，培养诚实、自信、好问、友爱、勇敢、爱护公物、克服困难、讲礼貌、守纪律等良好的品德行为和习惯，以及活泼开朗的性格。培养幼儿初步的感受美和表现美的情趣和能力。

幼儿心理健康教育是幼儿素质教育大系统中的一个部分，因此必须将其置于素质教育的系统中，并考虑它与健康教育、语言教育、社会教育、科学教育和艺术教育各目标之间的联系。

(1) 促进幼儿终身发展

“幼儿园教育是基础教育的重要组成部分，是我国学校教育和终身教育的奠基阶段”，它要为“幼儿一生的发展打好基础”。因此，幼儿心理健康教育要将培养幼儿终身学习的能力，促进其终身发展放到核心位置，既要符合幼儿现实的需要，又要有利于其长远的发展。融入终身教育理念的幼儿教育追求幼儿健康、真实、全面的可持续发展，使幼儿心理健康教育真正地成为人一生心理健康发展的初始阶段，同时也奠定人一生主观幸福的基础。

(2) 从干预到预防

幼儿健康教育的目标包含“知道必要的安全保健常识，学习保护自己”，因此幼儿心理健康教育目标不仅要考虑幼儿心理障碍和行为异常问题的治疗以及对问题儿童的指导帮助，更重要的是预防，防止异常状态的产生和进一步发展。过去幼儿心理健康教育多侧重在发现幼儿心理健康问题后，再进行干预治疗，而现代心理健康教育观念更侧重于预防，即防止心理问题行为的发生，变被动的心理健康教育为主动的心理健康教育，例如，当幼儿事先知道了死亡的科学概念，亲人意外亡故就不会对幼儿造成过重的打击。

(3) 社会发展变化和个人适应的关系

幼儿心理健康教育的目标和内容必须考虑到幼儿的年龄特征、心理发展水平和未来的幸福感，同时，也需要根据环境的变化做出相应的调整。随着社会的发展，人类所处的环境也发生着很大程度上的改变，过去没有出现过的心理问题也会随之而来，因此，要因时制宜地调整幼儿心理健康教育的目标。

2. 幼儿心理健康教育活动的内容

在确定活动目标的基础上，选择与设计相应的活动内容。活动目标必须通过一系列活动内容来体现。活动内容是活动目标的载体。心理健康教育活动内容是指活动项目的集合，而活动项目则表现为一个个活动单元。活动项目确定得恰当与否、活动单元设计的质量高低，直接关系到活动目标实现与否。因此要结合本园的实际情况，在理论分析的指导下，充分发挥教师的能动作用和创造精神，进行多方面的探索。关于如何使活动项目和活动单元的选择与划分更加合理，目前尚无一致意见。徐德荣、徐晓虹、邵静芬等人将幼儿心理健康教育活动的内容分为七个单元：自我意识的辅导、情绪情感辅导、抗挫折能力的辅导、意志力辅导、人际交往能力辅导、智力训练、其他。

3. 幼儿心理健康教育活动的注意事项

心理学家经过长期研究认为，儿童时期是培养健康心理的黄金时代，各种习惯和行为模式都在这时奠定基础，如果有一个好的开始，将来可使幼儿的品德和智力得到健康的发展；如果在此时忽略了幼儿的心理卫生，那么，希望幼儿成人后有健全的人格和健康的心理就比较困难，甚至是不太可能的。

因此我们在教育幼儿时一定要注意以下几点。

(1) 不要过分地关心幼儿

过分关心容易使幼儿过度地以自我为中心，认为人人都应该尊重他，结果成为自高自大的人。

(2) 不要贿赂幼儿

要让幼儿从小知道权利与义务的关系，不尽义务不能享受权利。

(3) 不要太亲近幼儿

应该鼓励幼儿与同年龄人一起生活、学习、玩耍，这样才能学会与人相处的方法。

(4) 不要勉强幼儿做一些不能胜任的事情

幼儿的自信心多半是由做事成功而来，强迫他们做力所不能及的事情，只会打击他们的自信心。

(5) 不要对幼儿太严厉、苛求甚至打骂

打骂会使幼儿养成胆怯、逃避等不健康心理，甚至导致反抗、残暴、说谎、离家出走等异常行为。

(6) 不要欺骗和无谓地恐吓幼儿

吓唬幼儿会丧失教师在幼儿心目中的权威性，以后的一切告诫，幼儿就不会服从了。

(7) 不当众批评幼儿

不要在小伙伴面前当众批评或嘲笑幼儿，这会造成幼儿怀恨和害羞的心理，并且大大损害幼儿的自尊心。

(8) 不要过分夸奖幼儿

幼儿做事取得了成绩，略表赞许即可，过分夸奖会使幼儿沾染沽名钓誉的不良心理。

(9) 不要对幼儿喜怒无常

这样会使幼儿敏感多疑，情绪不稳，胆小畏缩。

(10) 要帮助幼儿去分析他所处的环境

帮助幼儿解决困难，而不是代替他们解决困难。应教会幼儿分析问题、解决问题的方法。

当然，要让幼儿的心理健康发展，就要给予他们良好的教育，教师和父母更要给他们做出良好的榜样。

6.3.3　幼儿心理健康教育活动实施的途径和方法

1. 学前儿童心理健康教育的途径

(1) 班级开设心理健康活动课，系统而科学地进行心理健康教育

对于心理健康教育中某些幼儿不太容易理解的健康常识，不太容易掌握或需要系统训练的健康行为技能等，教师可以通过有目的、有计划、精心地设计教学，引导并启发幼儿探索、理解和掌握。幼儿园要进行长期、系统、科学的课程设置和开展教育，同时将幼儿的健康教育有机地渗透在幼儿园各领域的教育之中，才能形成幼儿健康良好的心理。

(2) 发现问题，班级教师进行随机教育

日常生活中的各个环节都可以用来对幼儿进行心理健康教育。一方面，日常生活中的心理健康教育自然、及时；另一方面，日常生活中的心理健康教育能在其他教育活动中得以延伸，有利于巩固幼儿的健康行为。幼儿入园后，进餐、如厕、就寝等生活方面的问题，教师可以在各个环节中适时地予以行为指导，而不必等到在专门的心理健康教育活动时进行。幼儿的心理状况往往外显为语言和行为状态，在日常活动中经常会表现出不健康

的心理倾向，应该适时对幼儿予以引导和教育。在常规安排的活动之外，对于突发事件，教师应迅速做出反应，给予幼儿相应的帮助和指导。

(3) 家园配合，做好幼儿心理健康的预防和矫正工作

深入幼儿的家庭进行访谈，获取有关信息，指导家长了解学前儿童的心理健康教育，及时发现有心理健康方面障碍的幼儿，做好系统观察，通过记录幼儿的问题行为、个案生活背景，并与其家长进行深入的沟通，了解幼儿在家的表现、家庭的情况，找出形成障碍的原因，进行分析和个别心理辅导，促进家园配合，共同做好幼儿心理障碍的矫正工作。坚持不懈地关注、帮助他们克服心理障碍，纠正问题行为，引导他们向更和谐、更完美的人格方向发展。

(4) 开设家长学校，定期就学前儿童的心理健康问题进行研讨

幼儿园应定期组织家长，开展一些有关学前儿童心理健康方面的讲座和研讨活动，使家长在思想上引起重视，行动上给予配合，真正做到学前儿童心理健康的家园共育，防治结合。

(5) 幼儿园设置心理健康教室

配备专业的幼儿心理健康教育指导老师，对心理健康方面有问题的幼儿进行初步干预，要视障碍程度进行分级管理和分别矫正。特别严重的，可建议家长带幼儿到专业的心理咨询师处进行系统的矫正。

2. 学前儿童心理健康教育的方法

(1) 讲解和谈话法

讲解和谈话法是指向幼儿讲解有关心理健康的一些粗浅知识，在提高幼儿认知水平的基础上，通过和幼儿谈话，使幼儿认识到自己的行为正确与否，及时纠正行为偏差，帮助幼儿掌握形成健康心理的方法。在运用时一定要循循善诱，让幼儿意识到自己的言行正确与否，是否给同伴带来不良影响等，语言上要符合幼儿的认知水平等。

(2) 亲身体验和情境表演法

亲身体验和情境表演法是指让幼儿以亲身体验或表演的方式，体验和体会生活中的不同角色在一定情境中遇到的问题和冲突，并让幼儿做出相应的反应，说出感受，使之选择合乎健康心理的行为的方法。在运用这一方法时，要注意选择符合生活实际的情境，及时对幼儿的反应和感受予以引导。

(3) 事例分析法

事例分析法是指针对幼儿之间发生的事情，列举相同或相似的事例进行分析或讨论，让幼儿自觉产生相应的健康行为方式的方法。在运用该方法时，应注意多选择正面事例，为幼儿多树立榜样；对反面事例须注意引导。

(4) 操作法

操作法是指导幼儿通过操作的方式，对行为方式和操作技能进行练习、巩固和提高，从而养成稳定的、良好的健康行为方式的方法。在运用时应注意把握指导的尺度、幼儿操作的兴趣以及操作的完成度等。

(5) 图表法

图表法是指通过图表展示的方式，展现幼儿在哪些方面取得了进步或应该注意哪些方面，及时纠正幼儿的不良行为，表扬良好行为，促使幼儿形成健康的行为方式的方法。在运用图表法时应注意表扬和纠正的及时性、公正性和公平性。

3. 学前儿童心理健康教育应注意的问题

(1) 提高幼儿教师心理健康教育的水平

幼儿教师首先应提高自己的心理健康水平，合理安排和处理教学以外的事务，保证在教学中以良好、健康的心理进行教学和指导；其次在教学中切实以自己的言行给幼儿正面、积极的影响，恰当地指导幼儿积极面对日常生活中发生的影响心理健康的事情，促使幼儿心理朝着健康的方向发展。

(2) 面向全体和照顾个别相结合

对幼儿进行心理健康教育，既要面向全体幼儿，又要照顾到个别幼儿，使不同的幼儿得到不同的发展。面向全体幼儿，要根据幼儿的身心发展规律以及心理健康教育活动自身的特点，精心设计丰富多彩的游戏活动，提高幼儿参与的主动性。通过参与活动，指导幼儿处理活动过程中所发生的事情，促使幼儿心理健康发展。在游戏过程中还应注意对特殊幼儿的照顾，使每个幼儿的心理都能得到健康发展。

(3) 幼儿园与家庭建立密切的联系，为每位入园幼儿设立档案

幼儿入园会收到家长手册，内容涉及园所的状况、理念、课程、注意事项，对相关的幼儿心理问题也有详细的注释和解决办法。为每个幼儿建立一个小档案，利用早、晚接送幼儿的时间，向家长介绍幼儿在园的情况，运用家园联系册、家长园地、班级网页等，加强与家长的日常联系，使其对幼儿在园的情况有所了解。通过阶段性的家园联系，如家访、家长会、家长开放日等形式，加强教师与家长之间的联系，增强家园之间的相互理解，以利于相互配合。成立家长学校、家委会，让每位家长充分了解自己的孩子，为家长提供更多的教育幼儿的有效方法。家长委员会作为幼儿园与家长联系的桥梁，能使幼儿在家与园中形成的良好心理得到巩固、提高和发扬。

(4) 关注留守儿童和单亲儿童的心理健康，注意突发事件对儿童心理健康的影响

留守农村、父母离异和突发事件的出现，容易使一些幼儿过早在心里留下不健康的阴影。开设心理辅导课，开展心理咨询、心理矫正活动，定期开展思想教育、情感教育、独立生活教育和体谅父母教育活动等，能使留守儿童和单亲儿童感到关爱，体验到生命成长的快乐与幸福，消除不良情感体验，树立乐观向上的生活态度，有助于其良好、健康心理的养成。

4. 重视家庭教育环境在幼儿身心发展上的重要作用

良好的家庭氛围来自和睦的家，父母以身作则，做好幼儿健康心态的表率，尊重信任幼儿，营造健康的精神氛围和良好的家教环境，才能促进幼儿身心的健康成长。孩子的健康成长离不开良好的家庭教育环境。作为家庭教育的实施者，家长们应不断更新教育观念，用发展的眼光看待他们，要把幼儿当作一个有活动能力、有发展主动性的人来对待，并按照幼儿的年龄特征、心理特点去教育他们。不同的家庭、不同的父母所实施的家庭教

育迥然不同。家长们是否有正确的家庭教育观念，是否有科学的家庭教育方式，对幼儿的身心健康发展有着至关重要的影响。

5.《指南》中健康领域关于学前儿童心理健康教育的建议

(1) 营造温暖、轻松的心理环境，让幼儿形成安全感和依赖感

教师应保持良好的情绪状态，以积极、愉快的情绪影响幼儿，以欣赏的态度对待幼儿，注意发现幼儿的优点，接纳他们的个体差异，不与同伴做横向比较，对幼儿做错事要冷静处理，不厉声斥责和打骂。

(2) 帮助幼儿学会恰当地表达和调控情绪

成人要用恰当的方式表达情绪，为幼儿做出榜样，如生气时不乱发脾气，不迁怒于人。成人和幼儿在一起谈论自己高兴或生气的事，鼓励幼儿与人分享自己的情绪。允许幼儿表达自己的情绪，并给予适当的引导，当幼儿发脾气时不硬性压制，等其平静后告诉他什么行为是可接受的。发现幼儿不高兴时，主动探询原因，帮助他们化解消极情绪。

第7章 学前儿童健康教育活动说课

本章首先介绍学前儿童健康教育活动说课的相关理论，包括学前儿童健康教育活动说课的内涵、意义、内容、类型与原则，为做好说课实践活动打下坚实的基础。其次，针对学前儿童健康教育说课的技能进行全面的指导，包括说课各内容的技能与注意事项。最后，展示了学前儿童健康教育活动说课的经典案例，供大家借鉴。

7.1 学前儿童健康教育活动说课概述

说课，产生于20世纪80年代末。1987年6月底，河南省新乡市红旗区教研室，要从本区教师中选出参加市教坛新秀评选的人员。当时已到学期末，采用以往听课评比的方式选拔参赛人员不方便组织。于是，有人提出让有关教师说一说教学设计，其他教师听一听，评一评。这样做了之后，大家认为通过说教学设计基本可以体现出教师的业务素质、知识水平和教学能力，并且这种方法省时高效，简便易行。后来把这种方式称为“说课”。从这次说课开始至今经历了30多年的时间。

7.1.1 学前儿童健康教育活动说课的内涵与意义

1. 说课及学前儿童健康教育活动说课的含义

关于说课的含义，不同领域和学科的专家给出了不同的定义，但从教育学的角度，我们比较认同如下的定义：说课是指教师以教育教学理论为指导，在精心备课的基础上，面对同行、领导或教学研究人员，主要用口头语言和有关的辅助手段阐述某一学科课程或某一具体课题的教学设计，并与听者一起就课程目标的达成、教学流程的安排、重点难点的把握及教学效果与质量的评价等方面进行预测或反思，共同研讨进一步改进和优化教学设计的教学研究过程。[①]

根据上述说课的含义，我们可以给“学前儿童健康教育说课”做如下定义：学前儿童健康教育说课是指幼儿教师以学前健康教育基础理论为指导，以《幼儿园教育指导纲要(试行)》为依据，结合具体的学前儿童健康教育教材内容以及幼儿的实际情况，主要用口头语言表述对学前儿童健康教育活动的具体分析、设计及其理论依据的过程。简单地讲，就是说清在学前儿童健康教育活动中教什么、怎么教、为什么这么教。教师在“说”的过

① 杨九俊. 说课、听课与评课[M]. 北京：教育科学出版社，2004：18.

程中，不仅要将教学方案说出来，更要将隐含于教学方案后面的设计思想、教育理念、具体依据等都说出来。要“说”出教学思路的轨迹，“说”出教学方案是如何设计出来的、教学方案设计的依据是什么、教学预定达到的教学目标以及设计的特色是什么等。由显说隐，由隐论显，强调说出教师为什么要如此设计教学。

2. 学前儿童健康教育活动说课的意义

学前儿童健康教育活动说课的目的就是依据教学的需要，通过说课活动提高教师素质和健康教育活动的组织质量，为获得良好的教育效果创造必要条件，提供可靠保证。

在教学理论发展史上曾提出很多关于教学过程的阶段说、环节说和步骤说等，它们都是适应当时历史的客观需要而提出的，是对教学理论的发展和创造。例如，德国著名教育学家林尔巴特提出教学四阶段说，即“明了、联想、系统和方法”；美国教育学家杜威提出教学五步骤说，即“创设情境、引起动机、确定问题、研究步骤、总结评价”；苏联教育学家凯洛夫提出教学过程四阶段说，即“感知、理解、巩固、应用”，中华人民共和国成立后此学说被引入我国，在此基础上我国的教学论又提出教学工作的五环节说，即备课、上课、课外辅导、作业布置与批改、学业成绩检查与评定。很明显，历来的教学论只研究“教什么”和“怎样教”，却没有研究“为什么这样教”，就是说，没有解决教学活动的“所以然”问题。河南省新乡市红旗区首创的说课，在古今教学论著和教育词典中前所未见，从而填补了教学理论的空白。

具体来说，学前儿童健康教育活动说课具有以下几方面意义：

(1) 有利于提高学前儿童健康教育教研活动的实效

以往的教研活动一般都停留在上几节课，再请几个人评评课。授课教师处在一种完全被动的地位，听课教师也不一定能理解授课教师的意图，导致教研实效低下。通过学前儿童健康教育活动的说课，让授课教师说说自己教学的意图，说说自己处理教材的方法和目的，让听课教师更加明白应该怎样去教，为什么要这样教，从而使健康教育教研的主题更明确，重点更突出，提高教研活动的实效。另外，我们还可以通过对健康领域的某一专题的说课，统一思想认识，探讨教学方法，提高教学效率。

(2) 有利于提高教师备课的质量

从总体上看，教师的备课都是很认真的。但是，我们的教师都只是简单地备怎样教，很少有人会去想为什么要这样备课，备课缺乏理论依据，导致了备课质量不高。通过说课活动，可以引导教师去思考，思考为什么要这样教学，这就能从根本上提高教师备课的质量。

(3) 有利于提高健康教育活动的组织质量

教师通过说课，可以进一步明确活动组织的重点、难点，理清教学的思路，从而克服活动中重点不突出、训练不到位等问题，提高学前儿童健康教育活动的组织质量。

(4) 有利于提高教师的自身素质

一方面，说课要求教师具备一定的理论素养，这就促使教师不断地去学习教育教学的理论，提高自己的理论水平；另一方面，说课要求教师用语言把自己的教学思路及设想表达出来，这就在无形中提高了教师的语言组织能力和表达能力，提高了自身的素质。

7.1.2　说课与备课、上课的关系

说课是幼儿园教师改进备课、提高课堂教学质量的重要环节，正确地处理好说课、备课和上课之间的关系，是幼儿园教学改革的必然要求。三者之间既有区别，又有联系。

1. 说课与备课、上课的区别

(1) 说课与备课的区别

① 备课着重研究解决课堂教学中的“教什么”“怎样教”等教学内容及实施技术问题，说课除了要研究上述问题外，还要研究“为什么这样教”的教学理论问题。

② 备课所写的教案，为适应课堂教学中师生双边活动顺利进行的需要，要求对教学方案的书写具体、详细。说课所写讲稿，为满足听说教师的需要，只需对教学方案做纲目式、摘要式、理性的述说。

③ 说课更有理论性，但又要以备课为前提。只有备好课才能说好课，但只备好课却缺少扎实的理论基础，也不一定能说好课。所以备课是说课的前提，理论是说课的外衣。练好备课的基本功、平时多看书、注重学习和积累是做好一切事情的前提。

(2) 说课与上课的区别

① 目的不同。说课是一种教研过程，目的是向听者介绍一次幼儿园活动的设想，以完成教研任务、反馈教学信息，从而提高教学效果；而上课是课程实施的过程，要求将教材内容转化为幼儿的理解，进而培养他们的能力，进行思想品德教育，促进幼儿的全面发展。

② 对象不同。说课的对象是同行的老师、专家；而上课的对象是幼儿。

③ 内容不同。说课的内容是解说自己对某课题的理解、教学设想、方法、策略以及组织教学的理论依据等；而上课的内容是对某课程的内容进行具体分析，向幼儿传授知识以及学习的方法。

④ 意义不同。说课的意义主要是提高课堂教学的效率以及教研活动的实效；上课的意义是增加幼儿的基本知识以及引导学生领悟和应用新知识。

2. 说课与备课、上课的联系

备课是说课、上课的前提和基础，备课结果直接决定着说课、上课的效果；而说课、上课是备课结果的表述和检验，是把备课成果付诸实践的两个侧面，说课注重对教学内容、目标、方法、过程的分析。

7.1.3　学前儿童健康教育活动的说课类型

学前儿童健康教育活动说课，作为学前儿童健康教育教学研究活动的一个有机组成部分，可以细化为几种基本的类型：从服务于课堂教学的先后顺序来看，一般可分为健康教育教学活动课前说课和课后说课；从改进和优化课堂教学的设计来看，也可分为学前儿童健康教育教学活动预测型说课和反思型说课；从教学业务评比的角度看，又可分为健康教育活动评比型说课和非评比型说课；从教学研究的角度看，还可以分为健康教育专题研

究型说课和示范型说课；从说课的主体角度看，说课可以分为健康教育活动组织者说课和评课者说课等。下面就对幼儿园健康教育活动常用的几种说课类型做以下具体的阐述和剖析。

1. 预测型说课

预测型说课也称为课前说课，即学前儿童健康领域教师在认真研读教材与教学资源、领会教材编写意图、分析教学资源、初步完成教学设计基础上的一种说课形式，是教师个体深层次备课后的一种教学预演活动，其目的是改进和优化教学设计。

例如，在幼儿园健康领域教研活动中，园长通常会安排在上课的前一周进行下一周健康教育活动内容的说课活动。在集体备课时，同一年龄班教师可以互相说课并评价研讨，把上课时可能出现的问题和突发情况进行研究和讨论，以期达到更好的教学效果，科学合理地促进幼儿的全面发展。

2. 反思型说课

反思型说课也称为课后说课，就是学前儿童健康领域教师按照既定的教学设计组织活动，并在活动后向所有听课教师或教学研究人员阐述自己所组织的健康教育活动得失的一种说课形式，是建立在教师个体教学活动基础上的一种集体反思与研讨活动。正是在这种集体的反思与研讨中，说课者和参与研讨的其他教师对教学的成败得失有了更加清晰的认识，也为进一步改进和优化教学设计提供了可能性。

例如，在教师的教研活动中，园长可定期安排和组织教师进行健康领域教育活动后的说课活动，尤其是同一年龄班教师可以互相说课，进而研讨和反思，找出活动中存在的问题和不足，共同商讨相应的对策，以期完善教育资源，提高幼儿教师的专业素质，促进幼儿教师的业务提升。

3. 评比型说课

评比型说课，就是把说课作为学前儿童健康领域教师教学业务评比的内容或一个项目，对教师运用教育教学理论的能力、理解健康领域课程目标和教材的实际水平、教学流程设计的科学性和合理性等做出客观公正评判的活动方式。它既是发现和选拔优秀教师的一种评比方法，也是以此带动教师队伍建设、促进教师专业发展的有效途径。相对于评比型说课而言，教师在日常教学研究中所进行的说课活动，都属于非评比型说课，它既可以是课前说课方式，也可以是课后说课方式。

评比型说课作为学前儿童健康领域教师业务能力考核的一项指标，既可以在幼儿园内部进行，也可以作为区、市、省教研部门组织的一年一度的大型幼儿教师练兵评比活动中的一项内容，是每个幼儿教师都应具备的一种业务能力。

4. 主题型说课

主题型说课，就是以学前儿童健康教育教学工作中遇到的重点、难点或热点问题为主题，引导教师在进行一段时间实践和探索的基础上，用说课的方式向其他教师、专家和领导汇报其研究成果的教育教学研究活动。显然，主题型说课是一种更深入的问题研究活动，它更有助于教育教学重点、难点或热点问题的解决。

在幼儿园，主题型说课一般是在健康领域某一课题研究过程中，课题专家或领导对课题方案实施过程中方案落实情况的检查和验证。对于方案实施中的一线幼儿教师来说，这是更深层次理解方案和领会课题研究成果的一个学习过程，对提高幼儿教师的理论素养有很大帮助。

5. 示范型说课

示范型说课，一般是在选择优秀的健康领域教师，如以教学能手、学科带头人或特级教师等为代表向听课教师做示范型说课的基础上，请该教师按照其说课内容上课，然后组织教师进行评议的教学研究方式。通过这种形式的教学研究活动，听课教师可以从听说课、看上课、参评课中增长见识，开阔视野，不断提高自己运用理论指导教育教学实践的能力，这也是培养教学骨干的有效方式和重要途径。

一般来说，示范型说课比较适合在园内或市区内开展，每学期一般可以进行1～2次，目的是以点带面，以老带新，促进幼儿教师整体素质的提高，尤其是促进刚参加工作的新教师的成长和提高。

7.1.4　学前儿童健康教育活动的说课原则

健康教育活动说课原则是为了达到良好的说课效果，对健康教育活动说课提出的总体要求和行动指南。而规范、优化健康教育活动说课，正确掌握、灵活运用健康教育活动说课原则有助于教师教学智慧的生成和教师专业化成长。

1. 科学性原则——健康教育活动说课的前提

科学性原则是教学应遵循的基本原则，也是说课应遵循的基本原则，它是保证健康教育活动说课质量的前提和基础。科学性原则针对说课的基本要求主要体现在以下几个方面。

第一，教学目标的确定要符合《幼儿园教育指导纲要(试行)》中关于健康教育活动的界定及活动内容和幼儿实际的发展需要。

教学活动的三维目标包括情感态度目标、认知目标以及技能目标。这三种目标的确定都要与《幼儿园教育指导纲要》中学前儿童健康教育目标的界定以及教育内容分析和学情分析保持高度的一致性，并要有切实可行的落实途径。

第二，健康教育活动学情分析要客观、准确，符合实际。说课中教师要从幼儿学习本活动的原有基础和现有困难两个方面，分层次地、客观地、准确地分析学情，为采取相应的教学对策提供可靠的依据。

第三，健康教育活动内容分析要正确、透彻。说课中，教师不仅要从微观上弄清、弄懂各知识点的内涵和外延，做到准确无误，更重要的是要从宏观上正确把握本次活动的内容在本领域、本年龄段的地位、作用及其本身的知识结构体系，深刻理解各知识点之间的关系。

幼儿园教育的内容应是广泛的、启蒙的，各方面的内容都应有利于发展幼儿的知识、技能和情感态度等。在选择健康活动教育内容时，既要符合幼儿的兴趣和现有经验，又要有助于形成符合教育目标的新经验；既要贴近幼儿的生活，又要有助于开拓幼儿的经验；既要体现内容的丰富性、时代性，又要注重幼儿学习的必要性、适宜性以及与小学教育的衔接等。

第四，教法设计紧扣教学目标，要符合健康领域类型活动的特点，有利于促进幼儿发展，并且可行性强。说课中，教师既要说清本节活动的总体构想以及依据，又要说清具体的教学设计，尤其是关于重点、难点的教法设计的构想及其依据，使教法设计思路清晰，具有较强的可操作性。

随着幼儿园课程改革的进一步深入，以前所倡导的讲授法、示范法、模仿法等不再呈现一统天下的格局，而是更多地辅之以问题法、探究法、发现法、体验法、新视听等现代教育方法，以适应当代的教育教学改革的需要。但是这些方法怎样运用于自己的教育教学设计之中，能否与幼儿当前的学习活动相结合，与特定的活动内容相结合，与特定的学习环境相结合，从而达到自己预设的教育目标，这些问题都是值得幼儿教师深入思考的。教师对于教法的设计必须考虑到幼儿的发展需要，同时照顾到幼儿的个性特征和学习风格。如对于那些性格孤僻的孩子，我们要设计一些合作性强的游戏活动，采用鼓励参与、亲情拉近等方法促进其与同伴的合作与交流；对于那些社会性发展较弱的孩子，我们可以多组织参观、考察、探访等活动拓宽其社会生活经验，增加人际交往和交流的机会；对于一些想象力丰富但逻辑思维能力发展缓慢的孩子，我们可以设计猜谜、寻宝之类的问题情境，增加其逻辑推理、是非判断、挑选分类以及质疑推导于一体的活动机会。

2. 理论联系实际原则——说课活动的灵魂

说课是说者向听者展示其对某节活动教学设想的一种方式，是教学与研究相结合的一种活动。因此在幼儿园说课活动中，说课人不仅要说清其教学构想，还要说清其构想的理论与实际两个方面的依据，将教育教学理论与课堂教学实际有机地结合起来，做到理论与实践的高度统一，具体要求如下所述。

(1) 说课要有理论指导

在说课中对内容的分析应以健康领域基础理论为指导，对幼儿学情的分析则以幼儿心理学、幼儿教育学理论为指导，对教法的设计应以教学论和教学法为指导，力求所说内容言之有理、言之有据。

(2) 教法设计应上升到理论高度

教师在教学实践中，往往注意到对教法本身的探索、积累与运用，而忽略了将其总结上升到理论高度并使之系统化、规律化，因而淡化了教学实践的功能。说课中，教师应尽量把自己的每一个教法设计上升到教育教学的理论高度并接受其检验。

(3) 理论与实际要有机统一

在说课中，既要避免空谈理论，脱离实际，放之四海而皆准；又要避免只谈做法，不谈依据；还要避免为增加理论色彩而张冠李戴，从而使理论与实际不一致、不吻合。要做到理论切合实际，实践是在理论指导下的实践，理论与实践高度统一。

3. 实效性原则——说课活动的核心

任何活动的开展，都有其鲜明的目的，说课活动也不例外。说课的目的就是要通过说课这一简易、速成的形式或手段在短时间内集思广益，检验和提高教师的教学能力、教研能力，从而优化教学过程，提高教学效率。因此，实效性就成了说课活动的核心。为保证每一次说课活动都能达到预期目的，收到可观实效，至少要做到以下几点。

(1) 目的明确

大体上，说课可用于检查、研究、评价、示范等多种目的。一般来说，检查型说课主要用于领导检查教师的备课情况；研究型说课主要用于同行之间切磋教法；评价型说课主要用于教学评比、竞赛活动；示范型说课则是为了给教师树立说课的样板，供其学习、参考。在开展说课活动前，首先要有明确目的，也就是要清楚开展的是哪一类型的说课活动，以便做好相应的准备工作。

(2) 针对性强

这主要是针对检查型、研究型两种说课活动而言。检查型说课一般来说主要针对以下问题：教师的工作态度、教师的专业知识、教师的教学能力、教师的教研能力；研究型说课应主要针对承上启下的活动、难度较大的活动、结构复杂的活动以及教师之间意见分歧较大的活动等。只有加强说课的针对性，才便于说课人和评说人的准备以及对问题的集中研究与解决。

(3) 准备充分

说课前，说课人、评说人都要围绕本次说课活动的目的进行系统的准备，认真钻研《幼儿园教育指导纲要(试行)》和活动内容，分析学情，做到有的放矢。说课人还要写出条理清楚、有理有据、重点突出、言简意赅的说课稿。

(4) 评说准确

评说要科学准确，指导性强。说课人说完之后，参加评说的人员要积极发言，抓住教学理论上的重大问题和教学中带有倾向性、普遍性、规律性的问题进行重点评说。主持人还应该将已达成的共识和仍存在分歧的问题分别予以归纳总结，以便在教学中贯彻执行或今后继续进行研究。

4. 创新性原则——说课活动的生命线

说课是深层次的教研活动，是教师将教学构想转化为教学活动之前的一种课前预演，其本身也是集体备课，是备课活动的一个组成部分。尤其是研究型说课，其实质就是集体备课。在说课活动中，说课人一方面要立足于自己的教学特长、教学风格；另一方面要借助同行、专家参与评说，众人共同研究的良好机会，树立创新的意识和勇气，大胆假设，诚心求证，探索出新的教学思路和方法，从而不断提高自己的业务水平，进而不断提高教学质量。只有在说课中不断发现新问题、解决新问题，才能使说课活动永远“新鲜”，充满生机和活力。具体来说要做到如下几点要求。

(1) 把握要求，容量适当

把握好程度分量，是上好一节活动课的基本要求之一，要处理好提高教学效率与课堂教学的要求、容量的关系问题。一方面，要充分利用单位活动时间，提高教学效率；另一方面，教学活动作为幼儿学习的一个重要环节，步子应该迈实，对活动内容应能基本掌握。实际上，学习是一个不断积累的过程，不可能“速成”。教师的素养体现在对教学活动中程度、分量的“度”的准确把握。

将视野转向幼儿，将幼儿的发展需求作为研究、选择内容的内在依据，从而全面地实现课程内容、形式的整合，促进幼儿的全面发展。小、中、大班幼儿有着各自不同的年龄特征和认知特点，因此面对不同年龄段的幼儿必须选择不同的活动内容。

(2) 立足于“活动”，寓技于“活动”

说课的侧重点主要是对教学的设计和分析。说课不同于教学基本功比赛，不同于教学技能表演，它必须立足于“活动”本身。所以说课活动必须把“活动流程”说清、说透，让听者明白活动到底是怎么一步一步进行的，活动的重点、难点是什么，是通过什么方式方法解决的，最后的效果如何等。

(3) 掌握详略，突出重点

说课时，应在全面介绍情况的基础上，紧紧抓住那些教师较为关心、渴望了解的重点问题，展示出解决和处理问题的办法，以充分发挥说课的交流作用。所以在“说活动流程”的时候，一定要分清目标中的重点和难点部分，重点部分要解决几个问题，方式方法是什么，教师是怎么导入的，重点部分大约需要多长时间，如何自然地过渡到难点部分等。

(4) 避免空泛，力求实在

说课既要有明确的教学要求，又要有落实的措施，使人看得清、抓得住，发挥好说课的交流作用。

随着教育改革的不断深化，“说课”这一教研形式正悄然兴起，其综合反映教师素质、教师教育理论水平、教师教学业务能力的优越性日益显现。我们希望能通过“说课”这一形式，不断推动教育教学改革，加快师资队伍的培养，让更多的优秀教师迅速成长起来。

7.1.5 学前儿童健康教育活动的说课内容

1. 说课内容

说课内容是关于说什么的问题。原则上说，凡是教师在教学前所做准备及教学实施中的一切要素都可以进入说课内容中。中小学说课在发展过程中，逐步确立了说课内容要素，形成了说课的基本模式，如“四说”和“六说”模式。“四说”模式是把说课内容分为“说教材”“说教法”“说学法”“说教学程序”四部分，这是说课最基本的一种模式。这种模式抓住了教学中的基本要素。教材是载体，教法与学法是手段，教学程序是框架。“六说”模式即“说教材”“说学情”“说教法”“说学法”“说教学程序”“说板书设计”。除此之外，在中小学说课中，作业的布置、课时的安排等因素也被关注。

2. 学前儿童健康教育活动说课的内容

幼儿园说课从中小学发展而来，借鉴了中小学说课的模式。幼儿园教学有自身的特点和要求，突出体现在以下几个方面。

第一，幼儿园教学内容不像中小学必须来自教材，教师可以根据幼儿的兴趣和需要设计教学内容；

第二，幼儿的学习对环境的依赖性很大，幼儿园教学中的情境创设及材料准备尤为重要；

第三，幼儿园教学设计中有活动延伸这一项，要求教师将本次教学活动的内容延伸到其他活动中。

学前健康教育活动说课大体有两种模式。一种是同中小学的“四说”模式，内容包括“说教材”“说教法”“说学法”“说教学程序”四部分；还有一种是按照幼儿园教学活动设计内容所说的模式，包括说健康教育活动的教学内容、教学目标(包括重点、难点)、教学准备，说教法与学法、教学过程设计与活动延伸。

7.2　学前儿童健康教育活动说课技能指导

学前儿童健康教学活动要求教师以学前儿童健康教育科学理论为指导，用科学的方法解决教学中的矛盾和问题。长期以来，教师备课、写教案，只要求写出教学目的、准备、过程等这些“做”的内容，而说课要求教师从活动目标、教材、准备、教法、学法、教学过程等方面，根据《纲要》中关于学前儿童健康领域的理论与实践的指导，运用教育学、心理学等相关理论，阐明这样做的道理。教师只有把握好说课的几个重点内容，才能做好学前儿童健康教育活动的说课。

7.2.1　说教学内容

教学内容是具体形态层面的概念。从教的方面说，教学内容是指教师在教的实践中呈现的种种材料及所传达的信息。它既包括在教学中对现成教材内容的沿用，也包括教师对教材内容的“重构”——处理、加工、改编乃至增删、更换。教学内容和教材不是同一概念。教学内容应包含教材，但不局限于教材。教材是规定的，教材内容是在分析教材的基础上，对教材的二次加工。例如，某教师的说课内容来自于教材，但是教师根据幼儿的实际水平，对教材中的内容进行筛选和处理，包括调整内容的难度、广度，确定内容的重难点。我国著名教育家叶圣陶曾经说过：“教材只能作为授课的依据，要教得好，使学生受益，还得靠教师的善于应用。”

活动内容是关于本次教学活动“教师教什么”“幼儿学什么”的问题，是教学的载体。说“教学内容”，一般要说清楚以下几点。

1. 教学内容的来源及选择依据

(1) 说明教学内容的出处

学前儿童健康教育活动教学内容是从幼儿园健康领域教材中所选，需要说明内容出自什么教材。如果教学内容是教师根据幼儿兴趣与需要设计的内容，更要予以说明。另外，所选教学内容如涉及地域特色或是园本课程特色时，也可以加以说明。

(2) 说明选择教学内容的依据

说明为什么要选择此项内容。阐述选择教学内容的依据时，需从内容与健康领域目标的关系、内容蕴含的促进幼儿发展的价值、内容与幼儿年龄适宜性关系等方面说明。

2. 教学内容的分析及处理

(1) 说明对教学内容的取舍和重点的选择

说明如何根据学前儿童健康教学要求、教材特点和幼儿实际，确定教学内容以及这样处理的理由。

(2) 说明对教学内容的理解

阐述教学内容的特点及对教学内容的准确理解。

3. 说教学内容应注意的问题

(1) 交代清楚教学的具体内容

有的教师说教学内容时，听者不清楚幼儿到底要学什么。例如某教师说中班健康领域安全教育活动“交通安全我知道”的内容时说道：“我说的是中班安全教育活动‘交通安全我知道’，这项内容对发展和丰富幼儿的安全知识，增强幼儿的自我保护意识具有很大价值。”该教师没有说清楚幼儿到底学什么、“交通安全”都包括哪些内容。这个例子中，教师把“课题名称”等同于教学内容。课题名称并不涵盖教学内容。

(2) 交代清楚选择教学内容的依据

一般来说，对于幼儿园教材的内容，教材编者已经考虑了整合目的性。整合目的性指的是选择的教育内容必须符合并有助于实现课程目标。当教学内容是教师根据幼儿兴趣点设计的内容时，则要说明该内容是否有助于实现课程目标。例如，某教师发现幼儿对雾霾天气认识模糊，很多幼儿认为是一种天气现象，就如风、雨、雪一样，还有个别幼儿认为是下雾了，而且对于防范雾霾、对于身体健康的伤害的小常识也不甚了解。《纲要》健康领域目标要求幼儿“知道必要的安全保护常识，学习保护自己”，于是设计了探究“雾霾”的教育活动。这项教育内容有助于实现“自我保护”的教育目标。

7.2.2 说学情

学情，就是包括教育对象的年龄特征、认知能力、学习方式以及已有知识和经验等情况的总和。有的教师准确把握住了教学目标和内容，但是教学效果不好，其重要原因之一就是没有把握住幼儿的学习情况。

1. 说学情的重要性

分析学情是教学设计的有机组成部分，与教学设计其他要素关系密切。首先，学情分析是教学目标设定的基础。只有了解幼儿的已有经验和认知特点，才能确定其在不同领域和不同学习活动中的最近发展区。其次，学情分析是确定教学内容的依据。只有根据具体的幼儿，才能界定教学内容的广度、深度、关键点。没有学情分析的内容是无的放矢。最后，学情分析是教学活动设计的落脚点。没有幼儿的知识经验基础，教学很可能成为空中楼阁，难以顺利实施。

2. “说学情”的具体内容

(1) 说幼儿的年龄特点

这些特点包括3～6岁幼儿年龄的一般特点及小班、中班、大班幼儿的年龄特点。如大班的幼儿表现出以下年龄特点：自我评价能力逐步发展，情感的稳定性和有意性增长，自理能力和劳动能力明显提高，合作意识逐渐增强，规则意识逐步形成，动作控制能力明显增强，爱学好问，有极强的求知欲望。

(2) 说幼儿的认知能力

分析幼儿的认知特点和能力，包括幼儿在语言、社会、科学、艺术、健康领域学习中的认知发展水平，如不同年龄幼儿的语言发展特点、水平；不同年龄幼儿的数概念发展特点、水平；不同年龄幼儿的社会性发展特点与水平等；幼儿的观察能力、思维能力、操作能力等。对幼儿能力的培养是教学的重要目标，同时，幼儿的能力也是教学活动得以开展的重要因素与资源。正确、准确地分析幼儿的能力，是正确、准确地设计教学目标的前提。

(3) 说幼儿已有的知识经验

对幼儿知识、技能的分析是对幼儿情况最基本的分析，主要指幼儿在学习新内容时所具有的基本的、前提性的知识经验与技能。这是幼儿学习新内容的基础。针对教学内容，分析幼儿已具备的相关知识经验。如果幼儿不具备这些知识，需要在课前丰富幼儿的知识经验，还可以适当调整教学难度和教学方法。

(4) 说幼儿的学习方式与特点

《3～6岁儿童学习与发展指南》(以下简称《指南》)指出：幼儿的学习是以直接经验为基础，在游戏和日常生活中进行的。要珍视游戏和生活的独特价值，创设丰富的教育环境，合理安排一日生活，最大限度地支持和满足幼儿通过直接感知、实际操作和亲身体验获取经验的需要。是否把握幼儿的学习方式和特点，决定着教师所采用的教学方法和手段是否适合幼儿。

3. “说学情”的注意事项

(1) 要重视“说学情”

有些教师说课时，往往比较注重内容选择、方法运用、材料准备和过程设计，而对分析学情不够重视，体现在说课时不说学情，或三言两语一带而过。学情分析是对“以幼儿为中心”的教学理念的具体落实，因此，必须从思想上重视学情分析。在说课中，无论是把学情和教学内容一起作为教学资源加以分析，还是单独阐述，都必须有对幼儿学情的分析和思考。

(2) “说学情”要说得具体、准确

分析学情的目的在于更好地制定教学目标和选择教学方法，正确的学情分析既可以体现教师对某年龄幼儿的了解程度，同时也能够为正确地选择教学方法奠定基础。每个年龄段的幼儿都有各自不同的特点，不论是生理上、心理上，还是认知方面，都要针对所说领域及教学内容有针对性地分析学情，不要生搬硬套一些与教学内容无关的幼儿特点。有的教师从一些教材或者辅导材料上摘抄一些模式句，对学情分析用词模糊。例如，说幼儿思维特点时，无论哪个年龄班都说“幼儿的思维以具体形象为主”。小、中、大班幼儿的思维水平不同，如小班幼儿是从直觉行动思维向具体形象思维发展，中班幼儿是典型的具体形象思维，大班幼儿抽象逻辑思维开始萌芽。分析学情时，要在明确幼儿身心发展的普遍特点基础上，根据所说内容和年龄班把学情说得具体、准确。

7.2.3 说目标及重难点

活动目标是指教学活动的主体在具体教学活动中所要达到的预期结果、标准，是具体的、微观的，制约着活动设计的方向，对教学活动起着指导作用，是活动设计的起点，也是终点，也是选择课程内容、课程组织方式和教育策略的依据。

说活动目标，就是要说明活动目标的确立和实现活动目标的基本思路。教师要紧紧抓住活动目标，以充分的理论依据和实践经验说明实现活动目标的进程、步骤、组织目标实现程度的检测等方面的基本思路。

1. 说目标及重难点的具体内容

对于目标的制定我们都会从认知、能力、情感几方面来考虑，因此在说活动目标时就要说清认知、能力、情感等方面的要求和层次。把握活动目标是说课的重要环节，正确理解、分析、把握目标是教学活动成功的基础，说活动目标可以从以下两方面进行。

(1) 说目标制定的依据

说目标制定的依据是指根据国家《纲要》、本地的课程标准，或是某一年龄段幼儿普遍的年龄特征和发展规律，根据本班幼儿的实际水平而定的。

(2) 说对目标的理解和分析

说对目标的理解和分析就是要说出选择目标的原因和理由，对目标的理解和分析要有理有据。如大班体育活动“袋鼠旅行”说课中，教师是这样“说活动目标”的：“我在此次活动中制定了三个目标：第一，练习两腿并拢跳过不同高度和宽度的障碍物；第二，掌握双腿跳跃技能；第三，体验体育游戏的乐趣。练习是形成技能、能力的有效方法。所以，在活动中的练习是首先要完成的目标，经过练习，形成技能是体育活动的核心目标，体验体育游戏的乐趣是幼儿投入到体育活动中的动力。”我们能够看出教师在说课中分析了此次活动的首要目标与核心目标。在分析、制定目标时主要考虑两个方面：一是幼儿的最近发展区，使目标稍高于幼儿的实际水平；二是从心中只有知识转变为心中只有幼儿，落脚点要放在提高幼儿能力和素质上，促进幼儿在原有水平上的提高。

(3) 说清重难点的确定和解决

说活动目标既要说明本节课的重点、难点以及确定它们的依据是什么，即为什么是重点，难点在什么地方，又要重点说明突出教学重点、突破教学难点的策略。一般来说，教学重点是活动内容的知识结构中带有共性的知识和概括性强的知识。教学重点除知识重点外还包括能力和情感的重点。教学难点是那些比较抽象、离生活较远或过程比较复杂的知识。在教学实践中常见的教学难点有三种：一是与教学重点相同的教学难点，即既是教学重点又是教学难点；二是教学难点并不是重点，但与重点有着直接关系；三是与重点无关或没有直接关系的教学难点。

确定教学难点要依据内容知识体系、幼儿认知能力以及教学条件等，并要具体分析教学难点和教学重点之间的关系。教师高超的教学技艺体现在突出重点、突破难点上。这是教师在教学活动中投入精力最大、付出劳动最多的方面，也是教师的教学深度和教学水平的标志。因此教师在说课时必须有重点地说明突出教学重点、突破教学难点的基本策略。也就是要从知识结构、教学要素的优化、内容的选择和思维训练、教学方法和教学媒体的选用、反馈信息的处理和强化等方面去说明突出重点、突破难点的步骤、方法和形式。

2. “说目标及重难点”的注意事项

(1) 教学目标制定要准确

在说教学目标时先要保证制定的教学目标内容没有问题。如果教学目标存在问题，说课时这些问题就会暴露出来。教学目标制定常出现以下问题：

① 目标空泛、抽象、笼统、缺少可操作性；

② 目标过高或过于简单，不具有年龄适宜性；

③ 目标单一，目标表述没有层次，前后矛盾、存在语病。

(2) 说清楚确定教学重难点的依据

说课时，有的教师只是说出确定的重点、难点内容，对为什么是难点则不予解释或解释不清楚。确定难点后，要说明确定的依据，即对幼儿来说，难在哪儿。

7.2.4　说教学准备

1. 教学准备的内容与要求

“说教学准备”包括为完成教学目标要进行的知识经验准备和物质准备。知识经验的准备就是幼儿与新知识相关的生活经验的准备和与新知识相关的知识技能的准备。

物质的准备是环境的创设、教具和学具的准备。在准备教具与学具时要考虑以下几个方面：一是讲究教具与学具的利用价值和实用性，不要追求教具的多样性和变化性而偏离方向，影响教学目标的完成，有些教具准备得十分精美，但在活动中只展示一下，没有操作和利用的价值，这样既浪费时间又降低效率，我们应尽量避免使用；二是提供的教具和学具要反映幼儿不同层次发展水平的要求；三是避免教具过多、过于新奇、过于刺激；四是提供的教具和学具要便于幼儿主动探索和学习。

2. “说教学准备”的内容

(1) 说明教学准备的内容

说清楚为实施本次教学，所做的经验准备和材料准备，如准备了什么材料、材料的种类和数量等。

(2) 说明准备材料的依据、思路及在教学中发挥的作用

依据教学准备的相关要求，有侧重地说明准备材料的思路。如数学活动“有趣的椭圆形”，教师说材料准备时说道：“请幼儿每人带一件椭圆形的东西。”幼儿在搜集材料的过程中，自然获得了对椭圆形的认识经验。

3. “说教学准备”的注意事项

教学准备在整个说课中虽不能用太多时间，但并非说教学准备就不重要，关键是要说得详略得当。注意以下两点：

(1) 重点说明主要材料及投放依据

说教学准备时，一定要避免一一罗列材料的说法。如有的教师说：“我准备了什么……还准备了什么……又准备……”把所有的准备说一遍，给人的感觉像说流水账。教学准备中有主要材料和辅助材料，需要阐述主要材料如何为达成教学目标服务。一些辅助材料如移动黑板、纸笔之类不用赘述。

(2) 巧妙设计说教学准备的方式

如采用课件辅助说课，要充分利用课件的直观性，把教学准备的内容展示出来，课件上出示教具、学具、教学环境布置的图片。结合课件重点阐述投放材料的依据即可。如某教师说体育活动“小兔采蘑菇”时，将场地布置图用课件呈现出来，听者一看就非常清楚，说课者不用再介绍。另外，也可以准备好教学中的主要教具、学具，在说的时候演示一下，不仅使说课显得生动活泼，还展示了教师制作玩教具的能力，可谓一举两得。

7.2.5 说教法和学法

教法和学法具有辩证统一性。教法和学法是不能分割的，教法中包含学法，学法里体现着教法，两者共同处于教学过程之中。但是，教法与学法是两个不同的教学主体进行的不同活动，所以它们彼此又具有相对独立性，不可相互代替。教育学告诉我们：教学永远是教与学相互作用的统一活动，其任务在于通过教和学相互作用的统一活动，开发教育对象潜能，发展教育对象的身心素质。因此，将教法与学法放在一起说或分开说都行得通。当前幼儿园教学的指导思想是“以学定教”，“教”必须建立在幼儿“学”的基础上。因此，分开说更有利于说课者思考教与学的关系，更重视学法指导。下面，阐述如何说教法和学法。

1. 说教法与说学法概述

说教法是指阐述在教学过程中运用哪些方法，其中贯穿着说理论依据，即为什么要这样教。说教法时，需明确教师在教学中的角色。《纲要》指出：教师应成为幼儿学习活动的支持者、引导者和合作者。因此，说教法时，要说明在教学活动中，教师如何组织教学、如何引导幼儿学习、如何参与幼儿的学习；如何最大限度地调动幼儿学习的积极性。根据不同领域的教学内容、幼儿年龄特点、教学媒体、教师特长等因素确定主要的教法。简而言之，说教法要说明：选用怎样的方法，选择这种方法的根据，运用此方法应注意哪些问题。

说学法，即说明在教学活动中幼儿学习知识和技能的方法。主要是解决幼儿学习过程中“怎样学”的问题。为了说好学法，首先要深入研究幼儿，了解幼儿的年龄特征和发展特点，理解幼儿的学习方式；其次，要说清楚指导幼儿学会什么学习方法，培养幼儿哪种能力，如何使幼儿真正成为学习的主体；此外，还要注意对某种方法指导过程的阐述，如教师通过怎样的情景设计，幼儿在什么样的活动中，形成哪些良好的学习品质，即让幼儿“会学”“乐学”。

2. 说教法与说学法应注意的问题

(1) 以启发式教学为指导思想

任何教学方法的运用，都要使幼儿在积极的思维活动中学习，没有这样的指导思想，即使采用了操作实验等方法，也可能会变为教师控制下的被动操作。

(2) 对教法和学法阐述要严谨

有的教师说教学方法时，会出现自编教学方法术语和随意解释概念的情况。例如，有的教师说运用了“讨论谈话法”“猜测讨论法”。讨论法、谈话法是两种方法，说课者随意把两者编在一起，“猜测讨论法”则是教师自编的术语。又如，有的教师说运用了“布置场景法”，正确的应是“情境教学法”，布置场景是情境教学法的具体做法；还有的教师说运用了“师幼互动法”“激励法”，师幼互动激励不是教学方法的范畴。对于上述问题，一定要避免。所说的教育教学方法应是大家公认的在学前教育学领域教法理论中所讲的方法。

(3) 说教法和学法不必面面俱到

说教法和学法时，要阐述本次教学主要采用的方法，一些辅助方法点到即可。说课时，需分清主次，先说本领域的基本方法。例如，说数学活动时，操作法是基本方法。因此，可以先说及详细说。

【案例】

中班健康活动“赶野鸭”的学法分析

以幼儿为主体，创造条件让幼儿参加创造活动，不仅提高了认识，锻炼了能力，更升华了情感，本次活动中幼儿的学法如下所述。

1. 游戏法

游戏活动是孩子最重要的学习形式，《纲要》也重申“幼儿园教育应尊重幼儿身心发展规律和学习特点，以游戏为基本活动。”游戏是激发引导幼儿参与活动的重要手段，符合幼儿身心发展特点，满足幼儿身心需要。游戏过程能激发幼儿一直以积极、轻松、愉快、自觉的心情参与活动。因此，在整个活动中游戏贯穿教学过程始终。

2. 自主探索法

尝试和探索是幼儿获得知识和技能的最佳途径。在这个过程中遇到的成功和失败对幼儿来说，都是宝贵的经验。要给幼儿提供自由探索和尽情发挥的自由运动空间，让每个幼儿都有机会参与尝试，这比组织练习更符合幼儿天性。在活动中，让孩子自主地尝试、自主地探索。

3. 竞赛法

动作练习到一定程度，幼儿会失去兴趣。中班幼儿已有初步的竞争意识，并较注重结果，此时安排竞赛性游戏，符合中班幼儿的心理特点，能有效地激发兴趣和积极性，还能培养幼儿同伴间的合作性和集体荣誉感。

7.2.6 说教法过程设计

1. 教学设计的基础知识

(1) 什么是教学过程设计

教学过程设计是教师为达成活动目标对教学活动内容呈现、教学方法运用所设定的步骤和顺序，是对相互关联的一系列教与学的活动的具体安排。教学过程展现的是一次教学活动的基本框架结构，是教师对教学活动如何有序开展的思考，其中蕴含教师基本的教学观和儿童观。

(2) 幼儿园教学过程的基本环节及设计

幼儿园教学过程包括开始部分、基本部分和结束部分三大环节。

① 开始部分。活动开始部分的目的是激发幼儿学习兴趣，集中幼儿注意力。教师根据教学内容、幼儿年龄特点设计恰当的导入方式。常用的方式：直接导入，教师用简明的语言直接告诉幼儿活动的内容，使幼儿马上明确活动任务；问题导入，设计与教学相关的问题，引起幼儿的好奇心和学习愿望；前经验导入，根据幼儿前期的经验来发起活动；文艺作品导入，利用故事、谜语、电视等导入；游戏导入，通过游戏使幼儿集中注意力，引起兴趣；教具导入，出示图片、玩具等引起幼儿的学习兴趣。导入部分一般时长为3～5分钟，要求紧扣教学内容。

② 基本部分。活动基本部分由设计合理的若干教学步骤组成。五大领域教学活动类型的基本部分设计思路虽不相同，但总体要求一致。要求每个环节围绕目标设计；处理好环节的详略，如重点环节是什么；理清层层深入的脉络。设计时要考虑教学步骤之间的关系和顺序，要符合认识事物的规律，即由易到难，由简到繁，由具体到抽象，由感性到理性。认知发展过程是一系列有序发展的过程，如提取原有经验、感知新的信息、吸纳新信息。一个好的教学过程应有一个最佳结构。

③ 结束部分。活动结束部分的目的是对教学活动进行总结、提升，激发幼儿继续探索的兴趣。教师采用适当的方式结束活动。常用的结束方式有自然结束法(直接告诉幼儿活动结束了，带领幼儿收拾整理物品)、总结评价法(教师对本次活动的关键或核心问题进行精辟的总结或概述，或对幼儿的学习品质进行评讲，提升幼儿的认知水平和良好的学习品质)、后续延伸法(根据本次活动的重点设置相关问题，为后续活动做铺垫)。

(3) 关于活动延伸

活动延伸不属于教学过程结构的一部分。活动延伸是教师为本次教学活动设计的与教学内容相关的后续活动。活动延伸体现了幼儿园教育整合性、发展性的特点。在幼儿园教育中，应使幼儿在一段时间内获得的经验得到整合。因此，活动延伸不是可有可无，也不是形式化。教师应设计切实可行的活动延伸方式及内容。活动延伸的途径主要有三种：一是家园共育；二是区角渗透；三是延伸到日常生活、游戏及其他领域活动中。在说课中，活动延伸放在教学过程之后说。注意不要和活动结束部分混淆。说活动延伸时要说清楚活动延伸的方式、活动延伸与活动目标达成及幼儿的适应性关系。

2. 说教学过程设计的内容

说教学过程设计是说课的中心内容，能否说清楚教学过程是能否说好课的关键。教学过程是教师的教学观念、思想方法、策略和技术在教学活动中的具体体现。教学过程设计的思路关注的是教学活动中教与学活动的结构，以及为目标达成所采用的方法手段和措施。教学过程设计要求以目标为主线，结构合理，重视教师主导和幼儿主体作用的发挥，要展现教师如何引发幼儿学习兴趣、如何展开教学内容、如何安排教学程序。说教学过程设计一般要说明以下内容。

① 说教学的整体思路和环节：说清楚设计的教学过程的基本环节，即如何导入教学基本部分，教学如何展开，如何结束活动。

② 说教法处理和幼儿之间的联系：说清楚为达到教学目标，运用哪些教学手段，如何安排师幼互动过程，以及这样安排的目的和达到的效果。

③ 说教学环节及每个教学步骤的设想、安排以及依据和预期效果。

④ 说重点与难点的处理：清楚在教学过程中怎样突出重点和解决难点，解决难点运用什么方法等。

3. 说教学过程设计应注意的问题

(1) 重视说教学过程的理论依据

说课与实际教学并不是机械的对等关系。说教学过程设计除了要说明教学中所能表现出来的“教什么”“怎样教”外，还要体现出为什么这样教的构思过程，这是说教学过程的重点所在。有的教师将重点放在对“教什么”“怎样教”的阐述上，忽视了对“为什么这样教”的理论阐述，简单认为说教学程序就是对教学过程环节的简述，缺乏应有的理论分析。要改变这种状况，必须牢记说课的“说理性”这一本质特征。说教学过程设计，除了说清楚程序自身，还要说明程序设计的理论依据。从这个意义来说，“说理”在教学程序中应是主要的，而对教学程序自身的说明则是次要的，它只是“依据”的具体体现形式，是科学的教育理论付诸教学活动的载体。所以，应认清说课的基本特征，即说“为什么这样教”。

(2) 说教学过程要详略得当，重点突出

说教学过程不能平铺直叙，要注意把握内容的主次。应从自己的教学思想出发，从宏观上审视和把握所设计的程序，将无关紧要的程式性的东西，特别是一些过细的具体内容，大胆地删缩，以达到突出重点、全面兼顾的目的。有的教师说教学过程时，缺乏对教学环节的提炼和概括，往往陷入对具体活动做法的描述，使整个说课拖沓而琐碎，没有清晰的线索。

(3) 说教学过程要具有系统性

教学过程是教师围绕教学目标，依据教学内容特点，采用一定的教学方法和进行一定的学法指导，教师和幼儿共同活动的有序过程。它是前三个内容综合而有机的体现和运用，不是简单的并列关系和机械的混合体。有的教师说教学过程时，对过程的具体内容说得多，而对过程的程序构建、步骤安排的“序”考虑得少。对“序”的科学性、实效性的钻研和探究很不够。“序”的安排不是可有可无，可此可彼的，好的教学过程必须有一个最佳的组合结构。所以，说好教学过程，要把内容有机融入其中，将教学过程与教学内容、目标、重难点之间的对应关系和教法的具体实施、学法指导的具体方法等有关内容交代清楚。

(4) 说教学过程要避免理论牵强附会

教学过程的设计，应遵循一定的教学思想和教育理论。在说课实践中，有的教师往往先设计好教学环节，再找理论依据，类似给教案穿靴戴帽，使理论和内容设计两张皮。还有一种情况，有的教师空说理论，所说理论大而空洞，如满篇是“某某教育家说”“根据建构主义理论、生态学理论”之类的话，这些理论对教学过程设计起不到应有的指导作用。出现这种情况的原因主要是教师在理论学习方面比较缺乏，不能理论联系实际。说课的目的就是推动教师学习教育教学理论，掌握教育规律。因此，在说课中，要加强理论学习，这样才能体现说课的真正意义。

7.2.7 说教学效果(或说教学特色)

教学效果是教学目标的归宿和体现。教学效果的预测，既是教师实现教学目标的期望，又体现了教师对教学目标的自我把握程度。教师在说课时，要对幼儿的认知水平、能力发展状况、思想品德的养成等方面做出具体的、可能的预测，说出教学评价、反馈与调节的措施及构想。这是以反馈调控为手段，力求反馈全面(兼顾全体)、及时，并且要有多种应变的调控措施。

【案例】

大班健康教育活动“心情播报”说课中教师的“活动反思”

本活动很好地完成了教育目标。整个活动以《幼儿园教育指导纲要(试行)》中提倡的既面向全体又重视个性化发展为原则，以情感为主线贯穿始终，活动具有极强的趣味性和挑战性。在整个活动过程中幼儿都保持着很高的活动热情，在教师的鼓励、引导下，幼儿积极主动地观察、思考、体验、操作，并能乐于表达自己的情绪情感。

在掷骰子游戏、心情小人制作等环节，能大胆放手让幼儿自主实践，并为其创设了宽松的物质环境和心理环境，充分体现了陶行知倡导的“六大解放”理论；幼儿分组协商出现问题时，没有过多地干预幼儿的行为，而是作为支持者、合作者引导幼儿想出解决问题的办法，幼儿的交往能力与团队合作精神也从中得到了提升。

活动的不足是教师引发的问题过多。在即将开展的系列延伸活动中，要增加幼儿质疑的机会，引导幼儿能够主动关注周围人的情感体验，并发挥各种领域的情感教育功能，促进幼儿健全人格的形成。

7.2.8 教师说课应注意的问题

说课，不同于一般的发言稿和教育活动，它要求说者比较系统地介绍自己的活动设计及其理论依据，而不是宣讲教案，也不是活动的浓缩，它的核心在于说理，在于说清为什么要这样教，说课的重点在于活动重点和难点的突破。此外，在说课过程中，需要教师使用普通话、充满激情、慷慨自然、紧凑连贯、简练准确、自然而有效地使用媒体。

说课是把自己设计课程的思维活动“说”出来的过程，它能使幼儿教师在思想上对设计课程中的理论依据、构思再次进行审视，强化了理论对实践的指导。说课是教师刻苦钻研教材、表达教育思想和理念、探讨教学方法、实践教学手段、不断提高教育教学业务水平的一种好方法，也是深化教育改革后，教师进一步学习教育理论，用科学手段指导教学实践，提高教科研水平，增强教学基本功训练的一项内在要求。在幼儿园说课，能够引导广大幼儿教师认真学习幼教的基本理论，深入钻研教材，主动转变教育观念，掌握现代教育技术，提高教育教学技能，更好地深化幼教改革，优化课堂教学过程，提高课堂教学效率，全面推进素质教育。具体说来，幼儿教师在说课活动中需要把握以下几个问题。

1. 说课前教师的准备工作

(1) 给自己设置问题，并做出合理回答

说课教师在准备说课教案时应多问自己几个“为什么”，并力争自己作出令人满意的解释。如果对有些问题尚未搞清楚，应在准备说课前认真学习教学理论、研读《幼儿园教育指导纲要(试行)》和教材，查阅一些资料或请教其他教师，切忌说课时使用“可能”“大概”“或许”等词语。当然，说课质量的高低还取决于教师的专业理论素养、实践经验、语言表达能力以及文化底蕴等方面的因素。

(2) 给自己的说课赋予基本的指导思想

因为课前说课是课前的预案，想象的空间较大，所以说课设计要根据对内容的理解，给自己的说课赋予基本的指导思想。

例如，活动设计的基本理念，在设计中体现了哪些新精神；活动的整体思路是在哪些幼教理论支撑下展开的，也就是活动的理论依据；教学设计的意图是什么；力求达到什么目的；在实施中可能会产生哪些问题，各种问题又如何引导、解决；对幼儿来说，所选择的教材是否要进行处理，并阐述处理的理由等。

(3) 合理确定说课的目标

因说课的准备时间较紧，在课前说课可先准备好各领域课程的框架(框架包含目标框架、理论框架)，做到心中有数。再合理安排好准备时间，目标一般考虑2～3分钟就要确定下来，重点考虑教学设计的框架，以提纲的形式写下来，特别要记下幼儿的特点、问题、需要以及教育对策，遇到不熟悉的教材要仔细分析教材的价值与内涵、教材与幼儿发展的关系，然后确定目标。

除了上述三点要求外，说课前，说课者一定要明确说课和备课的区别、说课与上课的区别以及说课的听众和对象等。

2. 说课时教师的细节处理

说课本身是个动态生成的过程，说课者面对说课对象要有一个交流的过程，能否调动听众的情绪和思想在很大程度上决定着说课的成败。一般来说，说课时可以准备一份比较完善的稿子，但是再精美的讲稿，如果照本宣科，也未必能够调动起听众的情绪。只有将听者的情绪调动起来，才能引起听者思想上的共鸣，才能打动听课者。所以在说课过程中，要注意把握以下几点。

(1) 说课要流畅自然

说课整体要流畅，不做报告式、流水账式的介绍，流程中许多环节的过渡要自然。如分析教材后要确定目标时，可以说“基于对教材的理解和分析，该活动的教学目标应该定位为……”“下面我主要谈谈对教学活动设计重点、难点的处理”等。

(2) 说课要有层次感，详略得当

说课要突出“说”字，切忌“读”和“背”。不要面面俱到，将说课说得很细，因为说课只是教学预案，切不可平均使用力量，对重点和难点、教学流程及理论依据等一定要详讲，对一般问题要略讲。要多谈谈你对幼儿学习状态的了解，幼儿在学习中可能碰到的困难和教师的教学策略。例如，在活动重点、难点的处理上，都设计了哪些问题，又是怎样安排的，如何体现出层次性等。

(3) 说课时要有自信、充满激情、大方自然

说课时不仅要精神饱满，而且要充满激情，要使听者首先从表象上感到说课者对说课的决心与自信，从而感染听者，引起共鸣。

(4) 说课的语言要紧凑连贯、简练准确

说课的语言应具有较强的针对性，语言表达要简练干脆，要有声有色，灵活多变，前后连贯紧凑，过渡流畅自然。

(5) 说课过程要使用普通话

目前，全社会都在大力推广使用普通话，说课过程中要吐字清晰、发音准确、抑扬顿挫。使用发音标准的普通话说课更有利于成功。

(6) 自然而有效地使用多媒体和课件演示

在说课时，要注意将多媒体教学手段以最简洁、实用的方式融入教学设计之中，为说课增添色彩，多媒体教学手段的运用要自然、生动，要以最恰当的方式组合在说课的主体里，来刺激听者，使说课更加生动，从而取得最佳效果。

3. 说课后教师的反思总结

说课的核心在于说理，重点要说清为什么要这样做，教学重点和教学难点如何突破。因此在对自己设计课程中的思维活动进行再次审视后，要进行必要的反思和总结，主要总结自身在教育观念上的转变、教育技能上的提升、教学过程的有效性，凝练出自身的教学风格与特色等。

7.3 学前儿童健康教育活动说课案例

【案例一】

幼儿园大班健康活动：心情播报(有删改)

一、说活动教材

1. 教材的主要内容

“心情播报”选自辽宁省幼儿教师指导用书上册10月份健康活动。此次活动主要是幼儿在体验不同情感后，通过扮演心情播报员的角色大胆主动地表达自己的情绪情感。

2. 教材分析

《幼儿园教育指导纲要(试行)》中指出：“幼儿身体的健康和心理的健康是密切相关的，要高度重视良好的人际环境对幼儿身心健康的重要性。”在当今社会，家长很重视幼儿的情商教育，很重视孩子的感受，但家长忽视了幼儿的自我情绪调节能力和心理承受能力，所以当幼儿遇到不开心的事或受到挫折时，就会乱发脾气，不会调节自己的心情，也不会照顾他人的情绪，更不懂得如何让自己快乐，并带给他人快乐。因此，我设计了这次以幼儿心理健康教育为目的的活动“心情播报”。

在活动设计过程中，我根据大班幼儿的表现欲望、好奇心及探索欲望强，喜欢实践操作与讲述等特点，以情感教育为主线，渗透了多个领域的内容，同时整合了多种活动形式(例如：游戏、音乐、绘画等)，整个活动围绕着“情感”两个字展开。注重“体验”，允许孩子之间的差异存在，引导孩子用自己的方式表达心情，充分体现了“以人为本”的教育理念，体现了教育的尊重和平等。

二、说活动目标

根据幼儿发展的需要以及教材的特点，我制定了如下教育目标：(1)能在轻松愉快的环境中乐于大胆地体验情感、表达情感。(2)懂得理解他人的情绪情感，并学会用各种方法让他人高兴。(3)在想象力及语言表述能力方面有一定的发展和突破。(4)分组活动中能做到相互协商，提高交往能力。

重点和难点：我把活动重点定位于让幼儿能够通过播报的形式积极主动地表述出自己的情感体验。把难点定位于让幼儿寻找到使自己和他人高兴的办法。

三、说活动准备

根据以上活动目标，我做了如下准备：

(1) 骰子一个。

(2) 教师精心制作的心情小人一个；用于制作心情小人的各种材料。

(3) 各种乐器。

(4) 音乐《幸福拍手歌》、录音机及磁带等。

(5) 幼儿已熟练掌握制作小人的程序和方法。

四、说教法、学法

1. 教法

本次活动根据幼儿的年龄特点和发展需要，分别采用了直观教学法、讨论法、演示法、游戏法、启发提问法等教学方法。以方案教学的理念，关注幼儿在活动中的兴趣点，采用情境表演、游戏和教师多种形式的鼓励方式相结合，来激发幼儿的兴趣，幼儿能够在轻松、愉快的气氛中自然学会相关的心理健康知识，达到教学目的。

2. 学法

根据上述教学方法的运用，在幼儿的学法指导上，整个活动中以幼儿为主体，通过提问、操作、表演、讨论等方式，训练幼儿的发散思维，激发幼儿的主动探索欲望，使幼儿能大胆表达自己的情感，教育幼儿要有快乐的心情，并使用深入浅出的教学原则，通过“启发—讨论—观察—实践”得出结论。

五、说活动过程

以游戏“掷骰子”导入，激发幼儿兴趣。

首先运用直观教学法。教师故作神秘地对幼儿说：“小朋友，今天老师给你们带来了一件特别的礼物。”引起幼儿的好奇，吸引幼儿的注意力。然后从身后拿出一个巨大的骰子，幼儿发现是骰子，而且能看见的一面有小笑脸，有的孩子大声说：“真有意思！”有的说：“太好看了！”有的说：“太奇怪了！”“跟爸爸玩麻将的骰子不一样，麻将的骰子小，上面有点，是表示数的，这个骰子上是笑脸。”此时老师问道：“那么你觉得这个笑脸是表示什么的呢？”有的孩子抢答道：“是表示心情的。”

(在这个小环节中老师通过出示直观教具的方法来激发幼儿主动学习的兴趣，并没有过多的提问。因为大班幼儿观察能力和语言表述能力较强，能主动说出自己看到的和想到的。老师只是在孩子的重要发现后，提出关键问题，引出本次活动的主题，这样既能引发孩子的思考，又起到了画龙点睛的作用)

接下来，为了满足幼儿迫不及待的探索欲望，并使每个幼儿都有与骰子零距离接触的机会，此环节采用了观察法，放音乐传递骰子。在传递骰子的过程中，每个幼儿用较快的速度浏览骰子，培养幼儿的观察力和快速记忆能力。传递后请幼儿互相说一说：你看到了什么？

(在这个环节中没有让幼儿分别来说看到骰子上有什么，原因有两点：一是大班幼儿的记忆力较强，大多数都能记住六个画面，因此每个孩子都有说的欲望，要给每个孩子均等的发展机会；二是为下一步掷骰子游戏做准备)

然后就是最能激发幼儿兴致的游戏：掷骰子。为了让幼儿真正成为活动的主体，让孩子自主地学习，掷骰子工作由幼儿自己来完成。老师说：“小朋友，我们玩个‘掷心情’的游戏好不好？”“我要请小朋友来掷骰子。”每个幼儿都踊跃举手，为了公平起见，每次都采用了不同的方法选择掷骰子的人选。每次由掷骰子的幼儿想出寻找候选人的办法，发散幼儿思维，增强活动的趣味性。

每次掷出的表情画面都让幼儿用词来形容和模仿，并可随机地丰富幼儿的词汇，讲述一下自己什么时候会有这样的表情、心情。讲述的形式可根据孩子对每个表情的讲述兴趣来随机地选择个别讲述或互相述说。

在讲述过程中，幼儿对有些表情的理解和定义不同，教师尊重幼儿独特的情感体验，对于孩子的不同感受表示接纳和认同，体现教育的人本性，并用积极鼓励的方法使幼儿大胆说出自己的想法。对于幼儿讲述中的一些消极的心理问题给予及时正面的教育。例如，当孩子被大人骂或大人不给买玩具就伤心、摔跤就会伤心。

六、说活动特色

整个活动以情感为主线贯穿始终，活动具有极强的趣味性和挑战性。教师作为幼儿活动的支持者、合作者、引导者，遵循幼儿身心发展特点，为幼儿创设宽松愉快的物质环境和心理环境，注重幼儿的体验和表现，激发和挖掘幼儿的兴趣与欲望。在教师的鼓励、引导和与伙伴互相协商、配合下，每个幼儿都能够积极主动地学习、体验、操作、表达，并乐于表达自己的情绪情感，真正成为活动主体。

此次活动能够较好地完成各项目标，在活动中幼儿的情感获得了个性化的体验和发展。

(沈阳市铁西区教工第二幼儿园 说课教师：单玲 指导教师：吴秀瑾)

【案例二】

大班健康活动说课：我该换牙了

一、说活动内容

《纲要》中倡导：幼儿园健康教育是要根据幼儿身心发展特点，通过适宜有效的多种活动，提高幼儿的健康认识水平，改善幼儿健康的态度，培养幼儿的健康行为，最终使幼儿形成健康的生活方式。换牙对于幼儿来说，是成长的标志，大班幼儿正处于换牙期，但是他们对换牙并不了解，很多幼儿既好奇又害怕，而且由于生活水平的提高，很多孩子常吃甜食，却没有保护好乳牙，导致有蛀牙的幼儿很多。为此，在换牙初期，学习保护新长出的牙齿就显得很重要。为此，设计了这个教学活动，让幼儿了解换牙是一种正常的生理现象，学习保护牙齿的方法，为养成健康的生活方式打下良好的基础。

二、说活动目标

根据大班幼儿逻辑思维能力已经萌芽的年龄特点和对活动的整体考虑，制定了以下活动目标：

1. 知道换牙是一种正常的生理现象，不用害怕。

对换牙形成正确的认识，消除幼儿的疑虑和恐惧是首先要完成的目标。

2. 学习保护新长出牙齿的方法，养成良好的口腔卫生习惯。

健康生活方式的形成是健康教育活动的出发点和归宿。因此，这个目标是活动的重难点。

3. 体会牙齿健康对身体的重要性。

体会到牙齿健康的重要性，是养成良好的口腔卫生习惯的动力。

三、说活动准备

围绕活动目标，进行如下活动准备：

1. 经验准备

活动前进行幼儿换牙调查，了解幼儿换牙情况。给幼儿发一张换牙记录表，让幼儿记录。

2. 材料准备

保护牙齿的图片、幻灯片若干张。

四、说教学方法

根据本次活动目标、内容及大班幼儿的年龄特点，采用以下教学方法。

1. 讨论法。大班幼儿对牙齿已经具备一定的相关知识经验，且逻辑思维能力有所发展。组织幼儿积极参与讨论换牙的话题，提高幼儿的语言表达能力和思维能力。

2. 感知体验法。让幼儿说一说自己的换牙经历，亲眼看一看身边小朋友的换牙情况，有助于激发幼儿探索、学习的兴趣。

五、说活动过程

1. 讲述故事，引入课题

给幼儿讲一个简短的小故事《多多的牙齿》，大概情节是：多多是幼儿园大班的小朋友，一天中午，多多正在幼儿园吃饭，突然，多多两只手捂着嘴“哎哟哎哟”地叫起来。原来多多的牙齿松动了，快要掉了，刚才他吃饭时不小心碰到牙齿，疼得忍不住叫起来。

教师：多多的牙齿怎么了？好好的牙齿怎么会掉下来呢？

引发幼儿谈论换牙的话题，从而自然导入活动，激发幼儿的好奇心。

2. 找一找：“谁换牙了”

(1) 出示调查表，请幼儿将换牙记录卡片贴出来

调查表主要是对班上幼儿现阶段换牙情况的初步了解，每个幼儿都参与，把自己的换牙记录卡贴在指定的位置。

(2) 引导幼儿相互观察

让幼儿认真观察记录卡，了解身边小朋友的换牙情况。引导幼儿看一看换牙小朋友的牙齿，使幼儿获得对换牙的直接认识。

(3) 说一说换牙情况

在幼儿充分观察后，教师提出问题：谁换牙了？换了几颗牙？谁还没有换牙？为什么小朋友换牙的数量不同？

(4) 统计换牙情况

请其他班的幼儿对本班幼儿的换牙情况进行统计，使他们认识到换牙是很多小朋友成长过程中都会经历的事情。

3. 议一议：换牙的感受

(1) 谈谈换牙的感受

请正在换牙的幼儿说说自己换牙时的感受，如换牙有什么不方便的地方、自己的牙齿是怎样掉落的、牙齿掉落时有什么现象等。这一步骤的目的是让幼儿了解换牙时出现的情况，让幼儿知道换牙时不用害怕，完成活动目标1。

(2) 了解换牙的卫生

教师提出一些问题：如果你的牙齿松动了，能不能用手摇一摇让它快一点掉下来？为什么？有的小朋友喜欢用舌头舔刚长出来的牙齿，能不能这样做？为什么？

让幼儿知道换牙时应该怎么做，掌握必要的换牙卫生知识。

4. 教师小结

换牙是正常现象，没有什么可怕的，说明小朋友长大了，被换掉的是乳牙，新长出的是恒牙，恒牙是要陪伴我们一生的。在换牙时，不要用舌头舔，不要用手摸，否则长出的牙齿就不整齐了。

5. 说一说：怎样保护牙齿

这是本次活动的重点。通过电教手段、讨论和观察等方法，让幼儿保持盎然的兴趣，引导幼儿积极讨论和交流保护牙齿的好方法，从而促进幼儿养成良好的个人卫生习惯和饮食习惯。

(1) 健康的牙齿对我们的身体有什么用

不仅要让孩子们知道换牙是我们必须经历的一个过程，还要引导幼儿说一说一口健康的牙齿对我们的重要性。这是他们开动脑筋、想办法保护牙齿的动力。

(2) 观看动画片，让幼儿了解如果有蛀牙，会带来什么样的困扰

师：小朋友知道了健康的牙齿对我们的身体很重要，那么你知道有什么保护牙齿的好方法吗?

(3) 引导幼儿讨论如何保护牙齿

首先，采用引导语导入本环节：牙齿健康对我们的身体很重要，如果恒牙不小心碰掉了，或者蛀掉了，就再也长不出新牙，是很难受的，所以我们要保护好牙齿。

幼儿知道了健康的牙齿对我们的身体的重要性，从而加深幼儿对牙齿的认识，更加深了对爱护、保护牙齿必要性的认识。而大班幼儿对牙齿已经具备一定的相关知识经验，所以能说出很多日常生活中保护牙齿的好办法，为养成良好的口腔卫生习惯奠定基础。

(4) 教师和幼儿一起总结保护牙齿的好方法

有检查牙齿、早晚刷牙、用正确的方法刷牙、饭后漱口、选择合适的牙刷和牙膏、不咬硬物、不多吃糖、不用手摸等。帮助幼儿整理知识、提升思维。

六、说活动延展

本次活动延伸是采取家园共育的方法。请家长为孩子选择他们喜欢的牙刷、牙膏，培养幼儿对刷牙的兴趣，帮助幼儿养成早晚刷牙及饭后漱口的卫生习惯。

【案例三】

大班体育活动“袋鼠旅行”说课

一、说设计思路

像走、跑、跳这样的体育技能活动有些枯燥无味，如果活动形式不能吸引幼儿，就会造成幼儿的参与兴趣不高，导致幼儿的活动量不够，技能达不到要求。而这些基本的体育素质，是幼儿必备的。因此，在组织活动时就要在活动形式上多下功夫。

在活动中，为了提高幼儿的兴趣，采用了幼儿常见又十分喜爱的布袋作为活动材料，辅助材料采用难度从低到高的安排顺序，将整个活动过程用故事串联，吸引幼儿不断挑战。幼儿活动难度层层递进，不仅达到了技能要求，还培养了幼儿不怕困难、勇于接受挑

战的勇敢、坚强的品质。

二、说活动目标

1. 练习两腿并拢跳过不同高度和宽度的障碍物。

2. 掌握双腿跳跃技能。

3. 体验体育游戏的乐趣。

练习是形成技能、能力的有效方法。所以，在活动中的练习是首先要完成的目标，经过练习，形成技能是体育活动的核心目标，体验体育游戏的乐趣是幼儿投入到体育活动中的动力。

三、说活动准备

1. 布袋(每个幼儿1个)，垫子4块，跨栏12个，鞋盒12个。

2. 场景布置(小河一条、小树7棵、垫板8块)。

四、说教学方法

教学方法是达成活动目标的手段，根据本次活动的目标、内容，还有大班幼儿的年龄特点，采用了以下方法。

1. 讲解法：教师简单、明了地讲解活动过程中的规则，对活动的进行至关重要。

2. 练习法：身体练习是体育锻炼最基本、最重要的手段。采取各种形式，让幼儿积极、真正地投入到身体练习中，对锻炼各种身体技能至关重要。

3. 游戏法：游戏是儿童最喜欢的活动方式，因此，在活动中采用游戏的方式，能使幼儿兴趣盎然地投入到体育活动中。

五、说活动过程

活动过程分为以下几个环节。

(一) 热身活动

1. 队形队列练习(齐步走、左右转、左右看齐、前后转、报数)。

2. 随音乐做热身运动。

带领幼儿做队形队列练习和随音乐做热身运动，目的是使幼儿上下肢及躯干部大肌肉群、关节、韧带得到活动，将身体各器官系统的机能发动起来，为接下来的体育活动做好生理上的准备。

(二) 实物导入，激发兴趣

1. 教师出示活动材料——布袋实物，激发幼儿的活动兴趣。

“今天老师给你们准备了一些好玩的东西，快看看是什么？”幼儿排队取布袋，“这些布袋怎样玩呢？”

2. 幼儿自由探索布袋的玩法，教师巡回指导。引导幼儿单独玩或几人合作一起玩，看谁玩的花样多。

3. 教师引导幼儿钻入布袋，探索在布袋里的各种玩法，启发幼儿讲述自己模仿的是哪种小动物，引出袋鼠跳。

自由探索布袋的玩法，一方面是为引出本次活动的主题——袋鼠跳；另一方面继续热身，为本次活动的基本部分做好生理和心理准备。

(三) 准备旅行

练习两腿并拢跳过不同高度和宽度的障碍物。

首先，通过语言描述设置游戏情境，激发幼儿练习双腿跳的兴趣："春天来了，妈妈，要带着小袋鼠去旅行啦。可是在旅行的路上可能会有很多困难，有小河、小山，如果小袋鼠们没有本领行不行？袋鼠们赶快来学本领吧！"

1. 教师介绍场地和规则

"小袋鼠要一个接一个地双腿并拢跳过篱笆，跳过小河，一个一个爬过草地，然后回到起点重新开始，小袋鼠要注意安全，把袋子提起来不要摔倒，不推不挤。"

2. 幼儿练习，教师巡回指导

教师指导幼儿跳的姿势，并引导幼儿用多种姿势爬过草地。在此环节的整个过程中教师要注意引导幼儿逐步地提高练习的难度，要照顾到不同能力水平的幼儿，要让幼儿自己选择跳过不同宽度的小河，跳过高低不同的田埂，尝试用多种方式通过草地，为旅行做好准备。

3. 幼儿展示袋鼠跳

让幼儿展示自己是怎样跳的，采用这样的语言引导幼儿："看哪只小袋鼠的本领最棒，我将带他去神秘的森林旅行，跳得最稳、爬得最快、最文明的小袋鼠将随我去旅行。"

这个环节主要是让幼儿练习两腿并拢跳过不同高度和宽度的障碍物，在整个过程中教师要注意引导幼儿逐步地提高练习的难度，同时要照顾到不同能力水平的幼儿。

(四) 袋鼠旅行

本环节是在前面练习的基础上，真正地进入游戏情境，开始旅行。教师要注意，肯定幼儿在前面练习环节中付出的努力，为本环节的旅行做好情绪准备。在整个旅行过程中，要注意对胆小的、能力弱的幼儿给予鼓励、支持。

可以这样引导幼儿："小袋鼠的本领可真棒，都可以去旅行了，可是森林会有很多危险，你认为会有哪些危险？我们怎样做才安全呢？我们在森林旅行时一定要小心野兽，不要惊动它们，来跟老师一起进入大森林里吧！"

1. 幼儿双脚套入布袋扮成"袋鼠"，列队准备旅行。

2. 师幼共同观察旅行路线，明确动作要求(选择跳过不同宽度的小河，跳过高低不同的篱笆，尝试用多种方式通过草地)。

3. 第一次旅行：教师观察幼儿的活动情况，及时发现能力稍弱的幼儿，并给予帮助和鼓励。

4. 交流反馈，同样路线返回(注意提醒、帮助第一次未能顺利通过的幼儿)。

5. 第二次旅行：增加难度，旅行过程中遇到了山羊。

(五) 游戏：跳山羊

1. 师幼讨论，明确游戏规则：如何分别跳过睡着的和醒来的山羊？

2. 幼儿分组游戏：一组袋鼠扮演"山羊"，躺下入睡；另一组袋鼠轻轻跳过山羊的身体。山羊醒来后，袋鼠必须立即躲闪，不发生冲突。

3. 交换角色继续游戏。

4. 教师小结，肯定幼儿在游戏中的勇敢表现。

第三、四、五环节是本次活动的重点环节，采用幼儿非常喜欢的游戏方法，尤其是第二次旅行中，为增加难度，设置了跳山羊的游戏，以此激发孩子练习的兴趣，让幼儿通过各种形式，练习双腿并拢跳过不同高度和宽度的障碍物，从而掌握双腿跳跃的技能，并在整个活动过程中，充分体验体育游戏的乐趣。

本环节主要是采用新的游戏情境，用不同于前面的方式，让幼儿继续保持盎然的情绪，练习双腿跳，使幼儿的活动量达标。

(六) 随音乐做放松运动，活动结束

1. 放松运动：山羊回家吃饭了，小袋鼠们玩得累了，我们来敲敲腿放松一下，给小伙伴也敲一敲。

2. 整理布袋：抖抖布袋，变成矮个子，变成小瘦子，收起放好。

3. 活动自然结束。游戏后，大家沉浸在胜利的喜悦中，让幼儿在优美和谐的音乐声中慢慢放松身体，使原来兴奋的神经逐渐恢复到相对安静的状态，在轻松愉快的气氛中结束活动。

第8章 学前儿童健康教育活动听课

本章首先介绍学前儿童健康教育活动听课的相关理论，包括学前儿童健康教育活动听课的概念、特点、作用、意义与原则，为做好听课实践活动打下坚实的基础。其次，对学前儿童健康教育听课的方法与内容进行详尽的介绍。最后，就学前儿童健康教育活动听课的过程进行系统的指导并展示了相关经典案例，以供大家借鉴。

8.1 学前儿童健康教育活动听课概述

听课，也有人称之为“看课”或“教学活动观摩”，是教师专业成长过程中的一项常规性工作。随着教师生涯的起步，听课也成为教师成长的“必修课”。不管是听课、看课，还是教学活动观摩，都并非单一、被动地听或看。教师在外显的听、记的过程中，还要进行揣摩，也就是进行内隐的思与酌。同一堂课，因听课者的身份、目的不同，听课的方式、聚焦点、收获也会各不相同。教师只有清楚地理解了听课的概念、意义、方法、类型，才能促使自已通过听课这一途径获得专业上的发展。

8.1.1 学前儿童健康教育活动听课的概念与特点

1. 学前儿童健康教育活动听课的概念

听课通常是教育行政部门和教学业务部门检查、指导及各种层面上的教研活动的重要内容，更是教师、教研人员的一项必不可少的、经常性的工作职责与任务。听课不是教学研究的目的，而是手段、是途径。通过听课达到甄别、认定课堂教学优劣的目的，从而提升课堂教学研究的水平和质量。

学前儿童健康教育活动听课是指教师或研究者凭借眼、耳、手等感官，运用有关的辅助工具(记录本、调查表、录音录像设备等)，从幼儿园健康教育活动情境中获取相关的信息资料，从感性到理性的一种学习方式，是评价及研究学前儿童健康教育与教学的方法。

对于听课，我们可以从以下四个方面加以理解。

(1) 听

听，本义是用耳朵感受声音。观摩过程中，执教者的意图和幼儿的思维水平往往通过语言表现出来，因此，需要观摩者认真倾听与吸纳。

本书所指的“听课”，是指听集体教学活动。集体教学活动是教师有目的、有计划开展的，以儿童为主体、以教师为主导的双边互动活动。[①]也就是说，集体教学活动是一种过程性的学习。对于观摩者来说，在集体教学活动观摩过程中能听到什么呢？听到的内容主要表现在三个方面：一是听教师说了什么，以此来理解教师的活动意图与教学水平；二是听幼儿说了什么，以此来了解幼儿真实的思维过程与发展水平；三是听教师向幼儿问了什么以及幼儿反馈了什么，以此来了解教师是如何循循善诱地引导幼儿实施教育活动，以促进幼儿的发展的。

观摩活动中的听，能让听课教师置身于真实的教学情境中。如果你听懂了，就能体验执教者的语言艺术，捕捉他们语言背后隐含的教学意图、教育理念以及相关的支持性策略。当然，有时候教学活动中有值得商榷的提问与回应，而此时正是值得反思的好契机。

(2) 看

看，即用眼睛进行观察。有关资料表明，至少有80%以上的外界信息经视觉获得。可见“看”这一视觉通道对获取信息的重要性，这恰好说明为什么“听课”也可以说成是“看课”。听课中的“看”，能让观摩者仔细查看执教教师的教育行为、情感态度以及幼儿在真实课堂情境中的表现，从而揣摩活动的意图、流程、效果等。

当观摩者非常认同、欣赏教学活动的设计或者执教教师的教育策略时，也就增加了自身的教学经验；当观摩者对活动的内容或者环节有质疑、思考时，也就提高了教学的反思能力。这些都是观摩者通过“看”获得的有意义的学习。

由于看课的过程是个体通过视觉系统接收课堂环境的刺激，经过加工和分析后产生的主观感觉，所以人们的看课过程存在差异性，即关注的角度不同，产生的感受也会不同。比如，有的人关注执教教师的教态与执教水平，有的人关注幼儿的实际参与情况，有的人关注活动的本身，如活动的目标定位、流程设计、效果达成等。这些都是观摩者根据主观意愿进行的选择。

值得注意的是，听课者应该选择适宜的位置来观察，视线要能够覆盖整个活动区域，要能看清楚执教者的教具操作或图片演示，同时又能听清楚执教者的语言，最重要的是以不影响执教者和幼儿的活动为宜。

(3) 想

想，即思考、反思。为什么要思考？因为思考是教师专业成长的方式和途径。作为活动的观摩者，想就是基于前面所述的听与看，从旁观者的角度审视现场教学活动与自身经验的差距，当出现偏差时能积极反思、寻找问题的症结，预想调整的方案的过程。因此，想意味着教师在听课时，除了倾听、观察，还应该伴随着分析与反思。这种分析与反思，能帮助听课教师寻找教学活动中的优势与问题，有助于他们揣摩问题的具体解决方法，提高自我修养。

(4) 记

记，即记录。活动观摩中，如果光听、光看、光想而不记录，活动结束后很容易就忘记了。俗话说，好记性不如烂笔头。听课者不仅要记录，还要记得全、记得好。这是因为

① 但菲，等. 幼儿园说课、听课与评课[M]. 北京：北京师范大学出版社，2012.

活动的点评需要详尽的记录作为依据，教师的反思需要有针对性的记录作为参考。那么，在活动观摩中，可以记录什么呢？首先，观摩者不妨记录活动的准备、环节、策略和师幼的语言等，包括值得注意的队形、座位排列、图片和图示等细节，这是对教学现场信息的收集。其次，观摩者应该记录听课时自己内在的思考。当然，这些思考不一定要局限于对活动本身进行好与坏的评价，还可以是观摩者在具体活动开展过程中的随思随想。对于一线教师来说，很多时候听见了却记不下来。确实，用笔记录有一定的难度，尤其是要详细、准确地记录下课堂上执教教师的语言与孩子的话语。这时，观摩者可以借助现代信息技术设备，如摄像机等，将活动拍摄下来。后期如果需要文字呈现，再进行详细的记录。这些记录下来的信息非常重要，我们往往能从师幼的对话中获得评价活动的线索，从而审视自己对活动的判断与分析是否合理。

集体教学活动中师幼互动情况是检验课堂效果的指标之一。作为观摩教师，应尽可能地记录师幼互动的全过程，从师幼的言语和一举一动中捕捉有意义的信息，吸取上课教师在组织过程中的优点，反思上课教师在临场执教过程中的问题。观摩教师要有反思意识，多问几个为什么，比如，他为什么这么说？活动意图是什么？为什么幼儿答不上来？还可以怎么说……所有的这些反思，都需要详尽、准确的听课记录作为依据。所以对于幼儿园教师来说，认真上好一堂课很重要，用心记好一堂课同样重要。

2. 学前儿童健康教育活动听课的特点

(1) 目的性

学前儿童健康教育活动听课总是有一定的目的和要求。为什么去听课？听什么样的课？要解决什么问题？听课者都应该有明确的目的和任务。听课者总是根据听课的目的来选择时间、地点和对象，并有选择和有侧重点地听一部分课或学习一些内容。

例如，新教师听课最主要的目的就是观摩学习，主要看上课教师是怎样教的，如重点、难点是如何突破的，教学手段和教学媒体是如何运用的，课堂气氛是否活跃，如何将所学知识运用于教学。如果是听优秀教师的课，那么主要看教师的创新能力、综合能力和教学机智等，以及教师如何创造性地运用已经掌握的知识和技能。

(2) 选择性

在进行儿童健康教育活动听课的过程中要有意识、有目的地听课，就意味着选择。该听哪些课，不该听哪些课，什么时候听课，要获取什么信息等都意味着听课是有选择性的。

例如，幼儿园要培养和考核学前儿童健康教育年轻教师，就会选择听年轻教师的课；要推荐教师参加学前儿童健康教育活动优质课比赛，就会听部分优秀教师的课；要了解课堂教学的现状，就会不打招呼地随时、随地、随机地听课。

(3) 主观性

虽然课堂教学是一种客观的实践活动，但听课活动中的主观因素很多。一是什么时候到什么地方去听什么人的课，基本上是听课者自己确定的；二是听课者和被听课者以及幼儿都是有主观意识的人，课堂教学的实际情况可能会因听课者的参与而发生变化；三是听课者的听课行为受他的教育思想、教学经验、对被听课者的印象等制约。这种主观性既有积极的一面，也会有消极的一面，听课者要使用技巧放大其积极的影响。

(4) 理论性

学前健康教育活动听课需要掌握一定的方法和技能，需要一定的学前教育教学理论作支撑。听课者即使听本专业以外的课，也要能听出一些成功的地方和不足之处，这本身就需要听课者有一定的教育学和心理学的理论基础、学前儿童健康教育教学理论及掌握教育改革的新思想。在听课的过程中及听完课后，听课者要进行一些思考和分析，要运用教育研究方法中的一些研究策略对被听课者做定量或定性的评价，这也需要相关的理论做指导。

(5) 情境性

学前儿童健康教育活动是幼儿园经常进行的活动，课堂是一种比较自然的情境，而听课又是在现场进行的一种活动。听课者和被听课者都处于一定的情境中，不同的时间、地点、条件都可能有不同的过程和结果，即使是同一位教师在不同的班级面对不同的孩子所组织的教育活动，其效果也不会一样的，从而可能会得到不同的评价。因此，我们所获得的听课资料及有关的感觉和理解是离不开一定情境的，而且是带有偶然性和不确定性的。听课者一定要融入情境中，并且以具体的情境为教育背景去分析课堂中教师和儿童的状态及教学的效果。

(6) 指导性与评价性

绝大多数听课活动在听课后要形成个人或集体的认识和意见，而且在全部听课活动中，领导对教师、上级对下级、专家对教师及幼儿园内部的研讨课、公开课等的听课占绝大多数，形成的评价要以一定的方式反馈给幼儿园或教师，要提出一定的指导性意见和要求以及相应的改进措施等，并且指导意见要具体，具有可操作性。

8.1.2 学前儿童健康教育活动听课的作用与意义

为什么要听课？这是因为对于教师、幼儿园以及幼儿来说，听课都具有重要的意义。

1. 有助于提高学前儿童健康教育教师的专业素养

“他山之石，可以攻玉。”听课过程能让观摩的教师在一个特定的场景中非常清楚地了解、审视、反思教学，因此听课是让他们开阔视野、提升自身素养的良好手段。听不同水平的教师的课可以改正自身的教学缺点，转变观念，改进教学策略；听名师的课和有经验的教师的课可以借鉴长处、汲取经验，提高驾驭教学的能力。尤其是新教师入职后的第一年，活动观摩应该贯穿始终。

听课的过程也是执教者自我历练、自我审视、自我反思、自我成长的过程。累并收获着，是教师承担公开课最真实的写照。

所以，不管是观摩者还是执教教师，听课对于他们汲取先进的教学理念、切磋教学技能、共同提高教学水平都有着不可忽视的意义与价值。

2. 听课有助于检测幼儿园健康教育的质量

教学质量是对教学水平高低和教学效果优劣的评价。教育部门、相关管理人员为了及时了解某市或者某区幼儿园的教学水平，园领导为了提高本园的教学质量，往往都会采用听课的方式收集相关信息作为评估或者教改的依据。

听课也有利于推广先进的教学理念。教学质量高的幼儿园往往有着先进的教学理念，教育行政人员通过听课了解到这些理念后可加以推广，以促进不同幼儿园的教学理念的更新。当然，听课也有利于查找并解决共性的问题。

总之，听课可以为检查、督导、评估幼儿园的健康教育教学质量提供最为直接的参考与依据。

3. 听课有助于了解幼儿的健康领域学习与发展状况

在以往听课的过程中，大家比较关注这节课上得怎么样，习惯于把目光集中在执教者身上，注重执教教师的现场发挥，相对忽略幼儿的表现。即使关注到幼儿的表现，也常常被表面热闹的景象所迷惑，认为孩子们只要上得开心就是好课，这样就失去了听课最本质的意义。学前健康教育教学活动的终极目标是什么？是为了促进幼儿健康领域的学习与发展。所以，观摩者在听课时不仅要把视角从教师转向幼儿，更重要的是要关注幼儿真正意义上的学习，而不是表面的形式与气氛。

(1) 听课有助于观察幼儿的情感态度

《指南》的颁布与实施为幼儿教师关注幼儿的学习与发展提供了方向。观摩活动中，听课教师可以观察到幼儿的学习状态，了解到他们在活动中是积极主动地参与还是被动消极地等待，是保持良好的兴趣和求知欲还是兴味索然、无所事事。

(2) 听课有助于发现幼儿的学习品质

在观摩活动中，我们能发现幼儿是否表现出一定的反应能力、理解能力、思维能力等，是否保持了良好的专注力、坚持性等学习品质。

(3) 听课有利于评价幼儿健康教育领域的学习情况

学前健康教育教学活动能比较客观地呈现幼儿实际的健康领域学习情况，因此观摩者能对幼儿个体或群体进行较为全面的评价，为进一步调整健康教育教学策略或者实施个体针对性教育提供有效的支持。

总之，听课有利于观察、分析、反思幼儿的学习状态，了解他们在活动中是积极主动地参与还是被动消极地等待，是保持良好的兴趣和求知欲还是兴味索然，从而帮助执教教师理解幼儿的发展状态并为促进幼儿的成长提供依据。

8.1.3　学前儿童健康教育活动听课的原则

很多幼儿教师认为，听课简单、直观、生动，似乎可以不用准备什么。事实上，这样的理解很容易让听课者产生盲目性，成为无目的、无计划的活动，导致听课的效率低下。为了提高听课的效率，听课前，听课教师不仅要做好充分的准备，而且要明确听课的任务以及角色定位，做到心中有计划。此外，听课还要保持客观、公正的态度。因此，学前儿童健康教育活动听课需要把握一些原则。

1. 明确目的，有的放矢

听课需要有明确的目的，每一次听课不能为了听课而听课，而应有明确的任务。

观摩者的观摩目的，决定了观摩前的准备、观摩时的针对性和观摩后的行为表现。观摩者为什么来听课？是来学习取经的，还是来指导执教者的课堂教学水平的，是来择优推评的，还是来调研观摩的……这对于观摩者来说非常重要。如果是来学习的，就应该从学习者的角度多关注自己缺失而执教者优秀的方面，从而拓宽视野、取长补短；如果是来指导的，则应站在引领者的角度寻找执教者的不足之处，提出改进的方案；如果是为了某种比赛来推选优质课，就需要从专家的角度比对多个听课内容及执教者的课堂教学水平并做出分析、评判；如果是为了调研，就需要把调研的问题与课堂进行链接，根据现场活动情况得出调研的结果。

2. 准备充分，减少盲目

当问教师“听课需要准备吗？你准备了什么？”时，他们往往回答：“准备了本子和笔。”但是，仅仅有听课本和笔是不够的。听课前，听课者不仅需要了解听课的时间、地点、执教者以及听课的班级，更要了解公开课的内容、领域及幼儿的年龄段等信息。有条件的话，还要熟悉文本教案、教学背景等。听课者这样做能有效地避免在听课过程中产生盲目性，对听课的主题、目标、内容、要求等做到心中有数，才能做到临场不乱。

3. 关注整体，记录恰当

教学活动是一个完整的实践过程，往往由许多因素构成，如人的因素，包括上课教师、幼儿等，又如物的因素，包括教具、学具等。这些因素各具作用，但是又彼此相关、互相影响。只有把握了整体性原则，才能发挥其整体功能。教学过程既是师幼互动的过程，又是彼此沟通、分享交流的过程。因此，观摩者需要在听课过程中把握以下两个方面。

(1) 不仅要观察教师的教，更要关注孩子的学

听课活动中，教师通常扮演主导者的角色。观摩者在观摩时，除了关注教师的外在形象外，更需要以专业的眼光观察教师的语言支持，观察教师是如何推动幼儿富有趣味又有意义地学习的，以及教师的教育策略是否促进了幼儿的多元发展，提高了幼儿的学习品质。

观摩者在观察教师的同时还需关注幼儿的发展，关注幼儿在活动中是否获得愉快的情绪体验，关注他们在活动中能否获得表达、表现的机会，关注他们在活动中是否按照个体差异得到不同程度的发展。《指南》指出：“尊重幼儿发展的个体差异。”这就要求教师既要准确地把握幼儿发展的阶段性特征，又要充分尊重幼儿发展连续性进程上的个别差异，支持和引导每个幼儿从原有水平向更高水平发展。

(2) 不仅要看课的效果，更要关注课的过程

笔者经常听到观摩者在观摩活动后，给出这样的评价：“总体不错”“整体还可以”。其实，这是观摩者对活动的总体印象或者大致感觉。除了这些，观摩者更要关注执教教师上课的过程。比如，目标有没有达成？如果没有达成，是哪个环节出了问题？教师的提问是否恰当？为什么孩子们答非所问？教师的追问太巧妙了，重点的突破就在这里，关注上课过程中的亮点或者问题是非常有价值的，因为它们可以为观摩者合理评价、有效诊断课堂提供有力的依据。

因此，听课教师要以整体的眼光看待活动，既要注重教与学的和谐统一，关注教师在

上课过程中教育策略的运用以及幼儿的活动情况；又要关注教师、幼儿、教具、学具等的整体互动情况。只有具备了这种整体意识，才能使听课更加全面。

观摩者在关注听课的整体意义的同时需要做恰当的记录。一般要先记录听课的内容、听课班级、执教教师、听课日期、活动目标、活动准备等；接着采用实录的方式记录活动的过程，包括教师的教育教学策略、幼儿的具体回应等，即教师的教和幼儿的学；然后，根据这些实录适时做出环节的点评；最后，结合实际课例进行亮点采集与问题反思。

4. 尊重事实，客观反映

听课者必须客观地反映上课情况的真实价值。这就要求听课者必须实事求是地以课堂的真实情况为基础，恰如其分地进行评价和分析。

(1) 就事论事

受主观因素和先前经验的影响，听课者有时候会抓住无关因素而忽略关键的问题，进而误解或者曲解活动的实际意义；有时候由于听课者个人对执教教师的偏爱，会产生“爱屋及乌”的倾向，忽视了活动中存在的问题；有时候则戴着“有色眼镜”，抓住别人的缺点不放。这些现象在听课过程中务必要避免。

听课者应从促进教师专业成长的角度提出一些建设性的意见，应针对活动本身进行评价，既要肯定执教者的优势，又要诚恳地指出其问题所在。

(2) 公平公正

听课教师要如实地记录课堂呈现的情境，因为不管是进行评价、评估还是进行研讨、交流，都需要建立在真实、客观的听课基础之上。因此，记录的时候应尽可能还原活动现场，忌用主观色彩浓厚的字词；为了避免手工记录的不完整性，根据实际需要，还可以采用摄像机或者照相机全程拍摄的方式进行记录，以再现真实的活动现场，为进一步梳理和记录提供依据。

8.2　学前儿童健康教育活动听课的类型

听课类型的划分是相对的。总体来说，幼儿园课程的类型决定了听课的类型。不同领域的活动、不同类型的活动对听课的要求是不同的，有针对新教师的认识课，针对成熟教师的总结课，针对业务能力的评价课，针对教学状况的检查课，针对问题教师的指导课，针对自我发展的研究课等。

根据当前幼教课程改革的需要和幼儿园教学的实际状况，我们可以将学前儿童健康教育活动听课划分为以下五种类型，即观摩型听课、评比型听课、检查型听课、调研型听课和反思型听课。这种划分不是绝对的，而且在实际的教学研究和听课过程中有可能交叉，听同一节课有可能达到几种听课目的，这就要求我们在听课过程中，既能做到功能的区分，又能做到有机的联系和整合。

8.2.1 观摩型听课

观摩型听课是以交流、分享、学习为目的的听课活动，是一种比较普遍的群众性听课。比如，某幼儿园组织骨干教师进行观摩活动展示，邀请其他教师或者家长等前来观摩。

1. 观摩型听课的意义

(1) 具有示范引领的作用

观摩型听课涵盖不同的层面，比如省、市组织的关于《指南》推进的观摩活动，区、县组织的名师优质课观摩活动，幼儿园内围绕早期阅读等某个话题开展的观摩活动，等等。

观摩型听课中，执教者往往是教师团队中具有较高水平的优秀骨干教师，或者是学科带头人、特级教师等。他们为观摩者提供了优秀的活动范例，供观摩者学习、借鉴。在观摩活动之后，观摩者往往需要结合自己的思考撰写活动观后感，以深化观摩学习的效果，促进自己的专业成长。

优秀教师的课堂总是会给现场观摩的教师起到较好的示范引领作用，在促进彼此交流的同时，也提升了观摩教师的教学素养。

(2) 具有分享推广的意义

观摩型听课中，执教教师一般具有先进的教育理念，或者该活动在当前教育背景下承载着创新的使命，具有推广、引荐的意义，能在一定范围或者区域内起到积极的影响。

听课过程是一种直观的学习实践过程，但是出于种种原因，观摩课并不都是成功的、理想的，因此观摩课的质量也会参差不齐。对于成功的观摩型活动，观摩者要注重吸纳其蕴含的先进的教育理念，学习优秀教师的教学把控能力；对于看上去不那么精彩的活动，或者争议颇多的观摩课，观摩者要善于思考，寻找活动的问题及其症结所在。其实，发现问题本身就是一种水平的提升。作为观摩者，要怀揣谦卑的心态真切地感受活动氛围，从观摩现场中发现问题、分析缘由，学习认真地记录与反思，这同样是一种不可多得的教育实践。

2. 观摩型听课的一般形式

观摩型听课的一般形式有：交流幼儿园教学理念的公开课，展现教学风采、切磋教学技能的示范课和推广先进教学理念的展示课。这些活动，有的是由省、市、区教育机构组织的，有的是由幼儿园组织的，也有的是由教师发起的。

3. 观摩型听课的步骤

观摩者在观摩型听课活动中，一般要遵循以下听课步骤：

① 明确听课的目的，带着明确的目的参与听课。

② 了解执教教师的水平，对执教活动所属的领域、执教活动适用的幼儿的年龄段、执教班级有所了解。

③ 准备听课活动所需要的材料，并且熟悉教材、教学准备以及活动流程。

④ 认真记录活动中的优点，记录并思考活动中的问题与困惑。

⑤ 与执教教师交流听课感受，供执教教师参考。

4. 观摩型听课的注意要点

在观摩型听课中，观摩者需要注意以下两点。

(1) 尊重执教教师的展示活动，把每一场听课都当作学习的过程

观摩者在整个观摩过程中不是单纯地模仿，也不是故意挑刺，而是应该以欣赏的角度挖掘活动的闪光点，学习活动中的优点，找到自己最受启发的内容，这样才能拓展视野，巩固专业技能。要尊重执教教师，保持安静。观摩位置应尽量选在不影响上课教师和幼儿的区域，在上课的过程中不要随意讨论活动环节，切忌随意走动，以免影响课堂秩序。要仔细倾听，做好笔记。观摩者要同时关注执教教师的教与幼儿的学，要采集活动的亮点，为自己以后的课堂实践提供参考，要记录自己的疑惑或者问题，待活动结束后与执教教师或其他听课教师进行交流。

(2) 坦诚交流个人的看法，把每一次交流都当作提升的契机

观摩活动结束后，观摩者一般会和执教教师进行及时的交流。执教教师首先进行自评，观摩者也纷纷提出自己中肯的建议，要以民主、平等的方式进行交流和互动。值得注意的是，基于观摩课的交流和互动重在汲取优点、探讨问题，促进观摩者和上课教师的互助、互惠，这才是观摩型听课重要的意义所在。

8.2.2　评比型听课

评比，顾名思义，是指进行比较，评议高低或优劣。评比型听课的目的是评出优秀的选手或者推出优质课，所以评比型听课的参与者必须严格按照比赛的要求和标准进行评价，注重横向比较，力求公平、公正地对待评比活动。一般来说，评比活动既包括省、市、区的各项专业比赛，又包括幼儿园的教学比武等。

1. 评比型听课的意义

(1) 推选优秀

评比型听课是指通过听课的方式选拔优秀的教师或者优质课。一般来说，选手需要逐层推荐或者角逐，且每次角逐都会有一个结果。因此每一次评比型听课都有一定的规则，所有参与的选手和听课者都必须遵守。

(2) 注重过程

评比型听课需要听课者根据听课的要求对活动的各项指标进行量化，以此推出优胜者或者优质课。当优胜者或优质课在原有层面或者范围内胜出后将参加上一层面或者更大范围内的角逐，因此这就需要非常专业、权威、公正的人员担任听课者，这样可以使推评活动更具有说服力和解释权。评比型听课后，这些听课者还能提出宝贵的建议，以促进教师在评比过程中获得专业发展。

2. 评比型听课的一般形式

评比型听课一般有优质课评选、优秀教师的选拔课等类型，可以由幼儿园、区教研室、市教研室等组织。同时，它也是选拔、培养人才的方式，以个别典型的优秀教师带动其他教师。有的评比型听课是自由命题，以便让教师发挥特长，如某区教龄为五年的教师

的展示活动，由教育部门指定一个主题，具体内容任选；有的评比型听课是统一命题，如同课异构，要求参赛教师必须围绕某一课题进行展示，不能超出范围或背离课题。

3. 评比型听课的步骤

评比型听课中，听课者在听课时一般要遵循以下步骤：

① 了解评比要求，明确评比任务。评比型听课的目的是通过听课评议高低、分清优劣，因此听课者事先要了解评比的要求和参赛的人选，明确评比的任务。

② 理解发布的命题要求。

③ 解读评比的标准。

④ 听课并根据实际情况打分，完成课堂记录。

⑤ 有条件的话，与执教教师交流，分享听课建议。

⑥ 提交听课评价表，有关负责部门汇总、公布评比的结果。

4. 评比型听课的注意要点

在评比型听课过程中，听课者一般要注意以下几点。

(1) 公平性

评比型听课有推优评先的作用，因此听课者需要考虑周全，在评比时做到公平、公正，要推选出富有创意的优质课，推选出真正有能力的教师。有时候为了保证听课结果的公平、公正，主办方还会设立“专家评委”和“群众评委”，按照不同的系数设立比分，汇总得出评比结果，这样的结果更令人信服。

(2) 评估性

与观摩型听课不同的是，评比型听课的推优过程需要有一个结果，而这个结果是听课者经过客观分析得出来的，是对评比过程的评估。不过，对于听课者来说，不要把评比课作为衡量教师个人水平的“标签”，而是要注重交流教学经验、切磋教学技能，激励教师探索教学规律。

(3) 导向性

评比型听课推出的优质课或者评出的优秀教师，应具有正面的榜样示范作用，甚至代表着一种值得推崇的教学价值观。因此，在进行评比型听课时，担任评委的听课者应该推选出具有正确导向的活动，这样才能在无形中起到正面的引领作用。通常，评比型听课需要邀请资深的专家来担任听课评委。

8.2.3 检查型听课

检查型听课，一般是指教育部门的领导或者某幼儿园领导，定期或不定期地对下辖幼儿园的教师或者该园教师通过听课进行检测。这种类型的听课目标明确，对于检查什么、怎么检查、什么时候去检查以及检查的目的是什么，听课者事先要有一个明确的认识或预知。

1. 检查型听课的意义

检查型听课有助于保证幼儿园的教育教学质量，有利于教师的专业成长，这是因为听课者可以通过反馈检查情况来督促幼儿园提高教学质量，激励教师提高教学水平。为了保证听课的真实性，提高检查的公平性，大多数情况下听课者是临时抽取班级或者教师进行听课的。

2. 检查型听课的一般形式

检查型听课因检查的对象、目的、时间不同，具体类型也不同。

根据检查的对象和目的不同，检查型听课大致分为以下几种：以考查教师教学水平为目的的检查型听课，如管理者走访幼儿园选择某位教师的班级进行听课；以观察幼儿发展水平为目的的检查型听课，如进入相应的年龄班重点关注孩子在活动中的发展状况；以考查整个幼儿园教学质量为目的的检查型听课，如上级部门到下级单位进行督查听课，将考查教师和观察幼儿综合考量等。

根据检查的时间不同，检查型听课可以分为定期检查和不定期检查。定期检查通常会在学期初、学期中、学期末开展。

3. 检查型听课的步骤

在检查型听课过程中，听课者一般要遵循以下步骤：

① 明确检查的目的、内容，了解活动主题及执教教师的水平。

② 针对检查的重点进行听课并记录。

③ 分析重点的达成情况。

④ 总结情况，公布结果。

4. 检查型听课的特点

(1) 突然性

一般来讲，无论是教学业务指导部门，还是学校领导的听课，只要是出于检查的目的，为得到客观真实的第一手信息资料，很少会提前通知。听课者有目的、有计划、有意识地去听课，而被听课教师、班级事先并不十分清楚或提前知道的时间不太长，因此会有“突然袭击”的感觉。对听课者来说，实际上大多也是随机的。

(2) 真实性

由于“突然袭击”，很少刻意准备，检查型听课大多在教学常态下进行。当然也不可能做到完全一致，因为听课者的介入或多或少会影响教师。由于教师的心态变化，有些课可能比平时好，也有可能不如平时。总体上讲，通过检查型听课了解到的情况基本上是客观的，最接近被听课教学单位和教师常态的教学实际。

(3) 灵活性

听课者可根据自己的工作职能需要，采取灵活多样的听课形式，什么时候听、听哪些学校的、听什么类型教师的课、采取什么形式、是集体调研还是个别调研等都可以灵活掌握。

5. 检查型听课的注意要点

检查型听课有时会引起某些教师的误解，他们认为自己被抽到是领导对自己的工作不信任的缘故。因此，听课者在听课时需要注意以下几点。

(1) 要课前沟通

虽然有些检查型听课是突击性的，但是检查者在走进课堂后，最好与执教教师沟通一下当天听课的目的，这样容易使执教教师放下包袱，消除不必要的误解，有利于他们在常态下组织活动。

(2) 要平易近人

不论是教育部门的领导还是幼儿园的领导，“被听课的任课教师不只是下属，在听课的过程中他们更是合作伙伴，而伙伴不能被使唤，只能被说明。”①因此，在检查型听课过程中，听课者不要过于严肃，以免引发执教教师不必要的紧张情绪；也不要交头接耳，以免对课堂造成不必要的干扰。

(3) 要有问题意识

检查型听课的效果往往体现在听课者听课后与执教教师的交谈上，即听课者就检查中的问题与执教教师进行沟通，让执教教师真正了解自身存在的问题以及原因，同时还需要沟通一下解决问题的方式或策略，以促进执教教师的课堂教学水平的提高。所以在听课时，听课者应该具有问题意识，应关注教师上课过程中以及幼儿目前存在的问题。

8.2.4 调研型听课

调研型听课，是指为了探寻某种教育教学问题的现状、进展，通过听课的方式进行调查分析，获取问题的基本特征。与检查型听课相比，相同的是它们都具有明确的听课目标与计划，不同的是调研型听课更侧重于对问题的探讨分析与经验获得。

1. 调研型听课的意义

调研型听课的目的是更好地了解调研问题的现状或进展，因此它具有导向性、真实性、研讨性的特点，能在一定程度上解决教师遇到的实际问题。

2. 调研型听课的一般形式

调研型听课一般有以下三种形式。

(1) 督导式调研型听课

督导式调研型听课，是指教育部门通过实地查看、现场听课等方式，促进教育教学任务的推进和落实。

(2) 走访式调研型听课

走访式调研型听课，是指相关部门为了了解某地、某幼儿园的实际教学情况，采取现场听课的方式进行调研，为后续推行的相关活动做准备。

(3) 研讨式调研型听课

研讨式调研型听课，是指听课者围绕某一个需要调研的问题或焦点进行现场听课活动。比如，要想了解某种教材的使用情况或者早期阅读的开展情况，听课者就可以进行相

---

① 毛亚庆，知识管理与学校管理的创新[J]. 教育研究，2003(6).

应的研讨式调研型听课。

3. 调研型听课的特点

(1) 目的性

这类听课者的目的都十分明确。课前往往对调研内容进行反复的论证，明确为什么调研、怎样调研、调研后怎么办等问题。由于目的明确，其主动性和针对性都很强。

(2) 探讨性

这类听课活动属于实验研究性质，听课者的主要目的不是评价教师，而是与授课者一起探讨某些问题。同时，组织者也期望与听课者共同进行探讨，随时发现一些没有预料到的但值得研究的问题。

(3) 选择性

调研型听课的选择性表现在：准确选择研讨的问题、探究方法和途径；准确选择听课对象，如一般选择有开拓创新精神的、有一定教学经验和发展潜力的青年教师；准确选择调研听课人员，如实践经验丰富的优秀教师、某方面有专长的专家、同行教师、对该问题有研讨兴趣的教师等。

(4) 导向性

由于听课目的明确，且调研的问题往往经过认真筛选论证，或在这个问题上已经有了初步认识，需要在调研中不断完善，所以，这类听课活动的导向性是比较明确的。

(5) 反复性

调研型听课往往需要多次反复，如可以在不同的幼儿园重复，可以在不同的教师间重复。但听课者应相对固定，他们与不同的授课者共同讨论教学设计、教学方法问题，不断反思总结，经过多次反复，逐步提高调研的质量。

4. 调研型听课的步骤

在调研型听课过程中，听课者一般需要遵循以下几个步骤：

① 明确调研的问题，理解调研问题的背景。

② 确定调研课的执教者、人数、领域、展示地点等。

③ 设计调研的计划与流程。

④ 根据课堂观察得出调研的情况或现状。

⑤ 总结调研结果并提出改进的建议。

5. 调研型听课的注意要点

在调研型听课过程中，听课者要注意以下两点。

(1) 要有周密安排

调研型听课前，听课者需要对调研的时间、执教者、上课的内容等做一个整体的安排，然后对听课的结果进行汇总、分析、提炼，撰写相应的调研报告。比如，“成长组培养”负责人想要了解三年内新教师在课堂教学方面存在的主要问题，就需要确定在哪些范围内、选择什么领域比较合适，然后记录并梳理、汇总新教师在课堂中反映的问题。

(2) 可以反复循环

对调研的结果有疑问或者产生新的调研问题时，听课者可以反复进行调研。听课者需要对每一次调研结果进行探讨，提出调整或者优化的建议，这也有可能为下一次继续研讨生成问题或者方案。

8.2.5 反思型听课

1. 反思型听课的意义

反思型听课，就是自己听自己的课。“要让教师听自己的课。用录音、录像的方式记录下自己上课的过程，在课后自己听、自己看、自己分析，或请团队共同参与指导。这是对自己的教学工作进行反思的好方法，是一种自我监督，会使教师尽快提高教学组织管理能力、应变能力和语言运用水平。”[①]这种方式经常出现在行动研究中，具有独特的意义。

(1) 审视问题，适当调整

当教师以旁观者的视角来看自己的活动时，能更加清楚地认识到自己的不足。这种审视和观察可促进教师的专业发展，促使他们找到自己的问题并加以调整。

(2) 反复揣摩，螺旋提升

教师在进行专业研究时，如进行小课题研究时，可以借助多媒体设备先记录活动的整个过程，然后反复观看，对自己的语言、行为及活动细节进行反复的揣摩，提出调整的策略，之后再对活动做进一步的实践研究。

2. 反思型听课的一般形式

自我反思课和小课题研究课都是常见的反思型听课。

3. 反思型听课的步骤

在进行反思型听课时，教师需要遵循以下步骤：

① 录制上课的视频。

② 观摩录制的视频并进行记录。

③ 针对问题以及不成熟的地方进行反复推敲与反思。

④ 理清活动的不足并进行调整和优化。

4. 反思型听课的注意要点

反思型听课是自我反思教学的良好途径。不过，教师在进行反思型听课时，需要注意以下两点。

(1) 集思广益，发挥团队的作用

为了增强反思的效果，教师在录下自己上课的过程后，不妨以团队的形式进行研磨，让大家的智慧相互碰撞，在群策群力中发挥研修团队的合力作用。

(2) 静下心来，正视反思的问题

与其他类型的听课不同的是，反思型听课的执教者同时也是听课者。这个双重身份更要求执教教师本人要静下心来，“咀嚼”活动的过程，不仅要看到自己的长处，更要用心

---

① 杨丽花，新课程背景下的听评课[J]. 教育理论与实践，2011(2).

体会自己的不足。一位教师在课后反思中曾这样写道："以旁观者的身份看自己上的课，给予教师的感受是如此的强烈！"反思型听课，需要教师不仅能听得进批评，以接纳的心态面对不同的"声音"，也要能慢慢领悟和反思问题的症结所在，进一步思考如何调整、优化活动，弥补自身的不足，促进自己的专业成长。

上述这些类型的听课并不是单一存在的，有时候一节课既是调研型听课又是观摩型听课，或者既是观摩型听课又是检查型听课，等等。此外，各种类型的听课可以转换，比如，让执教者本人对这些课进行观摩，那么这些课就可以成为反思型听课。不管参与什么类型的听课，只要做一个用心的听课者就够了。

8.3　学前儿童健康教育活动听课的方法与内容

有人说听课要"全副武装"，事实上这种说法一点也不夸张。听课前需要做好充分的准备，打一场有准备的硬仗。为了让听课收到预期的效果，听课者需要遵循一定的原则，运用一些有效的方法和策略。

8.3.1　听课的方法

听课者从坐下来的那一刻起，就必须明白接下来该做什么。听课并不是随便看看，而是需要采用一些方法，以提高听课的效率。根据划分的维度不同，听课的方法可分为很多种。通常，我们采用以下办法进行听课。

1. 扫描法

扫描法是指用扫视的办法对周围的环境以及课堂的大致情况进行观察。听课者一走进教学现场，就应先环视四周，了解活动的物质环境创设，如座位的安排、体育设施的摆放、空间的大小以及玩教具的提供等。"第一感觉"往往能让观摩者获取很多信息。在听课时，观摩者也应关注教师和孩子在一起的整体氛围，感受教学活动现场心理环境的创设。扫描法有助于听课教师全面地感知课堂的大致状况并进行整体性把握，对教学活动中出现的问题或者某种现象保持敏感。值得注意的是，听课教师不能先入为主，而应该以一种开放的、接纳的胸怀继续关注活动现场，为寻找有价值的观察点做好准备工作。

在观摩中班体育活动"勇敢跳跳跳"时，观摩者看到宽大的场地上有22条凳子、4块海绵垫。执教教师穿着一身运动服，在音乐声中带领幼儿做热身运动，他们把凳子当作林中的大树穿梭于其中。场地上弥漫着运动气息。

上述案例中，观摩者以扫描的方式关注到活动开启阶段的整体情况。这样的场景，让我们感觉到执教教师准备充分，孩子们在活动中热情高涨。此外，环节安排得非常合理，教师和孩子们一起在营造的森林情境中锻炼。这样的观察，为听课者继续关注教学活动打下了基础。

2. 聚焦法

聚焦法是指听课教师在对整体环境熟悉后，以聚焦的方法关注活动某一方面的开展情况。聚焦法能让教师有针对性地在某个话题的背景下进行观察。比如，在教学的游戏化的话题背景下，观察教师如何增强集体教学过程的游戏性。又如，在师幼互动的话题背景下，观察教师如何回应孩子的话语。

3. 随机捕捉法

随机捕捉法是指听课前观摩者并没有明确的关注侧重点，而是在听课过程中发现、挖掘典型的、有价值的问题。因此在实际操作过程中，它往往可以将扫描法和聚焦法进行有机的结合，即一开始引起深刻印象的问题往往会是重点捕捉的契机。

在观摩小班健康活动“踩踩踩”时，观摩教师看到上课教师准备了很多材料，如会响的塑料玩具15件、脚踏打气筒15个、大小鞋盒25个等。这些材料一下子引起了观摩教师的注意，于是列了材料清单，接下来开始聚焦观察材料的使用和幼儿的表现情况，以此关注健康活动中教师提供的材料的合理性。

由于教师的兴趣、爱好、经验不同，随机捕捉法的运用也不尽相同。比如，新教师往往关注上课教师的教学策略，会随机捕捉上课教师在课堂中运用的组织方式；经验丰富的教师会比较注重活动过程中师幼互动的情况，会从幼儿的回应中评价其学习状态；在美术领域有特长的教师，则对活动中提供的教具和图片的新颖性、制作方法等非常留意。可见，随机捕捉法不失为考量观摩者听课水平的一个好办法。

在实际观摩的过程中，上述三种方法往往是结合使用的。此外，在某些活动中，听课者不妨走近孩子，倾听他们对作品的表达，以深入了解他们内心的想法。比如，针对美术活动中幼儿的绘画作品，或者科学活动中幼儿完成的操作记录表，教师可以和幼儿进行交流，了解画面、符号背后他们真实的想法，这些都可以作为客观分析活动效果的参考线索。

8.3.2 听课的内容

集体教学活动目标的定位、流程的设计、教具的选择、策略的实施不仅渗透着教师的教育理念，而且体现着教师教的水平和幼儿学的效果。因此，在观摩集体教学活动过程时，观摩者需要关注以下内容。

1. 品味教育理念

教育理念，即关于教育方法的观念。教师是课堂中平等的“首席”，不仅是幼儿学习的支持者、合作者，而且是教育理念的实施者。每一位教师都有自己认为的“应该是这样”“什么是不合适的”价值判断，无形之中影响着师幼相处的点点滴滴。因此，观摩者可以通过观察教师在课堂中的言行来品味教师渗透在教学过程中的教育理念。

根据《指南》和《纲要》的要求，观摩者不妨从以下几个方面来品味。

(1) 是否有利于幼儿的长远发展

学前阶段的孩子正处于人生的启蒙阶段，有着独特的学习方式，因此我们不仅要着眼于现在，而且要关注他们的未来，以促进其可持续发展。听课过程中，我们要关注执教教师的理念是否有利于孩子的长远发展。每一个孩子在课堂上的表现不尽相同，对于表现欲强、敢于表达的孩子，执教教师既要给予其充分的表达机会，又要鼓励他们冷静思考；对于相对内敛、不善言辞的孩子，执教教师在充分鼓励他们的同时要善于捕捉他们每一个敢于表现的“闪光点”；对于让自己“头疼”的孩子，比如爱搞怪、常游离于活动之外的孩子等，执教教师要运用智慧进行个别化的沟通，了解问题的原因后再实施教育策略，真正做到“一把钥匙开一把锁”。总之，教师要以发展的眼光看待幼儿，不要做“拔苗助长”的事情。这是听课过程中需要观摩者用心品味的。

(2) 是否以儿童为本

“以儿童为本”其核心就是尊重儿童的本质，把儿童的全面、可持续发展作为教育的出发点，要尊重和理解不同年龄段儿童的特点。

在大班健康安全教育活动“游乐场安全守则”中，执教教师设置了幼儿抢答的环节。本来预设由教师担任评委，但是活动过程中，孩子们的参与热情高涨，并且有个幼儿主动提出担当活动评委。教师欣然答应，请他来评判同伴在游戏中的胜负，教师则当回了小朋友为孩子加油呐喊。

观摩这个活动时，观摩者能发现执教教师与幼儿之间有着平等、和谐的关系。答应幼儿想当评委的要求，换位为孩子加油，这些细节体现了执教教师尊重幼儿的教育理念，也调动了幼儿活动的积极性，提高了集体活动的效率。

在大班饮食与营养教育活动“蔬菜和肉”中，教师在引导幼儿理解故事的过程中，采用自主辩论的方式，设置A和B两个场景，鼓励幼儿果断做出选择，表达自己的观点。活动中，幼儿兴趣浓厚，场面气氛热烈。教师作为倾听者，鼓励幼儿提出自己的观点，让幼儿在选择和表达的过程中明白：蔬菜有蔬菜的营养价值，吃肉也有好处，两者彼此并不冲突，引导孩子们认识到全面均衡饮食的重要性。

从上述活动中观摩者能发现，执教教师根据大班幼儿的学习特点，设置了供幼儿自由表达的A、B两个场景，鼓励他们根据自身的生活经验说出自己的想法。在组织过程中，当幼儿的意见不一致时，执教教师并没有直接给予谁对谁错的判断，而是鼓励幼儿说出自己的理由，充分尊重幼儿的独特见解，从而调动了他们的积极性，促进了他们的语言、思维、社会性等方面的发展，使“以儿童为本”的理念得以充分体现。

(3) 是否促进幼儿的全面发展

集体教学活动是一个复杂的工程，每一个活动并不是单一存在的，而是与幼儿的体、智、德、美等各个方面息息相关。比如，健康教育活动中，可能渗透着语言、社会领域的要求；语言活动中，可能隐含着数学、艺术领域的目标。集体活动只是一个载体，在观摩过程中，我们需要以整合的眼光去品味。

2. 评估教学目标

目标是教学过程的出发点和归宿。一般来说，幼儿园活动包含三个层面的目标，即认知目标、技能目标、情感态度目标。其中，技能目标又包括动作技能、智力技能、自我认知技能。但是在实际操作中，有时也可以呈现其中两个层面的目标，并且通常把重点目标放在首位。在听课过程中评估目标，一般从以下几方面入手。

(1) 评估目标的准确性

目标的定位是教师对教学内容和儿童需要的理解，它主导着教学活动的方向。观摩者要评估集体教学活动目标的定位是否准确，也就是说，目标的定位必须是准确无误的，切忌偏离幼儿的年龄特点。

(2) 评估目标的针对性

观摩者在评估目标的时候，还要注意目标是否具有针对性。切忌目标过于宽泛，放之四海而皆准。

因此，听课过程中评估目标的针对性，有助于观摩者关注执教者在设计活动时是否抓住了幼儿的年龄段特点，关注执教者是否基于幼儿的发展水平设计与之相匹配的教学流程。听课过程给予观摩者和执教者的共同启示是：制定的目标既要准确也要具体，要适应幼儿的心理发展特点和实际水平，要实现“目标是活动的归宿”这一本义。

(3) 评估目标的弹性

由于幼儿间存在个体差异，所以教师在制定活动目标时既要关注到大多数孩子，又要给予不同能力和水平的孩子以一定的提升空间。因此，在听课过程中，除了评估目标的准确性与针对性外，还需要评估目标是否有一定的空间，即目标是否具有弹性。品味目标意味着对集体教学活动主旨的把握，能更准确地理解幼儿的发展水平，注重幼儿的年龄特点；能更加关注儿童个体的特点，充分尊重儿童。

3. 揣摩教学流程

教学活动是由许多具有一定联系的环节组成的。教学活动环节，即教师在教学活动过程中为达成教学活动目标而对教学活动内容呈现、教学方法运用所设定的步骤和顺序，是对相互关联的一系列教与学的活动的具体安排。因此，听课的过程中，观摩者需要自下而上地审视、分析、揣摩教学流程的合理性，看流程是否紧紧围绕目标细化，看流程是否兼顾动静交替，看流程是否具有让孩子们充分感受、表达、创造的机会，具体做法如下所述。

(1) 看教学流程的设计

教学活动是经过预先设计的，有一定的顺序和过程，而这个过程是由一个个具有内在联系的环节串联而成的。观摩者应该注重观察教学的流程，如果环节清晰、顺畅，就能促进幼儿思维的发展，助推他们的成长：反之，就会导致活动进展不畅，幼儿学习困难。

(2) 看教学流程的实施

在具体的组织过程中，执教教师是否按照预设的流程实施活动？当活动中出现了新的契机，执教教师能否抓住？哪些策略的实施效果与目标的达成关联不大？执教教师是否与幼儿进行良好的互动？是否重视幼儿有价值的行为？这些都是值得观摩者认真观察的内容。

此外，观摩者在揣摩教学流程时也在进行理性的思考，包括点与面两个维度。

第一，点式思考具有即时性、随机性的特点。在听课过程中，当观摩者受到启发、产生共鸣的时候，会思考为什么上课的教师要这样安排、组织，会试着分析其背后的深层含义。所以听课过程中伴随的思考是随机反思的过程，能力强的教师往往会在听课的过程中找到教学活动的优点或者问题，获得反思性成长。同时，这些思考也为最后的整体性评价提供了参照。

第二，面式思考具有概括性、归纳性的特点。当活动进行到一个阶段的时候，观摩者会对之前的活动进行回顾，小结执教教师的所说、所做，揣摩其所想。比如，梳理出第一个环节安排的意图，理解接下来的环节组织的用意。在整个活动流程结束后，进行整体性的评价，从中领悟执教教师对活动的整体预设及把握。

4. 评估教师的能力

教学技能是幼儿园教师必备的基本功之一，它对取得良好的教学效果、实现教学的创新具有积极的作用。而课堂是考验一位教师教学执行力和教学水平的平台，因此观摩者能在教学现场看到执教教师的能力，从而了解、评估他们的教学技能水平。

(1) 语言组织能力

执教教师的语言组织能力直接影响活动的效果。执教教师的提问、追问、反馈都是课堂中不可或缺的策略。

(2) 现场把控能力

3～6岁幼儿具有好动、易兴奋的心理特点。所以，听课过程中我们要关注教师现场把控的能力，分析教师是否使用了适宜的教学手段，是否合理、科学地安排了活动的环节，让幼儿顺利地参与教学活动。此外，由于课堂的不确定性和幼儿水平的参差不齐，教学活动中往往会出现“意外”，这也需要教师充满机智地进行应对，以保证教学活动的顺利开展。

(3) 发展助推能力

良好的师幼互动可以助推幼儿不断成长。观摩者可以通过多种感官收集课堂上师幼互动的信息。

5. 体察幼儿的表现

作为教学活动的主体——孩子，他们都是独特的个体，有着能力水平、情感气质的差异。幼儿的实际课堂表现往往是他们生活经验与能力水平的客观反映，所以观摩者需要静下心来读懂幼儿，以此分析、判断幼儿的发展情况。

以往听课过程中，观摩者比较重视观察教师的方方面面，如今已经慢慢开始注重观察孩子的重要性。这不仅带来了教育观念的转变，而且对课堂效率的提高具有指导性意义。在实际听课过程中，观摩者可以运用表情观测法、行为判断法、作品呈现法、语言倾听法等用心体察孩子的表现。

(1) 表情观测法

表情观测法，是指通过观看孩子的表情来了解孩子的兴趣、参与欲等。孩子的表情能反映活动的内容是否适合他们，以及教师的引导是否有效等。比如，在中班活动“爱护我的身体”中，观摩者看到孩子们纷纷跟着老师饶有兴趣地讨论，他们的眼神充满欣喜和渴望。从他们愉悦的表情中可以看出，本活动的内容适宜，教师在组织过程中方法得当、引导有方。在教学现场，观摩者倘若看到孩子们注意力分散、眼神游离、窃窃私语，不断做出与活动无关的事情，那么这节课的活动效果就可想而知了。如果出现这样的情况，观摩者接下来就要分析其原因所在。

(2) 行为判断法

课堂观察中要想体察幼儿的表现，还可以采用行为判断法。行为判断法，是指从幼儿的动作中解读、判断他们的发展情况，从而反思活动的设计是否合理。

(3) 作品呈现法

作品呈现法，是指通过幼儿的作品来评价他们的学习状态与效果，主要应用在美术活动中。在开展美术活动时，教师运用线条和色彩等元素来进行教学，师幼之间的对话较之其他活动明显要少，幼儿有很多时间用来自主作画，而作品就是他们绘画技能和思维水平的载体。因此，观摩活动时观摩者可以通过幼儿现场的表现和对幼儿作品的解读来客观评析幼儿的能力与水平。

(4) 语言倾听法

语言倾听法，是指仔细倾听幼儿在活动中的语言，以体察他们的思维水平和心理动态。在教学活动开展过程中，幼儿的语言有的是自发的，有的是为了回应教师的问题。观摩者特别要注意观察幼儿在教师的引导下注意力是否集中，是否对教师的教育策略积极地进行回应，是否紧紧围绕着教师的问题互动。

6. 评估教具

教具是指以教育人为目的的实物。在幼儿园集体教学活动中，教具是指幼儿园教师用来辅助教学活动开展的实物、图片、幻灯片等。观摩者评估教具能为整体的评价活动提供参考。

(1) 判断教师演示教具运用的适宜性

通常，教师演示教具可以分为直观教具与电化教具两种。直观教具是指实物、挂图、卡片等。电化教具是指投影仪、录音机、电脑等。每一种教具都有自己的优势和劣势。直观教具有低成本、使用方便的特点，但是随着教育技术的不断发展，电化教具在幼儿园集体活动中开始普遍应用。电化教具的使用不仅能增强视觉效果，引发幼儿的直觉思维，还能使活动增色不少。

观摩者在听课时，要注意观察教师演示教具是否适合幼儿的认知水平，是否与活动内容及目标紧密联系，是否能助推教学流程的顺利开展，是否能增强活动的趣味性及活动效果等。最关键的是，要看它能否真正为幼儿活动的开展提供支架和帮助。

(2) 发现幼儿操作学具设计的合理性

幼儿操作学具不仅能激发幼儿的兴趣，而且能促进他们的发展。观摩者在听课时，要注意观察幼儿操作学具是否与教学任务紧密关联，是否能激发幼儿的探索欲望，是否具有很强的操作性等。比如，幼儿园科学发现室里的力学台、闪电魔力板可以让幼儿在摆弄、触摸中，感知现象，获得经验。

但是，如果教师过多地提供电子教具或者在教具准备上过于强调视觉效果，往往会适得其反。因此在听课过程中，观摩者要特别关注教具的使用情况，尤其要注意以下两种现象。

第一，喧宾夺主。喧宾夺主是比喻外来的或次要的事物占据了原有的或主要的事物的位置。如果教师设计的教具过于花哨、复杂，导致幼儿对其过分关注，那么教具在活动中不仅没有发挥应有的作用，还会影响活动效果。比如，在小班语言活动“蝴蝶衣裳”中，观摩者发现，由于教师呈现的动画背景过于花哨，结果影响了孩子的视觉，导致他们的注意力不在倾听上，而是被花花绿绿的背景所干扰。由此可见，执教教师设计的教具并不合适。

第二，过分替代。观摩者常常看到，某些教师认为动感强的画面更吸引孩子，于是一味地追求课堂中动态的效果，让PPT、视频代替图片或者玩偶，使孩子总是处于兴奋、惊奇的状态，这就走到了另一个极端。事实上，静态的图片是培养幼儿观察能力、静心思考的良好途径，因此过分替代也不可取。在集体教学活动中，教师应该合理地利用传统教具与电子教具。当图片、头饰、玩偶等能满足活动的需求时，运用传统教具即可；当传统教具不能解决问题的时候，如需要特殊的声效和光效时，可以运用电子教具。

综上所述，观摩者在以旁观者的角度审视教具的使用情况时，要关注执教教师运用得是否合理、巧妙、灵活，能否把传统的教具和先进的电子教具以及各种媒体技术结合起来，发挥它们各自的优势和潜在价值，优化教学活动。事实上，合适的教具就是最好的教具。

8.4　学前儿童健康教育活动听课过程与实例

听课既是教师学习提高的主要方式，又是教学工作的重要组成部分，也是教学研究的有效手段。但是一些教师在听课时存在很多问题，很多教师还不会听课。要学会听课，必须做好以下几方面工作。

8.4.1　听课前的准备

在正式进入课堂听课之前，听课者需要有所准备，要做到有“备”而来。忽视听课之前的准备，必然会在听课过程中遗漏不少重要的信息，减少听课者从中获益的可能性，同时也会极大地影响听课的效果。

1. 听课准备的作用

(1) 提高课堂观察与课后评析的针对性

课堂观察与课后评析质量的高低，不仅与听课者的业务素质和态度直接相关，而且与听课者的课前准备有着密切的关系。经过充分的准备，听课者在听课之前就能够进入角色，在听课之时就有了较为明确的参照物，做到有针对性地思考、比较与学习，也就能对课堂教学有更深刻的感受和体会。另外，充分的课前准备还能帮助自己及时捕捉讲课教师的优点、特点，及时记载讲课教师教学过程中的不足、失误和值得商榷的地方。此外，有了认真细致的课前准备，听课者在课后评析的时候，由于占有充实、客观的材料，说理就能够更为充分、准确，见解也会更加深刻、精练，从而使自己的发言更具有说服力。

(2) 推动听课者的学习与成长

做好听课之前的准备，听课者就不再是纯粹的学习者或评判者，仅仅以他者的眼光来衡量授课教师课堂教学的得与失，而是兼做一个“操作者”，试着站在授课者的立场去打量课堂中发生的一切。经过事先充分的“课前准备”，可以提高自己的教学设计能力，有效地取人之长，避己之短，完善自己。

(3) 促进良好的教研氛围的形成

充分的课前准备，能让上课教师和听课教师都事先认真地做好业务上的准备。上课者与听课者在课前与课后进行交流、讨论，可以实现彼此的良性互动，真正实现听课的目的，使听课者有备而来，满载而归。

2. 听课准备工作

盲目性是效率的大敌，教师听课前应做好如下准备工作。

(1) 要做好心理准备

教师听课前的心理准备包括态度与情绪两个方面。态度上，听课者应以学习者的身份来听课，做到诚恳、平等、交流，切忌抱着挑剔、检查的态度来听课，以免造成授课教师的反感甚至不配合，从而分散学生的注意力，影响学习效果。情绪上，听课是一项艰苦的劳动，它要求听课者不仅要听得懂，听得进，及时记录，而且要深入思考，进行分析评定。

(2) 要做好知识准备

首先要学习教育理论。我们听一节课不能只停留在感性认识上，应将其上升到理性层面上来认识。这就要借助相关的教育理论。理论学习包括教育学、心理学、教学法、教育哲学等。特别是要学习《3～6岁儿童学习与发展指南》，转变教学观念，树立现代教育观。每位听课者，都应该在听课前反思、审视一下自己对课堂的认识程度，以减少对课堂行为的误解，防止不能正确地把握课堂。在反思自己对课堂认识的基础上，听课者也要反思自己的教学观念。

其次要学习和掌握有关领域活动的课改信息。社会在前进，新一轮课程改革在深入，各个学科、各个领域都会涌现出许多新的教研科研成果，包括新的知识、新的方法、新的理论。平时听课者应善于学习，关注报刊中有关学科的教改经验和理论研究，获取新的信息，了解并掌握该科教改的新形势和新成果。这样能不断提高听课的品位，使听课站在应有的高度上，敏锐准确地发现教师授课的优缺点。

(3) 熟悉与听课有关的教学内容

熟悉教材，了解这节课编者的意图，弄清新旧知识的内在联系，熟知教学内容的重难点。明确这节课教学的目标，听课时只有明确了教学目标，才能看出教师教学的完成情况。可以针对这节课在头脑中设计出课堂教学的初步方案，粗线条地勾勒出大体的教学框架，为评课提供一个参照体系。

可通过两个途径进行：一是在听课前查看相关教材，熟悉有关内容；二是在听课初期用很短的时间迅速浏览有关内容。熟悉听课内容的目的是在听课中判断讲课教师是否抓住教材的重点、难点，为后面的评价阶段做好准备。

(4) 了解教师和幼儿的情况

听课者在课前要做一些有关教师和幼儿情况的调查工作。要了解听课班级幼儿的基本情况，如幼儿的学习基础、智力和班级管理情况。多了解幼儿的特点，能在一定程度上减少听课过程中误判的发生。不同学习基础的幼儿，在活动中的接受情况是有区别的，而来自不同家庭背景、不同区域的幼儿，其习惯也会有差异。因而，听课者需要事先了解幼儿现有的学习水平、学习态度和学习能力，以及幼儿对将要学习的知识的准备情况。而且，还要了解学生所在班级的类型、特点和水平。在进入课堂之前，听课者还应该适当了解上课教师的有关情况，如教师的教龄、文化程度、职称职务、业务水平、教学经历等。另外，听课者也要尽可能地去了解教师在课前的准备情况，比如，他对于课程标准的理解，对于教学目标的定位及其形成基础，对于本次教学活动环节的设计和安排，等等。此外，通过分析教师的教学设计，能够解读出隐藏在教师背后的、内在的教育观念。听课者在与教师谈话的过程中要善于挖掘这方面的深层观念。

(5) 做好物质准备

进入课堂之前，听课教师需要做好物质资料方面的准备：要携带听课专用的笔记本和笔，并填好听课需要记录的基本信息，以便在听课时专心听课。如果准备使用定量方法来观察课堂教学，则一定要准备好量表、计时器等。假如需要一些仪器，如录音机、采访机、摄像机等，则要事先进行检查调试，以免课上不能正常运行，由于出现故障而影响听课效果。

8.4.2　听课中的记录

听课记录是重要的教学研讨资料，是教学指导与评价的依据，它应该反映课堂教学的原貌，使听课者依据听课记录，通过合理想象，在头脑中再现教学实况。

1. 教师听课过程中的注意事项

(1) 要关注教学环节设计

要关注教学环节设计，即情境创设—新课的导入—新知识的探究—新知识的巩固—应用与拓展等。能够做到随机应变，灵活调整，调控课堂，达到激活课堂的目的。要关注各环节如何控制时间，完成每一环节和过渡。听课时还要注意思考，教师为什么这样安排课堂教学环节，大的环节内又是如何安排小的环节，怎样使课堂结构符合本节课的教学目的、教材特点和幼儿实际，各个步骤或环节之间是否安排得有条不紊，一环紧扣一环；什么时候教师引导，什么时候幼儿自主探究，什么时候幼儿合作交流，什么时候幼儿练习展示，什么时候反馈评议，什么时候质疑讨论，什么时候归纳小结，是否做到合理安排、科学调配，充分发挥每一分钟时间的效能。

(2) 要关注重点，突出难点

听课时要关注教师是否采用举例说明、引导比较、直观演示等手段有效地运用幼儿已有的知识再现纵横联系；如何运用比较、分析、综合等逻辑思维方式帮助幼儿突破重点、难点，理解掌握新知识。解决问题时要关注如何将书本知识转化为幼儿的精神财富，如何组织幼儿通过自主探究，亲身体验，学会新知识。

(3) 要关注教学方法与学习方法

听课时要关注教师是怎样在教学过程中与幼儿积极互动、共同发展；从以教师的“教”为中心，向以幼儿的“学”为中心转移，怎样处理好知识传授与能力培养之间的关系；如何创设幼儿主动参与的教学环境，激发幼儿的学习积极性，培养幼儿的学习能力。

(4) 要关注辅助手段的应用

听课时，要认真琢磨教师如何把信息技术与学科教学进行整合，充分发挥信息技术的作用，为幼儿的学习创设丰富多彩的教学情境，从而激发幼儿的学习兴趣，提高课堂教学实效。

(5) 要关注练习设计与知识拓展

要关注练习设计是否做到有针对性、层次性、拓展性，达到巩固知识、培养能力的目的。同时，要关注练习形式是否多样，是否应用所学知识解决日常生活中的实际问题，提高幼儿解决实际问题的能力。

根据上述关注的方面，听课者要对教学活动做好记录。听课记录的基本内容包括两个方面：一是教学实录；二是教学评析。在听课记录本上，左边是实录，右边是评析。

2. 课堂实录

(1) 课堂实录的内容

① 要记录听课基本信息，如听课的日期、活动领域、年龄班、执教者、活动名称和活动类型等。

② 要记录活动的基本过程。它包括活动内容，按照先后顺序提纲挈领地进行记录；时间的分配，即各个活动环节的时间分配，包括教师讲解的时间和幼儿操作活动所用的时间；教法和学法的选择和运用；情境创设；过渡性的语言；引导的技巧；激励的方法；活动组织的方式；教师挖掘和利用课堂上生成的资源情况；教师处理课堂偶发事件的方式、方法等。

③ 要记录教育思想、领域渗透、教学内容处理、教学方法改革等值得讨论的内容。

④ 要记录幼儿在活动中的表现，如幼儿的动作、语言、表情、探究的行为等。

⑤ 要记录教育活动的效果。

(2) 课堂实录的形式

课堂实录记到何种程度，要根据每次听课的目的和教学内容来确定，通常有三种形式：

① 简录，即简要记录教学步骤、方法、板书等。

② 详录，即比较详细地把教学步骤都记下来。

③ 实录，即把教师开始讲课，师生活动，直到下课都记录下来。

3. 课堂评析

课堂评析就是记录听课者对本节课教学优缺点的初步分析与评估，以及提出的建议。评析内容包括教材的处理与教学思路、目标；教学重点、难点、关键；课堂结构设计；教学方法的选择；教学手段的运用；教学基本功；教学思想；等等。通常，可以设计相应的听课记录表来进行记录，如表8-1所示。

表8-1 听课记录表

教学活动		听课班级		指教教师		听课日期	
活动目标							
活动准备							
活动实践	现场记录(教师的教和幼儿的学)						

亮点采集与问题反思：

8.4.3 听课后的反思

教师听课的目的是借其长为我所用，见其短以之为鉴。因此，听课后要重视课后反思，每次听课之后都要对听课内容进行及时的反思。课后反思就是教师在听课后自觉地对自己的听课内容进行全面而深入的思考和总结。它是一种用来提高自身的业务，改进教学实践的学习方式。

1. 听课之后的反思内容

听课之后的反思包括以下基本内容。

(1) 从教学目标、内容、重点、方法等的协同程度方面反思

反思教学的目标是否明确，主要看教师和幼儿是否都明确各自的教与学的目标；反思教学重点是否突出，难点是否突破，主要看是否把握了知识规律和教学规律，是否遵循了同化、顺应的规律，是否讲清了理解知识的关键点；反思教学方法组合是否得当，主要看所采用的基本的教学方法、教学方法组合的原则、教学方法选择的依据等；教学目标是统领性的，是教学展开的依据和核心，它只有与内容、重点、方法相互协调，才能最终落到实处。

(2) 从课堂教学结构的适宜程度方面反思

课堂教学是按照一定的序列展开的，有着这样或那样的步骤，表现为若干个不同的环节。这些环节安排的适宜程度直接影响到教学目标的达成程度。反思课堂教学结构的适宜程度，主要是看课堂教学程序的展开是否符合幼儿认知的特点和一般规律。

(3) 从师幼关系是否协调方面反思

主要看教师对活动内容的组织，对学习任务的表达、解释与顺序安排是否适用于幼儿；幼儿对教材和教师指导的理解是否透彻；幼儿参与教学过程的动机是否强烈；课堂上教师与幼儿是以一种什么样的关系出现的，互动是如何展开的，互动的类型有哪些；幼儿有没有主动发言、提问的机会，有没有表达自己情感和观点的机会等。

(4) 从时量分配、容量是否合理适中方面反思

时量分配主要看重点、难点的教学与教学高潮的呈现是否一致；各教学环节的时量与教学任务是否匹配；是否安排了充分的幼儿活动时间。容量主要看教学是否做到有张有弛；知识呈现是否有密有疏。

(5) 从教学手段的运用是否适当方面反思

教学手段要服务于教学方法和教学组织形式，主要看在当时当地条件下，是否充分运用了能够运用的教学手段，效果是否尽可能达到最好。

(6) 从训练是否贯穿课堂教学的始终方面反思

主要看课堂教学是否始终在进行对学生的观察能力、表达(口头表达和书面表达)能力、操作能力、思维能力(核心)的训练。

(7) 从教学效果是否显著方面反思

主要看幼儿的学习积极性是否高涨；幼儿的学习效果是否显著；师生的情感体验是否愉悦、欢畅。

(8) 从教师的基本功是否扎实方面反思

主要看教师的导入、讲解、课堂教学语言、提问、板书、变化、反应、反馈、演示、结束等教学技能是否得到充分发挥。

2. 听课后的反思需要处理的问题

(1) 听课后要尽可能及时地同被听者进行交流

听课后，听课教师要抱着虚心、诚恳的态度，尽可能及时地与授课教师交流课堂教学的相关内容，最好先听授课教师讲自己的授课体会，然后有针对性地提出自己存疑的问题。例如，对经验不足的青年教师，不要把存在的问题讲得太多，应有重点地指出存在的突出问题，并以建议的形式提出，要尽可能挖掘他们在教学中的闪光点，让他们多一些成功的感觉；对有经验的教师，要实事求是地指出存在的问题和需要改进的地方，提出更新更高的要求，使他们认识到还有改进的地方和提高的空间，让他们继续努力，向专家型教师的方向发展。这种交流虽然也需要指出成功和不足或改进的地方，但交换意见时要抓住重点，多谈优点和经验，明确的问题不含糊，存在的问题不回避，要尽可能用平等商量的语气，以鼓励为主，在通常情况下，一般不去做定性的分析和评价。

(2) 虚心学习他人课中的闪光之处

我们在听课时，首先要抱着一种虚心学习的态度，积极调动自己敏锐的眼光，善于去发现他人课堂上的每一点闪光之处，然后慢慢品味，细细揣摩，再将其拿到自己的课堂上去实践印证，这样久而久之，自己的教学水平自然就会不断提高。

(3) 正确对待他人课堂中出现的问题

我们要在听课中真正得到提高，不要无视、轻视、蔑视甚至嘲笑别人课堂上的疏漏之处，要静下心来认真分析导致课堂出现问题的原因，思考自己以后在实践中针对这一问题应该怎样去做。只有这样，我们才能站在前人失败的肩膀上去获取成功。

(4) 在分析总结他人课堂时要注意比较、研究，取长补短

每个教师在长期教学活动中都可能形成自己独特的教学风格，不同的教师会有不同的教法。听课的老师要善于进行比较、研究，准确地评价各种教学方法的长处和短处，并结合自己的教学实际，吸收他人的有益经验，改进自己的教学。

8.4.4　学前健康教育活动听课实例

学前儿童健康教育活动可以采用多种形式记录，可以简要记录课堂教学要点，也可以详细记录主要的教学步骤，还可以对整个活动进行课堂教学实录。课堂教学的听课记录也没有固定的格式，可以写成文章，也可以设计成表格。但是在内容上要包括教学实录和教学评点两个部分。

做听课记录时要注意听和记分清主次。听课应该以听为主，要把注意力集中在听和思上。记录要有重点，要详略得当、文字精练。一般要记教学过程、教师的重点提问、幼儿的典型发言、师幼的互动情况、有效的教学方法和手段、教学中的失误等。

根据听课的类型，有些记录应该全面一些，有些记录则要突出某一个方面。一般来

说，记录要简明扼要。活动中符合教学规律、有创新、有特色的方面或存在的问题和不足可以详细地记录，对一些问题的思考或见解也可详细记录，以免遗忘。

下文展示一些听课记录实例，以供参考。

【案例 8-1】

<table>
<tr><td>教学活动</td><td>袜子对对碰</td><td>听课班级</td><td>小二班</td><td>指教教师</td><td>杨老师</td><td>听课日期</td><td>2018年5月</td></tr>
<tr><td>活动目标</td><td colspan="7">1. 能积极探索穿脱袜子的方法，有坚持性；
2. 愿意进行自我服务活动，体验自我服务的乐趣和成功感；
3. 了解袜子对脚有重要的保护作用</td></tr>
<tr><td>活动准备</td><td colspan="7">幼儿搜集的各种类型、颜色、图案的袜子；洋娃娃的小床；自制“袜子宝宝”；欢快轻柔的音乐</td></tr>
<tr><td>活动实践</td><td colspan="7">现场记录(教师的教和幼儿的学)</td></tr>
<tr><td></td><td colspan="7">一、寻找“袜子的好朋友”导入，给袜子配对
1. 师：今天袜子宝宝要和你们玩游戏，你们手里的袜子宝宝的另一半就躲在这里。你们能把他找出来吗？
2. 师：谁把自己的袜子宝宝找到了？你的两只袜子宝宝一样吗？他们哪里一样呢？(从图案颜色、样式上配对)原来袜子宝宝是对双胞胎，他们俩长得一模一样。我们可以说他们是“对”袜子，也可以说是“一双”袜子。
二、出示袜子宝宝，认识袜子
1. 师：看看这是谁？你发现袜子宝宝的身体上有哪些秘密？(有袜口、脚跟、脚尖、袜颈、有正反等)
2. 师：再看看你们的小脚，你能找出它和袜子宝宝的相同之处吗？
小结：原来我们的脚和袜子宝宝一样，都有脚尖、脚跟和脚颈。
三、探索穿脱袜子的方法
1. 幼儿自己尝试穿袜子。
师：袜子宝宝可想和你们成为好朋友了，我们来看谁的小手最能干，能把袜子宝宝穿到脚上，穿得又整齐又漂亮。(老师巡回指导)穿好了要用语言来向大家介绍你是怎么穿的。
师：请你说说你是怎么穿袜子的？
师：你们互相看看，有谁的袜子和我们穿得不一样呢？应该怎样穿？
小结：原来有些好方法可以帮助我们又快又好地穿上袜子，袜子翻到正面、脚跟朝下，从袜颈开始穿，一直穿到脚尖。像这样脚尖对着袜尖，脚跟对着袜跟地穿，会让我们穿得很舒服。老师将你们穿袜子的过程编成了一首儿歌，和幼儿一起边念儿歌，边穿袜子。
师：这么漂亮的袜子穿到脚上，你有什么感觉？袜子有什么用呢？(保护脚不受伤，给脚保暖、美观漂亮)
2. 幼儿自己尝试脱袜子。
师：袜子宝宝和我们玩了这么久的游戏，有些累了，我们把他脱下来，让他休息吧！比一比谁的袜子宝宝又快又整齐地躺到小床上。
四、游戏：袜子对对碰
1. 师：在我们的教室里还藏了许多袜子宝宝，你们试试找出两只一样的(一双袜子)，让他们也和我们的小脚做游戏，看看谁能很快地“脚尖对着袜尖，脚跟对着袜跟”把袜子穿好。
2. 幼儿游戏，教师巡回指导。
3. 幼儿和老师一起跳舞，体验快乐</td></tr>
</table>

（续表）

活动反思与评析：

一、活动反思

学会自己穿脱袜子是小班幼儿需要解决而又存在问题较多的活动内容。本次活动紧紧贴近幼儿生活，从孩子的活动兴趣点生成活动，利用孩子喜欢的游戏将活动有机地结合起来，使他们在游戏中学到技能，符合小班幼儿的年龄特点。此外，自编朗朗上口的儿歌、利用语言指导动作等做法，对孩子掌握穿袜方法的帮助也很大，成功完成活动目标。

二、活动评析

幼儿健康教育的实质是生活教育，幼儿健康教育的内容涉及幼儿生活的全部范畴。生活习惯和生活技能的教育同样可以通过集体教育形式来有效地进行。本次活动主要呈现出以下特点：

1. 符合幼儿的兴趣和发展需要并与生活实际相联系的内容应当成为健康教育中的重点内容。生活技能的培养是小班幼儿健康教育的重点。因此该教育对幼儿具有重要的意义。活动中，教师根据小班幼儿的特点对相关的知识、情感、技能目标的挖掘非常准确而全面。

2. 活动过程中，教师以多种形式引导幼儿学习，利用趣味性的环境、生动性的语言、儿童性的游戏给予幼儿活动支持，让幼儿愉快、主动地学习。利用丰富的材料、适宜的环境、艺术的提问使幼儿最大限度地获得经验，在游戏中自然地学习生活技能，体验到游戏的愉悦、满足与快乐。

在活动过程中，当教师让幼儿穿上袜子体验“有什么感觉？它(袜子)有什么用呢？”时，可先让幼儿体验不穿袜子的感觉，通过亲自的体验和对比，感受袜子的作用，效果可能会更好

【案例 8-2】

教学活动	请保护我们的牙齿	听课班级	中一班	指教教师	王老师	听课日期	2018年6月
活动目标	1.了解保护牙齿的重要性，知道导致牙齿疾病的主要原因； 2. 知道如何保护牙齿，学习正确的刷牙方法						
活动准备	1. 幼儿已经了解并收集了部分保护牙齿的资料(如定期到牙科医院检查，饭后漱口，早晚刷牙等图片和文字)；带领幼儿去牙科医院参观的录像。 2. 幼儿每人一套刷牙用具；漱口水、清水各一杯；桶、盆若干；红绿小标志若干。 3. 把鸡蛋泡入醋中的小实验。 4. 社区医院的牙科医生						
活动实践	现场记录(教师的教和幼儿的学)						
	一、观看录像，引出活动主题 师：今天老师给小朋友带来一段录像，请小朋友看看、猜猜录像里是什么地方？录像里的人都是谁？里面的小朋友得了什么病？ 1. 幼儿观看录像后回答问题：“好好的牙齿为什么变成了有黑洞的龋齿呢？” 2. 幼儿猜想患龋齿的原因，教师进行小结。 3. 讨论：“什么食物容易使牙齿损坏？” 教师小结：糖果、果汁、碳酸汽水、酸奶、饼干等容易使牙齿损坏。 二、观察比较清水和漱口水的差异和小实验结果，了解保护牙齿的重要性 1. 教师出示一杯清水和一杯前几天留下的幼儿的漱口水，请幼儿看看、闻一闻，说说两者的不同。 教师小结：小朋友吃完东西后有许多食物残渣留在牙齿上，时间长了会变成细菌，产生酸性物质。而牙齿会被产酸细菌腐蚀，脱钙，形成龋齿。 2. 观察“鸡蛋泡入醋中”的实验结果，验证结论。 师：酸性物质会破坏牙齿吗？我们一起看一看昨天泡在醋中的鸡蛋有什么变化？请个别幼儿捏一捏变软的鸡蛋，验证前面的结论，并进一步懂得保护牙齿的重要性。						

(续表)

	三、请牙科医生给幼儿检查牙齿，牙齿健康的贴绿色标志，患有龋齿的贴红色标志 请幼儿把自己收集的保护牙齿的资料进行交流讨论，讲一讲“怎样保护我们的牙齿”，教师小结保护牙齿的方法。 四、学习正确的刷牙方法 1. 出示牙刷，师幼共同说刷牙的儿歌。 “小牙刷，手中拿，我呀张开小嘴巴。刷左边，刷右边，上下里外都刷刷。早上刷，晚上刷，刷得牙齿没蛀牙。张张口，笑一笑，牙齿刷得白花花。” 2. 幼儿刷牙，请牙科医生和教师一起指导幼儿正确的刷牙方法。 五、教师总结，结束活动 师：今天我们的牙齿刷得很干净，瞧，小动物们很羡慕。它们的牙齿是什么样的？小动物怎样保护自己的牙齿呢？请小朋友查找有关动物牙齿的资料，和大家一起分享交流。 六、活动延伸 1. 请家长监督幼儿正确地刷牙。 2. 引导幼儿收集有关动物的牙齿资料

活动反思与评析：

一、活动反思

首先，在材料准备过程中，家长和孩子一起从书上、电脑上阅读有关资料，潜移默化地使孩子懂得保护牙齿的重要性。

其次，活动过程条理清晰，层层递进。先让孩子猜想形成龋齿的原因，然后运用“醋泡鸡蛋”的实验让孩子懂得酸性物质对牙齿的伤害，请牙科医生现场为幼儿检查牙齿，增加了活动的科学性，激发了幼儿要保护牙齿的决心。

最后，活动效果比较显著。家长们普遍反映，原来孩子刷牙要提醒好几遍，现在他们主动刷牙，有的还能自己控制少吃糖。

二、活动评析

本活动中，教师通过让幼儿看录像的方式导入课题，达到了较好的效果。能够有效地吸引幼儿的注意力，提起幼儿的兴趣。在第二个环节中，教师先让幼儿猜想牙齿产生龋洞的原因，然后通过实验的方式来验证，使教育更具有说服力，教育效果更加明显、突出。尤其是现场请医生来给幼儿检查牙齿，并指导幼儿刷牙等安排非常有特色，使幼儿更加重视自己的牙齿卫生和保健，达到了非常好的教育效果。

整个活动中，教师以幼儿的体验和学习为中心，既抓住了幼儿的兴趣点，充分调动幼儿感官来参与活动，体现幼儿的主体地位，又注重联系幼儿的生活实际，把家长和社区的力量都调动起来，体现了幼儿教育的开放性特点

【案例 8-3】

教学活动	勇敢的侦察兵	**听课班级**	大三班	**指教教师**	吴老师	**听课日期**	2018年8月
活动目标	1.掌握匍匐爬的动作要领，动作协调、灵敏。 2. 学习侧身匍匐爬的基本动作，并能自觉遵守游戏规则。 3. 喜欢参加体育游戏，体验运动带来的快乐						
活动准备	1. 材料准备：指挥部(房子模型)；山洞(拱形门、拱形摇马、弯曲通道、直通道)；小桥(平衡木、大型插塑)；矮墙(跳台)；草地(垫子)；电网(球网)；木桩(易拉罐)；手榴弹若干(沙袋)；冲锋枪(由玩具插成)；小山(轮胎若干)；碉堡模型；三面红旗；背景音乐等。 2. 经验准备：尝试过匍匐爬动作的游戏并能与同伴合作，共同摆放游戏材料，将游戏场地布置好						
活动实践	**现场记录(教师的教和幼儿的学)**						
	一、开始部分 1. 队列练习：左右分队走，成四路纵队。						

(续表)

2. 准备活动：跟音乐做武术操。

二、基本部分

1. 以游戏“小侦察兵”去执行任务的形式引起幼儿参与活动的兴趣。

师：今天小战士们要去执行任务，需要克服重重困难。要钻山洞、从敌人的“电网”下爬过，才能将敌人的碉堡炸掉，最终取得胜利。引导幼儿讨论：如何爬才能既快又不碰到“电网”？鼓励幼儿大胆发言，了解幼儿的原有经验。

(1) 幼儿反复实践，教师注意观察。

(2) 当幼儿出现问题时请动作规范的幼儿为其示范，并讨论动作要领，如：身体紧贴地面，左手右脚或右手左脚交替向前爬等。

(3) 幼儿去实践。

2. 根据幼儿的掌握情况加入新的内容练习，增加游戏的难度。

(1) 教师作为指挥员为掌握动作较好的小侦察兵布置第二个任务：安全“渡河”。侦察兵要钻过一个“小山洞”，渡过一条“小河”，爬过一片布有“电网”(曲形的钻爬通道)的“草地”，快跑回来。

(2) 幼儿继续练习，教师指导。

(3) 进行小结，表扬动作敏捷又能干的小侦察兵，并请动作好的幼儿做匍匐爬的示范，一同分析动作要领，再次练习。

3. 第三个任务——排除“地雷”，练习侧身匍匐爬。(重点指导)

(1) 小侦察兵手持手枪，连续跳过几座“矮墙”后，来到“雷区”排“雷”后携“地雷”安全地渡过“小河”，把“地雷”放在安全区(整理箱里)，小心地爬过狭窄的“草地”后，快跑回来。

(2) 幼儿分组布置场地开始练习，教师指导。

(3) 当幼儿出现问题时，请动作规范的幼儿为其示范，讨论动作要领。

4. 第四个任务——炸敌营。

结合前三个任务在爬过“草地”后，用“手榴弹”炸“敌营”后快跑回来。

5. 将前四个游戏内容进行串联，练习走、跑、跳、爬的动作。

三、结束部分

宣布战斗胜利，小侦察兵一起打扫战场(将器械整理好)，整队走回活动室

活动反思与评析：

一、活动反思

本次活动用乐曲《西班牙斗牛士》的律动活动带幼儿进行热身运动，乐曲热烈的节奏使幼儿精神振奋，干净利落的动作激发了幼儿的活动热情和欲望，使幼儿能够精神饱满地投入到游戏活动中。练习匍匐爬动作之前，以启发性的提问引导幼儿说出匍匐爬的动作要领，并在接下来的动作练习中，引导幼儿观察同伴的动作，从而进一步领会动作要领，同时发现失败的原因。如，当一名幼儿在爬行中碰响了小铃时，教师及时引导幼儿观察，提问：“他爬的时候，是什么碰响了小铃？”其他幼儿会马上发现“他的腿抬得太高了，腿应该贴在垫子上，不能抬起来”。在观察同伴的动作和自己亲身的动作实践中，使幼儿自己总结出匍匐爬的动作要领。

存在的问题：由于侧身匍匐爬动作练习的次数较少，个别幼儿动作掌握的不是很规范。在以后的体育活动中，将设置不同的侧身匍匐爬的材料，将活动目标物化在材料中，从而使幼儿主动、自然地掌握动作要领。

二、活动评析

该活动设计的目标定位较为准确，活动内容设计丰富多彩，材料设置多种多样，有效地提高了幼儿活动的积极性，较好地满足了幼儿的活动欲望，促进了目标的实现。

该活动围绕小侦察兵去执行任务而展开。设计者充分利用各种材料(如：草地垫子；电网——球网；小山；轮胎等)进行各种爬的动作练习，形式新颖多样。此活动设计的最大亮点就在于设计者在练习幼

(续表)

儿爬的动作的同时，安排了各种基本动作练习，而这些基本动作的练习不是进行简单的罗列，而是由易到难、由简到繁。科学合理地进行安排，通过依次完成任务一、二、三、四巧妙地连成一个富有情节和趣味的游戏活动，有效地激发了幼儿的活动兴趣。但也应注意调节好运动量，避免运动量过大，影响后面的活动。

三、建议

1. 该活动的名称为“勇敢的侦察兵”，因此，建议活动目标3改为“培养幼儿勇敢、顽强、坚忍不拔的精神”等内容，使目标更加准确、完整，利于实现。

2. 乐曲《西班牙斗牛士》虽然好听、给人以激情，但与武术操风格不同，建议选用乐曲《中国功夫》会更加统一。

3. 结束部分可增加放松环节，有利于幼儿身体、心理的恢复

参考文献

[1] 顾荣芳. 学前儿童健康教育论[M]. 南京：江苏教育出版社，2009.

[2] 王娟. 学前儿童健康教育[M]. 上海：复旦大学出版社，2016.

[3] 李君. 学前儿童健康教育[M]. 北京：科学出版社，2012.

[4] 庞建萍，柳清. 学前儿童健康教育[M]. 上海：华东师范大学出版社，2008：74.

[5] 杨晓萍. 学前儿童健康教育[M]. 重庆：西南师范大学出版社，2018.

[6] 张首文，文岩. 学前儿童健康教育[M]. 北京：清华大学出版社，2015.

[7] 王潇. 幼儿园健康教育与活动指南[M].上海：华东师范大学出版社，2015.

[8] 叶平枝，等. 幼儿园健康教育领域教育精要——关键经验与活动指导[M]. 北京：教育科学出版社，2015.

[9] 欧新明. 学前儿童健康教育[M]. 北京：教育科学出版社，2002.

[10] 单敏月. 学前儿童生活习惯与生活能力教育[M]. 上海：华东师范大学出版社，2014.

[11] 欧新明. 学前儿童健康教育[M]. 北京：教育科学出版社，2002.

[12] 包志珍. 幼儿园安全教育工作的重要性及实施策略[J]. 管理理论探讨，2018.

[13] 何淑艳，代君，包海英. 学前儿童心理健康教育[M]. 北京：北京理工大学出版社，2017.

[14] 龚楠. 幼儿安全教育的主体及内容探讨[J]. 教改教法，2018.

[15] 李君. 学前儿童健康教育[M]. 2版. 北京：科学出版社，2012.

[16] 孙丽影. 学前儿童健康教育活动的设计与指导[M]. 北京：机械工业出版社，2017.

[17] 郑晓边，刘敏，李跃梅，吴航. 学前儿童健康教育[M]. 武汉：武汉大学出版社，2018.

[18] 中国营养学会. 中国居民膳食指南[M]. 北京：人民卫生出版社，2016.

[19] 刘迎接，贺永琴. 学前营养学[M]. 上海：复旦大学出版社，2010.

[20] 葛可佑. 中国营养师培训教材[M]. 北京：人民卫生出版社，2007.

[21] 李君. 学前儿童健康教育[M]. 北京：科学出版社，2012.

[22] 庞建萍，柳倩. 学前儿童健康教育与活动指导[M]. 上海：华东师范大学出版社，2014.

[23] 杨丽珠，等. 3～6岁儿童学习与发展教师指导手册[M]. 大连：辽宁师范大学出版社，2019.

[24] 许卓娅. 学前儿童体育[M]. 南京：南京师范大学出版社，2003.

[25] 刘馨. 学前儿童体育[M]. 北京：北京师范大学出版社，1997.

[26] 欧新明. 学前儿童健康教育[M]. 北京：教育科学出版社，2003.

[27] 徐群. 学前儿童心理健康教育[M]. 北京：北京师范大学出版社，2015.

[28] 单敏月. 学前儿童生活习惯与生活能力教育[M]. 上海：华东师范大学出版社，2014.

[29] 饶淑园. 幼儿心理健康教育与指导[M]. 北京：高等教育出版社，2015.

[30] 徐群. 学前儿童心理健康教育[M]. 北京：北京师范大学出版社，2015.

[31] 高庆春，梁周全. 学前儿童健康教育[M]. 北京：高等教育出版社，2018.

[32] 许铁梅，赵永利. 学前儿童健康教育[M]. 南京：南京大学出版社，2015.

[33] 李君. 学前儿童健康教育[M]. 北京：科学出版社，2012.

[34] 顾荣芳. 学前儿童健康教育[M]. 北京：高等教育出版社，2017.

[35] 何淑艳，代军，包海英. 学前儿童健康教育[M]. 北京：北京理工大学出版社，2017.

[36] 王恬，高瑛. 学前儿童健康教育[M]. 北京：高等教育出版社，2013.

[37] 李季湄，冯晓霞.《3～6岁儿童学习与发展指南》解读[M]. 北京：人民教育出版社，2013.

[38] 梅纳新. 幼儿教师说课技能训练[M]. 上海：复旦大学出版社，2015.

[39] 但菲，等. 幼儿园说课、听课与评课[M]. 北京：北京师范大学出版社，2012.

[40] 夏力. 回归生活：幼儿园教育活动案例及评析[M]. 上海：复旦大学出版社，2012.

[41] 高庆春，梁周全. 学前儿童健康教育[M]. 北京：高等教育出版社，2014.

[42] 孙丽影. 学前儿童健康教育活动设计与指导[M]. 北京：机械工业出版社，2017.